AF260579

Antony C. Sutton

Wall Street e
Franklin D. Roosevelt

Antony C. Sutton
(1925-2002)

Economista e saggista americano di origine britannica, Stanford Fellow presso la Hoover Institution dal 1968 al 1973. Ha insegnato economia all'UCLA. Ha studiato a Londra, Gottinga e UCLA e ha conseguito il dottorato in scienze presso l'Università di Southampton (Inghilterra).

Wall Street e Franklin D. Roosevelt

Wall Street and Franklin D. Roosevelt
Pubblicato per la prima volta da New Rochelle, NY:
Arlington House - 1974

Tradotto e pubblicato da Omnia Veritas Limited

www.omnia-veritas.com

© Omnia Veritas Ltd - 2025

INFORMAZIONI SUL PROFESSOR SUTTON 11

CAPITOLO 1 13

ROOSEVELT E DELANOS 13
    La famiglia Delano e Wall Street 21
    La famiglia Roosevelt e Wall Street 26

CAPITOLO 2 33

LA POLITICA NEL SETTORE DELLE OBBLIGAZIONI 33
    I politici come scrittori di obbligazioni 34
    Influenza politica e aggiudicazione dei contratti 38
    Il guadagno per Fidelity & Deposit Company 44

CAPITOLO 3 46

FDR: SPECULATORE INTERNAZIONALE 46
    L'iperinflazione tedesca del 1922-23 47
    Il marco tedesco in termini di 49
    Il passato di William Schall 50
    United European Investors, LTD. 52
    Indagine su United European Investors, LTD. 57
    Il Cancelliere Wilhelm Cuno e l'HAPAG 60
    La Società fiduciaria internazionale germanica 62

CAPITOLO 4 66

FDR: PROMOTORE AZIENDALE 66
    American Investigation Corporation 66
    Politica, brevetti e diritti di atterraggio 73
    FDR nel settore dei distributori automatici 81
    Fondazione Georgia Warm Springs 83

CAPITOLO 5 87

LA GENESI DEL SOCIALISMO AZIENDALE 87
    Le origini del socialismo aziendale 88
    Far funzionare la società per pochi 90
    I socialisti d'impresa sostengono la loro causa 93

CAPITOLO 6 106

PRELUDIO AL NEW DEAL 106
    L'ANR del deputato Clinton Roosevelt - 1841 107
    La dittatura di guerra di Bernard Baruch 112
    Paul Warburg e la creazione del sistema della Federal Reserve .. 117

La Banca Internazionale di Accettazione, Inc. 122

CAPITOLO 7 ....**127**

ROOSEVELT, HOOVER E I CONSIGLI DEL COMMERCIO 127
   Un New Deal medievale 127
   Il Consiglio americano delle costruzioni 129

CAPITOLO 8 ....**137**

WALL STREET COMPRA IL NEW DEAL 137
   L'influenza di Bernard Baruch su FDR 139
   Wall Street finanzia la campagna presidenziale del 1928 142
   I fondi elettorali di Herbert Hoover 147
   Wall Street sostiene FDR come governatore di New York 150
   Wall Street elegge FDR nel 1932 152

CAPITOLO 9 ....**155**

FDR E I SOCIALISTI AZIENDALI 155
   Il Piano Swope 155
   La famiglia Swope 156
   Pianificatori socialisti degli anni '30 160
   I socialisti salutano il Piano Swope 165
   I moschettieri dell'albero dell'ANR 166
   L'oppressione delle piccole imprese 169

CAPITOLO 10 ....**178**

FDR, L'UOMO SUL CAVALLO BIANCO 178
   Grayson M-P. Murphy Company, 52 Broadway 179
   Ackson Martindell, 14 Wall Street 187
   Testimonianza di Gerald C. Macguire 188
   Soppressione del coinvolgimento di Wall Street 193
   Una valutazione del caso Butler 203

CAPITOLO 11 ....**205**

I SOCIALISTI AZIENDALI AL 120 DI BROADWAY, NEW YORK CITY 205
   La rivoluzione bolscevica e 120 Broadway 206
   La Federal Reserve Bank di New York e 120 Broadway 207
   American International Corporation e 120 Broadway 209
   L'affare Butler e 120 Broadway 210
   Franklin D. Roosevelt e 120 Broadway 213
   Conclusioni su 120 Broadway 215

CAPITOLO 12 .... **217**

    FDR E I SOCIALISTI AZIENDALI 217

        Chi era Franklin Delano Roosevelt? 219

APPENDICE A **227**

    IL PIANO SWOPE 227

APPENDICE B **237**

BIBLIOGRAFIA SELEZIONATA **239**

    FONTI INEDITE 239

ALTRI TITOLI **245**

Informazioni sul professor Sutton

"E se uno prevale contro di lui, due gli resisteranno; e un triplice cordone non si spezza rapidamente" (Ecclesiaste 4:12).

Professor Sutton (1925-2002).

Sebbene sia stato un autore prolifico, il professor Sutton sarà sempre ricordato per la sua grande trilogia: *Wall St. e la rivoluzione bolscevica, Wall St. e l'ascesa di Hitler* e *Wall St. e FDR.*

Il professor Sutton lasciò la piovosa e nuvolosa Inghilterra per la soleggiata California nel 1957. Era una voce che gridava nel deserto accademico quando la maggior parte dei college statunitensi aveva venduto l'anima per i soldi della Fondazione Rockefeller.

Naturalmente è arrivato in questo Paese credendo che fosse la terra dei *liberi* e la patria dei *coraggiosi.*

ANTONY C. SUTTON è nato a Londra nel 1925 e ha studiato presso le università di Londra, Gottingen e California. Cittadino degli Stati Uniti dal 1962, dal 1968 al 1973 è stato ricercatore presso l'Hoover Institution for War, Revolution and Peace di Stanford, in California, dove ha realizzato il monumentale studio in tre volumi *Western Technology and Soviet Economic Development.*

Nel 1974 il professor Sutton ha completato *National Suicide: Military Aid to the Soviet Union*, un best seller sull'assistenza tecnologica e finanziaria dell'Occidente, soprattutto americano, all'URSS. *Wall Street and the Rise of Hitler* è il suo quarto libro che espone il ruolo degli addetti ai lavori americani nel finanziamento del socialismo internazionale. Gli altri due libri di questa serie sono *Wall Street e la rivoluzione bolscevica* e *Wall Street e FDR*.

Il professor Sutton ha pubblicato articoli su Human Events, The Review of the News, Triumph, Ordnance, National Review e molte altre riviste. Attualmente sta lavorando a uno studio in due parti sul Federal Reserve System e sulla manipolazione del sistema economico statunitense. Sposato e padre di due figlie, ha vissuto in California.

Capitolo 1

Roosevelt e Delanos

La vera verità della questione è, come voi e io sappiamo, che un elemento finanziario nei centri più grandi ha posseduto il governo fin dai tempi di Andrew Jackson - e non escludo del tutto l'amministrazione di W.W.[1] Il Paese sta vivendo una ripetizione della lotta di Jackson con la Banca degli Stati Uniti, solo su una base molto più grande e più ampia.

Il Presidente Franklin Delano Roosevelt al Col. Edward Mandell House, 21 novembre 1933, F.D.R.: His Personal Letters (New York: Duell, Sloan and Pearce 1950), pag. 373.

Questo libro[2] ritrae Franklin Delano Roosevelt come un finanziere di Wall Street che, durante il suo primo mandato come Presidente degli Stati Uniti, ha rispecchiato gli obiettivi degli elementi finanziari concentrati nell'establishment imprenditoriale di New York. Data la lunga associazione storica - dalla fine del XVIII secolo - delle famiglie Roosevelt e Delano con la finanza newyorkese e la carriera dello stesso FDR dal 1921 al 1928 come banchiere e speculatore al 120 di Broadway e al 55 di Liberty Street, questo tema

---

[1] W.W. è Woodrow Wilson - non è un editore.

[2] Un precedente volume, Antony C. Sutton, *Wall Street and the Bolshevik Revolution*, (New Rochelle, N.Y., Arlington House, 1974), di seguito citato come Sutton, *Bolshevik Revolution*, ha esplorato i legami tra i finanzieri di Wall Street e la rivoluzione bolscevica. In gran parte, considerando i decessi e i nuovi volti, questo libro si concentra sullo stesso segmento dell'establishment finanziario di New York.

non dovrebbe sorprendere il lettore di. D'altra parte, i biografi di FDR Schlesinger, Davis, Freidel e altri accurati commentatori di Roosevelt sembrano evitare di addentrarsi molto nei legami registrati e documentati tra i banchieri di New York e FDR. Noi intendiamo presentare i fatti della relazione, così come sono stati registrati negli archivi epistolari di FDR. Si tratta di fatti nuovi solo nel senso che non sono stati pubblicati in precedenza; sono prontamente disponibili negli archivi per la ricerca, e la considerazione di queste informazioni suggerisce una rivalutazione del ruolo di FDR nella storia del XX secolo.

Forse è sempre una buona politica presentarsi all'elettorato americano come un critico, se non un vero e proprio nemico, della confraternita bancaria internazionale. Senza dubbio Franklin D. Roosevelt, i suoi sostenitori e i biografi ritraggono FDR come un cavaliere dall'armatura lucente che brandisce la spada della giusta vendetta contro i baroni rapinatori nei grattacieli del centro di Manhattan. Per esempio, la campagna presidenziale di Roosevelt del 1932 attaccò costantemente il presidente Herbert Hoover per la sua presunta associazione con i banchieri internazionali e per aver assecondato le richieste del grande capitale. Si veda il seguente attacco di FDR, nel pieno della Grande Depressione, al sostegno pubblico di Hoover alle imprese e all'individualismo, pronunciato nel discorso elettorale a Columbus, Ohio, il 20 agosto 1932:

Valutando la situazione nell'amara alba di un freddo mattino dopo, cosa troviamo? Troviamo due terzi dell'industria americana concentrati in poche centinaia di società e gestiti da non più di cinque persone.

Più della metà dei risparmi del Paese è stata investita in azioni e obbligazioni societarie e ha fatto la fortuna del mercato azionario americano.

A dirigere il flusso di capitali americani ci sono meno di tre dozzine di banche private, e di agenzie di vendita di titoli delle banche commerciali.

In altre parole, troviamo un potere economico concentrato in poche mani, l'esatto opposto dell'individualismo di cui parla il Presidente di.[3]

Questa affermazione fa apparire Franklin Delano Roosevelt come un altro Andrew Jackson, che contesta il monopolio dei banchieri e la loro presa sull'industria americana. Ma FDR era anche uno strumento involontario (o forse volontario) dei banchieri di Wall Street, come potremmo dedurre dalla sua lettera al colonnello Edward House, citata in epigrafe a questo capitolo?

È chiaro che se, come scrisse Roosevelt a House, un "elemento finanziario nelle grandi città ha posseduto il governo fin dai tempi di Andrew Jackson", né Hoover né Roosevelt furono intellettualmente onesti nel presentare i problemi al pubblico americano. Le questioni di fondo erano presumibilmente l'identità di questo "elemento finanziario" e come e con quali mezzi mantenesse la sua "proprietà" del governo degli Stati Uniti.

Mettendo temporaneamente da parte questa intrigante questione, l'immagine storica pervasiva di FDR è quella di un Presidente che combatte per conto del piccolo, dell'uomo della strada, nel bel mezzo della disoccupazione e della depressione finanziaria causata dagli speculatori delle grandi imprese alleati con Wall Street. Scopriremo, al contrario, che questa immagine distorce la verità nella misura in cui ritrae FDR come un nemico di Wall Street; questo semplicemente perché la maggior parte degli storici che indagano sulle malefatte di Wall Street sono stati riluttanti ad applicare a Franklin D. Roosevelt gli stessi standard di probità di altri leader politici. Ciò che è un peccato per Herbert Hoover o persino per il candidato democratico alle presidenziali del 1928 Al Smith è considerato una virtù nel caso di FDR. Prendiamo Ferdinand Lundberg in *The Rich and the Super-Rich*.[4] Lundberg esamina anche i presidenti e Wall Street e fa la seguente

---

[3] The Public Papers and Addresses of Franklin D. Roosevelt, Volume 1 (New York: Random House, 1938), pag. 679.

[4] New York: Lyle Stuart, 1968.

affermazione:

Nel 1928 Al Smith ebbe il suo principale sostegno, finanziario ed emotivo, dal cattolico John J. Raskob, primo ministro dei Du Pont. Se Smith avesse vinto, sarebbe stato molto meno cattolico di un presidente dei Du Pont.[5]

Ora, i Du Pont hanno effettivamente contribuito pesantemente, molto pesantemente, alla campagna presidenziale democratica di Al Smith del 1928. Questi contributi sono esaminati in dettaglio in questo volume nel capitolo 8, "Wall Street compra il New Deal", e questa affermazione non può essere contestata. Lundberg passa poi a considerare l'avversario di Smith, Herbert Hoover, e scrive:

> *Hoover, il repubblicano, era un burattino di J. P. Morgan; Smith, il suo avversario democratico, era al soldo dei Du Pont, di cui J. P. Morgan & Company era il banchiere.*

Lundberg omette i dettagli finanziari, ma i Du Pont e i Rockefeller sono certamente registrati nelle indagini del Congresso come i maggiori finanziatori della campagna di Hoover del 1928. Ma Wall Street ritirò il suo sostegno a Herbert Hoover nel 1932 e passò a FDR. Lundberg omette di menzionare questo ritiro critico e cruciale. Perché Wall Street cambiò? Perché, come vedremo in seguito, Herbert Hoover non volle adottare il Piano Swope creato da Gerard Swope, presidente di lunga data della General Electric. Al contrario, FDR accettò il piano, che divenne il National Industrial Recovery Act di FDR. Quindi, mentre Hoover era indebitato con Wall Street, FDR lo era molto di più. Arthur M. Schlesinger Jr. in *The Crisis of the Old Order*: 1919-1933 si avvicina al punto più di qualsiasi storico dell'establishment, ma come altri rooseveltofili non riesce a portare i fatti alle loro ultime e logiche conclusioni. Schlesinger osserva che dopo le elezioni del 1928 il Partito Democratico aveva un debito di 1,6 milioni di dollari e "due dei principali creditori, John

---

[5] Ibidem, p. 172.

J. Raskob e Bernard Baruch, erano milionari filantropi democratici, disposti ad aiutare il partito fino al 1932".[6] John J. Raskob era vicepresidente della Du Pont e anche della General Motors, la più grande società degli Stati Uniti. Bernard Baruch, per sua stessa ammissione, era al centro della speculazione di Wall Street. Schlesinger aggiunge che, in cambio della benevolenza di Wall Street, "essi si aspettavano naturalmente di poter influire sull'organizzazione e sulla politica del partito".[7] Sfortunatamente, Arthur Schlesinger, che (a differenza della maggior parte dei biografi roosveltiani) ha il polso del problema, lascia cadere la questione per continuare con una discussione sulle superficialità della politica - convegni, politici, scambi politici e scontri occasionali che mascherano le realtà sottostanti. Ovviamente, è la mano sulla borsa che decreta in ultima analisi quali politiche vengono attuate, quando e da chi.

Un simile atteggiamento protettivo nei confronti di FDR si ritrova nella biografia in quattro volumi di Frank Freidel, *Franklin D. Roosevelt*.[8] Discutendo del disastroso fallimento della Banca degli Stati Uniti poco prima del Natale 1930, Freidel sorvola sulla negligenza di FDR quando era governatore dello Stato di New York. La Banca degli Stati Uniti aveva 450.000 depositanti, di cui 400.000 con meno di 400 dollari. In altre parole, la Banca degli Stati Uniti era una banca per piccoli uomini. Un rapporto del senatore Robert Moses sulle condizioni di un precedente fallimento bancario, la City Trust, era stato ignorato dal governatore F. D. Roosevelt, che aveva nominato un'altra commissione che aveva prodotto raccomandazioni più blande per la riforma bancaria. Freidel pone la

---

[6] Boston: Riverside Press, 1957, p. 273.

[7] Ibidem.

[8] Questa serie è: Frank Freidel, Franklin D. Roosevelt: The Apprenticeship. (1952), in seguito citato come Freidel, The Apprenticeship; Freidel, Franklin D. Roosevelt: The Ordeal (1954), di seguito citato come Freidel, The Ordeal; Freidel, Franklin D. Roosevelt: The Triumph (1956), in seguito citato come Freidel, The Triumph; Freidel, Franklin D. Roosevelt, Launching The New Deal (1973). Tutti e quattro i volumi sono stati pubblicati a Boston da Little, Brown.

questione:

Perché [FDR] non era riuscito a far approvare una legge di riforma che avrebbe evitato il fallimento della Banca degli Stati Uniti? Si tratta di domande acute che i critici di Roosevelt posero all'epoca e in seguito.[9]

Freidel conclude che la risposta sta nella "fiducia personale di FDR nella comunità bancaria". Perché FDR aveva questa fiducia totale? Perché, scrive Freidel,

> *Herbert Lehman era uno dei banchieri di Wall Street più solidi e politicamente più liberali; nelle questioni bancarie Roosevelt sembra aver seguito l'esempio di Lehman, ovvero collaborare il più possibile con i titani bancari.[10]*

È come dire che se il vostro banchiere è un liberale e perde i vostri soldi, va bene, perché dopo tutto è un liberale e un sostenitore di FDR. D'altra parte, però, se il vostro banchiere perde i vostri soldi e non è un liberale o un sostenitore di FDR, allora è un truffatore e deve pagare il prezzo dei suoi peccati.

La biografia di Freidel, in quattro volumi, contiene un solo capitolo su FDR come "uomo d'affari", il massimo spazio dato da qualsiasi biografo di FDR. Anche Freidel riduce le imprese importanti a un semplice paragrafo. Ad esempio, mentre l'impresa American Investigation Corporation non viene nominata, un'impresa associata, la General Air Service, viene menzionata, ma liquidata con un paragrafo:

Nel 1923, insieme a Owen D. Young, Benedict Crowell (che era stato Assistente del Segretario alla Guerra sotto Wilson) e altri personaggi di spicco, organizzò il General Air Service per gestire

---

[9] Freidel, Il trionfo, op. cit., p. 187.

[10] Ibidem, p. 188.

dirigibili riempiti di elio tra New York e Chicago.[11]

Vedremo che la General Air Service (e soprattutto la non menzionata American Investigation Corporation) era molto più importante di quanto non indichi questo paragrafo. In particolare, l'esplorazione della frase di Freidel "e altri notabili" suggerisce che FDR aveva accesso e lavorava in collaborazione con alcuni elementi di spicco di Wall Street.

Perché Schlesinger, Freidel e altri biografi minori di FDR evitano la questione e mostrano riluttanza a seguire le piste? Semplicemente perché, se si analizzano i fatti, Roosevelt era una creazione di Wall Street, parte integrante della confraternita bancaria di New York, e aveva molto a cuore gli interessi pecuniari dell'establishment finanziario.

Quando le informazioni sono esposte in dettaglio, è assurdo pensare che Wall Street avrebbe esitato un secondo ad accettare Roosevelt come gradito candidato alla presidenza: era uno di loro, mentre l'uomo d'affari Herbert Hoover aveva lavorato all'estero per 20 anni prima di essere richiamato da Woodrow Wilson per assumere la direzione dell'Amministrazione alimentare durante la Prima guerra mondiale.

In particolare, Franklin D. Roosevelt è stato, in un momento o nell'altro degli anni Venti, vicepresidente della Fidelity & Deposit Company (120 Broadway); presidente di un'associazione di categoria, l'American Construction Council (28 West 44th Street); socio di Roosevelt & O'Connor (120 Broadway); socio di Marvin, Hooker & Roosevelt (52 Wall Street); presidente di United European Investors, Ltd. (7 Pine Street); direttore di International Germanic Trust, Inc. (7 Pine Street); direttore dell'International Germanic Trust, Inc. (nello Standard Oil Building al 26 Broadway); direttore della Consolidated Automatic Merchandising Corporation, un'organizzazione cartaria; amministratore della Georgia Warm

---

[11] Freidel, Il calvario, op. cit., p. 149.

Springs Foundation (120 Broadway); direttore della American Investigation Corporation (37-39 Pine Street); direttore della Sanitary Postage Service Corporation (285 Madison Avenue); presidente della General Trust Company (15 Broad Street); direttore della Photomaton (551 Fifth Avenue); direttore della Mantacal Oil Corporation (Rock Springs, Wyoming); incorporatore della Federal International Investment Trust.

Si tratta di un elenco di incarichi di amministratore piuttosto discreto. Sicuramente fa guadagnare a FDR il titolo di "Wall Streeter" *per eccellenza*. La maggior parte di coloro che lavorano in "strada" non raggiungono mai, e probabilmente non sognano nemmeno di raggiungere, un record come quello di di 11 incarichi di amministratore di società, due collaborazioni legali e la presidenza di un'importante associazione di categoria.

Analizzando queste cariche e le attività ad esse associate, scopriamo che Roosevelt era un banchiere e uno speculatore, le due occupazioni che denunciò con forza alle elezioni presidenziali del 1932. Inoltre, sebbene le banche e le speculazioni abbiano ruoli legittimi in una società libera - anzi, sono essenziali per un sistema monetario sano - entrambe possono essere abusate. La corrispondenza di FDR nei fascicoli depositati presso la FDR Library di Hyde Park fornisce prove - che si leggono a malincuore - del fatto che FDR fu associato agli elementi più sgradevoli delle banche e delle speculazioni di Wall Street, e non si può giungere ad altra conclusione se non quella che FDR usò l'arena politica, e non l'imparziale mercato, per fare i suoi profitti.[12]

---

[12] Ciò solleva una domanda legittima riguardo all'ambito di questo libro e alla natura delle prove pertinenti. L'autore è interessato solo a stabilire il rapporto tra Wall Street e FDR e a trarre conclusioni da tale rapporto. Pertanto, sono stati omessi episodi avvenuti nel 1921, mentre FDR si trovava a Wall Street, ma non direttamente associati alle sue attività finanziarie. Ad esempio, nel 1921 la Commissione per gli affari navali del Senato pubblicò un rapporto con 27 conclusioni, quasi tutte critiche nei confronti di FDR e che ponevano seri interrogativi morali. La prima conclusione del rapporto del Senato recita: "Che

Non sorprende quindi che i gruppi di Wall Street che sostenevano Al Smith e Herbert Hoover, entrambi con forti legami con la comunità finanziaria, abbiano sostenuto anche Franklin D. Roosevelt. Infatti, al bivio politico del 1932, quando la scelta era tra Herbert Hoover e FDR, Wall Street scelse Roosevelt e abbandonò Hoover.

Alla luce di queste informazioni, come si spiega la carriera di FDR a Wall Street? E il suo servizio a Wall Street nel creare, in collaborazione con Herbert Hoover, le associazioni commerciali degli anni Venti, così fortemente volute dalla confraternita bancaria? O l'amicizia di FDR con i principali operatori di Wall Street John Raskob e Barney Baruch? Per mettere tutto ciò in prospettiva, dobbiamo tornare indietro nella storia ed esaminare il background delle famiglie Roosevelt e Delano, che sono state associate al settore bancario di New York fin dal XVIII secolo.

La famiglia Delano e Wall Street

La famiglia Delano è orgogliosa di far risalire i propri antenati agli Actii, una famiglia romana del 600 a.C.. Sono altrettanto orgogliosi di Franklin Delano Roosevelt. I Delano sostengono infatti che l'influenza dei Delano sia stata il fattore predominante nella vita di

---

atti immorali e lascivi sono stati praticati, sotto istruzioni o suggerimenti, da un certo numero di personale arruolato nella Marina degli Stati Uniti, dentro e fuori l'uniforme, allo scopo di ottenere prove contro pervertiti sessuali, e l'autorizzazione all'uso di questi arruolati come operatori o detective è stata data sia oralmente che per iscritto al tenente Hudson dal segretario aggiunto Franklin D. Roosevelt, con la conoscenza e il consenso di Josephus Daniels, segretario della Marina". Le 26 conclusioni correlate e la relazione di minoranza sono contenute in United States Senate, Committee on Naval Affairs, 67[th]Congress, 1st Session, Alleged Immoral Conditions at Newport (R.I.) Naval Training Station (Washington: Government Printing Office, 1921). Tuttavia, sebbene la condotta di FDR nella Marina degli Stati Uniti possa essere stata imperdonabile e possa o meno riflettersi sulla sua fibra morale, tale condotta non è pertinente a questo libro e questi episodi vengono omessi. Va inoltre notato che, quando la corrispondenza di FDR è di importanza cruciale per l'argomentazione di questo libro, è prassi citare le sezioni alla lettera, senza parafrasi, per consentire al lettore di fare le proprie interpretazioni.

FDR e che sia alla base dei suoi straordinari risultati. Comunque sia, è indubbio che il lato Delano della famiglia collega FDR a molti altri governanti e politici. Secondo la storia della famiglia Delano,[13] "Franklin condivideva un'ascendenza comune con un terzo dei suoi predecessori alla Casa Bianca". I presidenti legati a FDR da parte dei Delano sono John Adams, James Madison, John Quincy Adams, William Henry Harrison, Zachary Taylor, Andrew Johnson, Ulysses S. Grant, Benjamin Harrison e William Howard Taft. Dal lato Roosevelt della famiglia, FDR era imparentato con Theodore Roosevelt e Martin Van Buren, che sposò Mary Aspinwall Roosevelt. La moglie di George Washington, Martha Dandridge, era tra gli antenati di FDR e Daniel Delano sostiene che Winston Churchill e Franklin D. Roosevelt erano "cugini di ottavo grado, una volta rimossi".[14] Questo fa degli Stati Uniti quasi una nazione governata da una famiglia reale, una mini monarchia.

Il lettore deve esprimere il proprio giudizio sulle affermazioni genealogiche dei Delano; questo autore non ha la capacità di analizzare le confuse e complesse relazioni familiari coinvolte. Più precisamente, e senza alcun dubbio, i Delano erano attivi a Wall Street negli anni Venti e Trenta e molto prima. I Delano erano importanti nello sviluppo delle ferrovie negli Stati Uniti e all'estero. Lyman Delano (1883-1944) era un importante dirigente ferroviario e nonno materno di Franklin D. Roosevelt. Come FDR, Lyman iniziò la sua carriera nel settore assicurativo, con la Northwestern Life Insurance di Chicago, seguita da due anni con la Stone & Webster.[15] Per la maggior parte della sua vita professionale, Lyman Delano fece parte del consiglio di amministrazione della Atlantic Coast Line Railroad, come presidente nel 1920 e come presidente del consiglio di amministrazione dal 1931 al 1940. Altre importanti affiliazioni di Lyman Delano furono quelle di direttore (insieme a

---

[13] Daniel W. Delano, Jr., *Franklin Roosevelt and the Delano Influence* (Pittsburgh, Pa.: Nudi Publications, 1946), p. 53.

[14] Ibidem, p. 54.

[15] Cfr. Sutton, *Bolshevik Revolution*, op. cit., pp. 128, 130-3, 136 su Stone & Webster.

W. Averell Harriman) della Aviation Corporation, della Pan American Airways, della P & O Steamship Lines e di una mezza dozzina di compagnie ferroviarie.

Un altro Delano di Wall Street era Moreau Delano, socio della Brown Brothers & Co. (che dopo il 1933 assorbì la Harriman & Co. per diventare Brown Brothers, Harriman) e direttore della Cuban Cane Products Co. e della American Bank Note Company.

Il vero Delano di Wall Street era lo "zio preferito" di FDR (secondo Elliott Roosevelt), Frederic Adrian Delano (1863-1953), che iniziò la sua carriera con la Chicago, Burlington and Quincy Railroad e successivamente assunse la presidenza della Wheeling & Lake Erie Railroad, della Wabash Railroad e, nel 1913, della Chicago, Indianapolis and Louisville Railway. Lo "zio Fred" fu consultato nel 1921 in un momento critico dell'attacco di paralisi infantile di FDR, trovò rapidamente il dottor Samuel A. Levine per una diagnosi urgente e organizzò un treno privato speciale per trasportare FDR dal Maine a New York mentre iniziava il lungo e faticoso cammino verso la guarigione.[16]

Nel 1914 Woodrow Wilson nominò lo zio Fred membro del Federal Reserve Board. I legami intimi dei Delano con la confraternita bancaria internazionale sono esemplificati da una lettera confidenziale del banchiere centrale Benjamin Strong a Fred Delano, che richiedeva dati riservati della FRB:[17]

(Personale)

---

[16] Elliott Roosevelt e James Brough, *An Untold Story: The Roosevelts of Hyde Park* (New York: Putnam's, 1973), pp. 142, 147-8.

[17] Senato degli Stati Uniti, Hearings before the Special Committee Investigating the Munitions Industry, 74° Congresso, Seconda Sessione, Parte 25, "World War Financing and United States Industrial Expansion 1914-1915, J. P. Morgan & Company" (Washington: Government Printing Office, 1937), pag. 10174, Exhibit No. 3896.

11 dicembre 1916

Caro Fred, ti sarebbe possibile inviarmi in via strettamente confidenziale le cifre ottenute dal Comptroller in merito alla detenzione di titoli esteri da parte delle banche nazionali? La mia opinione sulla situazione attuale sarebbe molto influenzata se potessi entrare in possesso di queste cifre, che dovrebbero essere trattate con la stessa riservatezza che lei suggerisce.

Se mai dovesse arrivare il momento in cui potrete allontanarvi per una settimana o poco più per cambiare e riposarvi, perché non dare un'occhiata a Denver e, incidentalmente, farmi visita? Ci sono mille cose di cui vorrei parlare con voi.

Fedelmente vostro,

Benjamin Strong
On. F. A. Delano
Consiglio della Federal Reserve, Washington, D.C.

Dopo la prima guerra mondiale Frederic Delano si dedicò a quello che viene eufemisticamente definito servizio pubblico, pur continuando a svolgere la sua attività commerciale. Nel 1925 Delano fu presidente del Comitato internazionale della Lega delle Nazioni sulla produzione di oppio; nel 1927 fu presidente della Commissione per la pianificazione regionale di New York; divenne poi attivo nello sponsorizzare la Commissione per i parchi nazionali. Nel 1934 FDR nominò lo zio Fred Delano presidente del National Resources Planning Board. Il Comitato industriale del National Resources Planning Board, che presumibilmente Frederic Delano aveva in qualche modo scelto, era un'allegra combriccola di pianificatori socialisti, tra cui Laughlin Currie, Leon Henderson, Isador Lublin (importante nel trasferimento di tecnologia industriale all'URSS nel periodo precedente la guerra di Corea) e Mordecai Ezekiel.

Il consulente del Consiglio era Beardsley Ruml.

Dal 1931 al 1936, mentre era impegnato in progetti di pianificazione socialista, Delano fu anche presidente del consiglio di amministrazione della Federal Reserve Bank di Richmond, in Virginia. In breve, Frederic Delano fu contemporaneamente capitalista e pianificatore.

Delano ha lasciato alcuni scritti da cui possiamo ricavare qualche concetto delle sue idee politiche. Vi troviamo il sostegno alla tesi secondo cui i maggiori sostenitori della regolamentazione governativa sono gli uomini d'affari che devono essere regolamentati, anche se Delano avverte che la proprietà governativa delle ferrovie può essere portata troppo in là:

> *La proprietà governativa delle ferrovie è uno spauracchio che, sebbene venga spesso evocato, il pubblico non richiede. Se la proprietà governativa delle ferrovie arriverà, sarà perché i proprietari delle ferrovie la preferiscono alla regolamentazione governativa, e sarà un giorno triste per la Repubblica quando la regolamentazione sarà portata a un livello così estremo che i proprietari delle ferrovie non saranno più disposti ad accettare le responsabilità della gestione.[18]*

Tuttavia, in un altro libro, scritto circa 20 anni dopo, Delano è molto più ricettivo nei confronti della pianificazione governativa:

> *Un grande problema della pianificazione è quello dell'educazione della popolazione. Se l'opinione pubblica si rendesse conto che lo sforzo diretto può portare vantaggi sociali e che il momento in cui si può ottenere il massimo dalla pianificazione arriva prima che si manifesti la necessità di apportare cambiamenti, gli altri problemi della pianificazione potrebbero essere*

---

[18] Frederic A. Delano, Are Our Railroads Fairly Treated? Discorso davanti all'Economic Club di New York, 29 aprile 1913, p. 11.

risolti più facilmente.[19]

Inoltre:

> *La breve classificazione del problema della pianificazione sopra riportata serve come base per indicare la necessità di un controllo sociale sia diretto che indiretto.*
>
> *Pochissime persone conoscono davvero l'uso migliore della terra per il proprio vantaggio, per non parlare della pianificazione del suo uso per il bene comune. Le istituzioni hanno fatto molto per educare gli agricoltori a pianificare le singole aziende, eppure molte aziende agricole in questo Paese sono mal organizzate.*[20]

In breve, la famiglia Delano ha intrapreso imprese capitalistiche e ha interessi a Wall Street fin dal XIX secolo. Negli anni '30, tuttavia, Frederic Delano aveva abbandonato l'iniziativa capitalistica per la pianificazione socialista.

La famiglia Roosevelt e Wall Street

Franklin Delano Roosevelt discendeva anche da parte Roosevelt da una delle più antiche famiglie bancarie degli Stati Uniti. Il bisnonno di FDR, James Roosevelt, fondò la Banca di New York nel 1784 e ne fu presidente dal 1786 al 1791. La società di investment banking Roosevelt & Son di New York City fu fondata nel 1797 e negli anni '30 George E. Roosevelt, cugino di FDR, fu il quinto membro della famiglia in successione diretta a dirigere la società. Le radici bancarie newyorkesi della famiglia Roosevelt affondano quindi senza soluzione di continuità nella fine del XVIII secolo. In ambito industriale, James Roosevelt costruì la prima raffineria di zucchero

---

[19] Frederic A. Delano, E l'anno 2000? Joint Committee on Bases of Sound Land Policy, n.d., pagg. 138-9.

[20] Ibidem, p. 141.

americana a New York nel 1740, e i Roosevelt avevano ancora legami con la raffinazione dello zucchero cubano negli anni '30. Il padre di FDR, anch'egli di nome James Roosevelt, nacque a Hyde Park, New York, nel 1828 da questa antica e illustre famiglia. James Roosevelt si laureò alla Harvard Law School nel 1851, divenne direttore della Consolidated Coal Company del Maryland e, come i Delano negli anni successivi, fu associato allo sviluppo dei trasporti, prima come direttore generale della Cumberland & Pennsylvania Railroad, poi come presidente della Louisville, New Albany & Chicago Railroad, della Susquehanna Railroad Co, della Champlain Transportation Co, della Lake George Steamboat Co e della New York & Canada Railroad Co. James Roosevelt fu anche vicepresidente e direttore della Delaware & Hudson Canal Co. e presidente della Maritime Canal Company of Nicaragua, ma soprattutto fu un organizzatore della Southern Railway Security Company, fondata nel 1871 e una delle prime holding di sicurezza formate per acquistare e consolidare le ferrovie. La Southern Railway Security Company era uno schema di consolidamento o cartellizzazione simile, nel suo principio monopolistico, alle associazioni commerciali formate da Franklin D. Roosevelt negli anni Venti e al National Recovery Act, un altro schema di cartellizzazione, del New Deal. La seconda moglie di James Roosevelt era Sara, figlia di Warren Delano, e il loro figlio fu Franklin Delano Roosevelt, poi presidente degli Stati Uniti.

Franklin ha studiato a Groton e ad Harvard, poi ha frequentato la Columbia Law School su. Secondo il figlio Elliott,[21] FDR "non si laureò mai, ma riuscì a superare l'esame di abilitazione alla professione forense nello Stato di New York".[22] Il primo lavoro di FDR fu presso il vecchio e affermato studio legale di Carter, Ledyard e Milburn, il cui cliente principale era J. Pierpont Morgan, e in tre anni FDR si fece strada passando da incarichi minori di ricerca legale alle divisioni di tribunale municipale e ammiragliato dello studio. È opportuno ricordare che, quando FDR si recò per la prima volta a Washington D.C. nel 1916 per diventare Assistente

---

[21] Elliott Roosevelt, Una storia non raccontata, op. cit., p. 43.

[22] Ibidem, p. 67.

Segretario della Marina, fu Thomas W. Lamont - banchiere internazionale e il più influente dei soci di Morgan - a prendere in affitto la casa di FDR a New York.[23]

C'erano altri Roosevelt a Wall Street. George Emlen Roosevelt (1887-1963) era cugino di Franklin e Theodore Roosevelt. Nel 1908, George Emlen divenne membro dell'azienda bancaria di famiglia Roosevelt & Son. Nel gennaio 1934, dopo l'approvazione del Banking Act di FDR del 1933, l'azienda fu divisa in tre unità individuali: Roosevelt & Son, di cui George Roosevelt rimase socio anziano, Dick & Merle-Smith e Roosevelt & Weigold. George Emlen Roosevelt fu un importante finanziatore ferroviario, coinvolto in non meno di 14 riorganizzazioni ferroviarie, oltre a ricoprire la carica di amministratore in diverse importanti società, tra cui la Guaranty Trust Company controllata da Morgan,[24] la Chemical Bank e la Bank for Savings di New York. L'elenco completo degli incarichi di George Emlen al 1930 richiede sei pollici di caratteri piccoli nel Poor's *Directory of Directors*.

Un altro Roosevelt legato a Morgan fu Theodore Roosevelt, 26° Presidente degli Stati Uniti e nipote di Cornelius Roosevelt, uno dei fondatori della Chemical National Bank. Come Clinton Roosevelt, di cui parleremo più avanti, Theodore ricoprì la carica di membro dell'Assemblea dello Stato di New York dal 1882 al 1884; fu nominato membro della Commissione per il Servizio Civile degli Stati Uniti nel 1889, Commissario di Polizia della città di New York nel 1895 e Assistente del Segretario della Marina nel 1897; fu eletto Vicepresidente nel 1900 per poi diventare Presidente degli Stati Uniti dopo l'assassinio del Presidente McKinley nel 1901. Theodore Roosevelt fu rieletto Presidente nel 1904 e divenne il fondatore del Partito Progressista, sostenuto dal denaro e dall'influenza di J. P. Morgan, avviando così gli Stati Uniti sulla strada del welfare state.

---

[23] Si veda Sutton, Bolshevik Revolution, per le numerose citazioni dei legami di Thomas Lamont con la Rivoluzione bolscevica nel 1917, mentre risiedeva nella casa affittata da FDR a New York.

[24] È importante notare, mentre sviluppiamo la storia di FDR a Wall Street, che Guaranty Trust è presente nel precedente Sutton, Bolshevik Revolution.

La sezione più lunga della piattaforma del Partito Progressista era quella dedicata agli "Affari" e recitava in parte:

Chiediamo quindi una forte regolamentazione nazionale delle società interstatali. La corporazione è una parte essenziale del business moderno. La concentrazione degli affari moderni, in una certa misura, è inevitabile e necessaria per l'efficienza degli affari nazionali e internazionali.

L'unica differenza davvero significativa tra questa affermazione sostenuta dal denaro di Morgan e l'analisi marxiana è che Karl Marx pensava alla concentrazione delle grandi imprese come inevitabile piuttosto che "necessaria". Eppure il Partito Progressista di Roosevelt, che si batteva per la regolamentazione delle imprese, era finanziato da Wall Street, compresa la International Harvester Corporation controllata da Morgan e i soci di J. P. Morgan. Nelle parole di Kolko:

> *I registri finanziari del partito per il 1912 elencano C. K. McCormick, Mr. e Mrs. Medill McCormick, Mrs. Katherine McCormick, Mrs. A. A. McCormick, Fred S. Oliver e James H. Pierce. Le donazioni più consistenti per i progressisti, tuttavia, provenivano da Munsey, Perkins, Willard Straights della Morgan Company, Douglas Robinson, W. E. Roosevelt e Thomas Plant.*[25]

Esiste naturalmente una lunga tradizione politica dei Roosevelt, incentrata sullo Stato di New York e sul governo federale di Washington, parallela a quella di Wall Street. Nicholas Roosevelt (1658-1742) nel 1700 era membro dell'Assemblea dello Stato di New York. Isaac Roosevelt (1726-1794) fu membro del Congresso provinciale di New York. James I. Roosevelt (1795-1875) fu membro dell'Assemblea dello Stato di New York nel 1835 e nel 1840 e membro della Camera dei Rappresentanti degli Stati Uniti tra il 1841 e il 1843. Clinton Roosevelt (1804-1898), autore nel 1841

---

[25] Gabriel Kolko, The Triumph of Conservatism (London: Free Press, 1963), p. 202. Willard Straight era proprietario di The New Republic.

di un programma economico molto simile al New Deal di Franklin Roosevelt (vedi capitolo 6), fu membro dell'Assemblea dello Stato di New York nel 1835. Robert Barnwell Roosevelt (1829-1906) fu membro della Camera dei Rappresentanti degli Stati Uniti nel 1871-73 e Ministro degli Stati Uniti in Olanda nel 1888-1890. Poi, naturalmente, come abbiamo detto, c'è stato il presidente Theodore Roosevelt. Franklin continuò la tradizione politica di Theodore Roosevelt come senatore dello Stato di New York (1910-1913), segretario aggiunto della Marina (1913-1920), governatore dello Stato di New York (1928-1930) e poi presidente (1933-1945).

Mentre FDR era in carica, altri Roosevelt assunsero incarichi minori. Theodore Roosevelt Jr. (1887-1944) fu membro dell'Assemblea dello Stato di New York dal 1919 al 1921 e poi continuò il monopolio virtuale della Marina Roosevelt come Assistente Segretario della Marina dal 1921 al 1924, Governatore di Porto Rico dal 1922 al 1932 e Governatore Generale delle Filippine dal 1932 al 1933. Nicolas Roosevelt fu vice governatore delle Filippine nel 1930. Altri Roosevelt hanno continuato questa tradizione politica dall'epoca del New Deal.

L'alleanza tra Wall Street e le cariche politiche è implicita in questa tradizione roosveltiana. Le politiche attuate dai vari Roosevelt hanno teso verso un maggiore intervento dello Stato negli affari, auspicabile per alcuni elementi del mondo imprenditoriale, e quindi la ricerca rooseveltiana di cariche politiche può essere vista come un espediente per cercare se stessi. L'eufemismo del "servizio pubblico" è una copertura per utilizzare il potere di polizia dello Stato a fini personali, una tesi che dobbiamo approfondire. Se la tradizione roosveltiana fosse stata quella di un *laissez-faire* intransigente, di un'uscita dello Stato dagli affari piuttosto che di un intervento nelle attività economiche, la nostra valutazione sarebbe necessariamente molto diversa. Tuttavia, almeno da Clinton Roosevelt nel 1841 fino a Franklin D. Roosevelt, il potere politico accumulato dal clan Roosevelt è stato utilizzato per regolamentare le imprese nell'interesse di limitare la concorrenza, incoraggiare il monopolio e quindi dissanguare i consumatori nell'interesse di un'élite finanziaria. Inoltre, dobbiamo considerare l'osservazione trasmessa da Franklin D. Roosevelt a Edward House e citata nell'epigrafe di questo capitolo, secondo cui "un elemento finanziario nei grandi centri ha posseduto il governo fin dai tempi di Andrew Jackson". Di conseguenza, è pertinente concludere questo capitolo introduttivo con le osservazioni del 1943 di William Allen White, un editore onesto se mai ce n'è stato uno, che ha fatto una delle migliori critiche letterarie su questo establishment finanziario nel contesto della Seconda Guerra Mondiale; questo, va notato, dopo dieci anni di FDR e all'apice del potere politico di Roosevelt:

Non ci si può muovere a Washington senza imbattersi nel fatto che stiamo conducendo due guerre, una estera e una interna. La guerra interna si svolge nei vari consigli di guerra. Ogni grande industria di prodotti di base in questo Paese è organizzata a livello nazionale e molte di esse, forse la maggior parte, fanno parte di grandi organizzazioni nazionali, cartelli, accordi, che operano su entrambi i lati del fronte di battaglia.

Qui a Washington ogni industria è interessata a salvare se stessa. Vuole uscire dalla guerra con la pelle integra e con la sua organizzazione intatta, legalmente o illegalmente.

Ci si sorprende di trovare uomini che rappresentano grandi trust o accordi o sindacati sulle materie prime nei vari consigli di guerra. È sciocco dire che i New Dealers gestiscono questo spettacolo. È gestito in gran parte da proprietari assenti di ricchezza industriale amalgamata, uomini che direttamente o attraverso i loro datori di lavoro controllano piccoli blocchi di minoranza, strettamente organizzati, che manipolano gli impianti fisici di questi trust.

Per la maggior parte questi magnati manageriali sono americani onesti e patriottici. Hanno grandi talenti. Se li si tocca in nove relazioni di vita su dieci, sono gentili, cortesi e cristiani.

Ma nella decima relazione, quella che tocca la loro stessa organizzazione, sono pazzi, spietati, senza controllo da parte di Dio o dell'uomo, paranoici, di fatto, malvagi nel loro disegno quanto Hitler.

Sono determinati a uscire da questa guerra vittoriosi per i loro azionisti, il che non sorprende. È comprensibile anche che Hitler desideri uscire da questa guerra ad ogni costo vittorioso per il popolo tedesco.

Ma questo atteggiamento degli uomini che controllano le grandi industrie di materie prime, e che si propongono di gestirle secondo il proprio giudizio e la propria morale, non fa ben sperare per il benessere dell'uomo comune.

Queste combinazioni internazionali di capitale industriale sono feroci animali trogloditi con un potere enorme e nessun cervello sociale. Si aggirano come un vecchio rettile siluriano intorno alla nostra decente civiltà più o meno cristiana, come grandi draghi in questo giorno moderno in cui i draghi dovrebbero essere morti.[26]

---

[26] Citato da George Seldes, *One Thousand Americans* (New York: Boni & Gaer, 1947), pp. 149-150.

Capitolo 2

La politica nel settore delle obbligazioni[27]

*Approfitto della nostra vecchia amicizia per chiederle se
può aiutarmi a ottenere obbligazioni di fedeltà e contratti
dalle autorità di Brooklyn.*

Franklin D. Roosevelt al membro del Congresso
J. A. Maher, 2 marzo 1922.

All'inizio del 1921 Franklin D. Roosevelt divenne vicepresidente
della Fidelity & Deposit Company del Maryland e direttore
residente dell'ufficio di New York della società al 120 di Broadway.
La Fidelity & Deposit of Maryland era un'affermata compagnia
assicurativa specializzata in polizze cauzionali e fideiussorie
richieste per contratti governativi e aziendali e per una serie di
impieghi individuali che andavano dal segretario di un sindacato ai
dipendenti di società di intermediazione mobiliare. In realtà, il
potenziale per l'attività di bonding esiste ovunque un appaltatore o
un dipendente possa violare una fiducia fiduciaria o non portare a
termine un contratto, come nel caso dei progetti edilizi. In breve, il
bonding è un settore assicurativo specializzato che copre il rischio
di non conformità. Nel 1921 Fidelity & Deposit era la quarta
compagnia assicurativa di questo tipo negli Stati Uniti, ma non va
confusa con la Fidelity and Casualty Company di New York,
un'altra compagnia assicurativa, che tra l'altro aveva W. Emlen
Roosevelt, cugino di FDR, nel suo consiglio di amministrazione.

---

[27] Questo capitolo si basa sui *documenti di FDR a Hyde Park*, New York: in
particolare il Gruppo 14, fascicolo intitolato "Fidelity & Deposit Co. of
Maryland, Corrispondenza di FDR come Vicepresidente, 1921-1928".

Perché Van-Lear Black, proprietario del Baltimore Sun e presidente del consiglio di amministrazione di Fidelity & Deposit, assunse il novizio delle assicurazioni Franklin D. Roosevelt come vicepresidente dell'importante ufficio di New York? Quasi certamente assunse FDR perché il settore delle cauzioni è insolitamente dipendente dall'influenza politica. Leggendo i fascicoli delle lettere di FDR per Fidelity & Deposit dal 1921 al 1928, scopriamo che solo raramente il prezzo o il servizio appaiono come elementi competitivi nel settore delle cauzioni. Le principali armi competitive sono "Chi conosci?" e "Quali sono le tue idee politiche?". In altre parole, la politica è un sostituto del mercato. La politica era il forte di FDR e Van-Lear Black conosceva il suo mondo di bonding quando ha acquisito FDR. È importante notare la natura politica dell'attività di bonding perché i biografi di FDR hanno, in alcuni casi, suggerito che FDR, un novizio degli affari, fosse relativamente inutile per VanLear Black. Ad esempio, Frank Freidel scrive:

> *È impossibile stabilire se Van-Lear Black lo assunse perché era una mossa commerciale intelligente o solo per raccogliere una celebrità. Il peggio che i Wall Streeters ostili a Roosevelt hanno potuto accusare è che l'azienda ha sprecato i venticinquemila dollari annui che gli pagava come stipendio.*[28]

Qual è stato il ruolo della politica e dei politici nel settore delle obbligazioni nello Stato di New York negli anni'20?

I politici come scrittori di obbligazioni

La natura politica pervasiva del settore delle cauzioni si riflette in un ritaglio di giornale contemporaneo, ma anonimo, trovato negli

---

[28] Freidel, Il calvario, op. cit., p. 138. Freidel è ingiusto nei confronti di Roosevelt. Non ci sono prove che Wall Street abbia criticato la nomina. Le critiche sono improbabili, data la natura politica dell'attività, il fatto che la politica era il punto di forza di FDR e la lunga tradizione di Roosevelt nella "strada".

archivi delle lettere di FDR e accuratamente contrassegnato da FDR stesso. Il ritaglio si riferisce a funzionari del governo dello Stato di New York che negoziano contratti statali e allo stesso tempo agiscono come membri di società private di emissione di obbligazioni che vendono obbligazioni di sicurezza agli appaltatori statali. Il giornale intitolava giustamente la rubrica "Tutti sotto lo stesso tetto" e riferiva che Daniel P. O'Connell, membro della società di obbligazioni di Albany O'Connell Brothers & Corning e contemporaneamente responsabile degli affari pubblici della città e della contea di Albany, stava cercando di esercitare un'influenza a livello statale sull'emissione delle sue obbligazioni, con grande disappunto degli autori di obbligazioni concorrenti:

> *Considerando che in passato Daniel P. è stato piuttosto occupato a sottoscrivere le obbligazioni di vari e diversi elettori, in futuro farà del suo meglio, si dice, per desiderare le sue obbligazioni su altre persone, in particolare sugli appaltatori che fanno affari con la città e la contea.*

Il suo ingresso nel mondo delle obbligazioni è stato accolto con lo stesso favore di una tempesta di neve per una sposa arrossita in una luminosa e soleggiata mattina di giugno. Si dice che gli assicuratori locali, sia democratici che repubblicani, che da anni si occupano di sottoscrivere obbligazioni per gli appaltatori, non vedano di buon occhio l'ingresso di Daniel P. nel loro campo, pur ammirandone l'ambizione, il coraggio e tutto il resto. Fuller, commissario statale dell'ufficio dei canali e delle vie d'acqua, teme che se Daniel P. avrà successo nel settore locale [sarà] a suo (di Fuller) danno, o piuttosto a danno della società di scrittura di obbligazioni con cui è collegato e per il cui beneficio, si dice, usa l'influenza della sua posizione.

O'Connell, autore di obbligazioni e titolare di cariche, scrisse quindi lettere di sollecitazione a tutti gli appaltatori della città e della contea di Albany, affermando di essere nel settore delle obbligazioni presso l'edificio della City Savings Bank, di proprietà, tra l'altro, del sindaco di Albany Hackett e che era anche la sede dell'organizzazione democratica della contea di Albany. La lettera di O'Connell agli appaltatori statali si concludeva con questo appello:

> *Vi sarei grato se concedeste a questo ufficio l'opportunità di servirvi. Una telefonata o una lettera indirizzata a me presso questo ufficio riceveranno una pronta attenzione.*

È importante notare questo uso prevalente e apparentemente accettabile della carica e dell'influenza politica per arricchire il proprio nido. Alla luce delle prove riportate di seguito, ciò suggerisce che FDR stava semplicemente seguendo gli usi contemporanei del suo ambiente. L'uso della politica per ottenere affari nel settore delle obbligazioni si riflette nei fascicoli epistolari di FDR ed è essenzialmente l'unico modo in cui egli ottenne affari nel settore delle obbligazioni mentre era vicepresidente della Fidelity & Deposit Company. Naturalmente, le sue lettere per sollecitare affari agli altri Roosevelt di Wall Street sono del tutto legittime. Troviamo ad esempio una lettera al "Caro cugino Emlen" (W. Emlen Roosevelt della Roosevelt & Son, 30 Pine Street) datata 10 marzo 1922 per chiedere informazioni sull'ottenimento dell'obbligazione programmata per la Buffalo, Rochester and Pittsburgh Railway Company, obbligazione allora emessa dalla concorrente National Surety Company. Emlen rispose prontamente il 16 marzo che "era in grado di parlare con il Presidente della questione". Questo deve aver stimolato l'immaginazione di FDR, che il 16 marzo 1922 scrisse a "Dear George" (George E. Roosevelt), anch'egli della Roosevelt & Son, chiedendo informazioni sulla fideiussione stipulata dall'azienda per la propria protezione.

I sindacati sono un obiettivo speciale di FDR per gli affari; poiché ogni segretario e tesoriere locale del sindacato deve avere un'obbligazione, questo è un campo lucrativo. Il 13 dicembre 1921 il segretario generale e tesoriere E. C. Davison dell'Associazione Internazionale dei Macchinisti scrisse a FDR:

> *Ora svolgiamo la maggior parte della nostra attività di bonding con la vostra società, e siamo stati indotti a farlo in gran parte dal vostro legame con questa impresa.*

Il 26 gennaio 1922 Joseph F. Valentine, presidente dell'International Molder's Union of North America, scrisse a FDR di essere molto riconoscente per tutti gli sforzi compiuti da FDR a favore del sindacato mentre ricopriva la carica di Assistente Segretario della Marina e di avere il desiderio di affidare alla Fidelity and Deposit Company of Maryland la maggior parte possibile dei nostri affari... non appena le nostre obbligazioni esistenti saranno scadute, sarà un piacere personale affidare alla vostra società i nostri affari futuri.

I funzionari del sindacato a Washington e altrove si affrettarono a chiedere alle loro sedi locali di dirottare gli affari verso il loro vecchio amico FDR e di allontanarli da altre società di bonding. A loro volta, i funzionari sindacali locali non tardarono a riferire le loro azioni di deviazione, informazioni a loro volta prontamente trasmesse a FDR. Ad esempio, il presidente dell'International Association of Boilermakers scrisse al segretario Berres del Metal Trades Department, A. F. of L., a Washington:

> *... Potete stare certi che qualsiasi cosa io possa fare per essere utile al signor Roosevelt nella sua nuova posizione sarà un piacere da parte mia, e oggi scrivo al signor Roosevelt.*

Naturalmente FDR sfruttò al massimo i suoi vecchi amici politici e con una lodevole attenzione ai dettagli. In una proposta di vendita del 2 marzo 1922 indirizzata al deputato J. A. Maher, FDR scrisse due lettere, non una. La prima lettera recitava in parte:

> *Howe [Louis Howe, braccio destro di FDR] mi ha riferito della sua conversazione telefonica con lei e le accludo una lettera più formale a scopo espositivo. Si tratta di una piccola nota amichevole, per evitare che pensiate che io sia diventato improvvisamente formale da quando ho adottato Wall Street come indirizzo di lavoro.*

Venite a trovarmi. So che le farà bene sentire il linguaggio che il fratello Berres e altri colleghi dell'Ufficio del Lavoro usano nei confronti dell'attuale amministrazione in generale e dei membri del Congresso in particolare. Se la signora non è in grado di ascoltare quando arrivate, vi ripeterò alcuni degli estratti più citabili.

FDR allegò al deputato Maher una lettera più formale, ovviamente da mostrare in giro agli amici di Maher, in cui dichiarava con precisione cosa voleva: "obbligazioni di fedeltà e contratti da parte delle autorità di Brooklyn".

Approfitto della nostra vecchia amicizia per chiedervi se potete aiutarmi nel tentativo di ottenere obbligazioni di fedeltà e contratti dalle autorità di Brooklyn. Ci sono molte obbligazioni necessarie in relazione al lavoro del governo cittadino, oltre a quelle personali che ogni funzionario comunale deve fornire, e spero che qualcuno dei miei vecchi amici sia disposto a ricordarsi di me. Purtroppo, al momento non posso occuparmi personalmente della questione con loro, ma poiché tutti i miei amici sono vostri amici, ritengo che, se avrete tempo e voglia, potrete essermi di grande aiuto. Le assicuro che il favore non sarà presto dimenticato.

Più avanti vedremo quanto questo approccio abbia avuto successo per F&D.

Influenza politica e aggiudicazione dei contratti

I contatti e le influenze politiche di FDR erano ovviamente ben noti all'interno della Fidelity & Deposit, ed egli fu ripetutamente invitato da altri membri dell'azienda a utilizzare la sua esperienza politica e il suo credito personale per generare affari obbligazionari, anche al di fuori di New York. Questo può essere esemplificato da una lettera del 23 agosto 1928 del direttore di F&D F. A. Price, responsabile dell'ufficio di Chicago, riguardante gli affari dei politici locali di Chicago. Price scrisse "Caro Franklin" con il messaggio che, dopo la morte del leader politico di Chicago George Brennan, erano stati proposti diversi nomi come leader della macchina del Partito Democratico locale. Prima di morire, Brennan aveva chiesto che M. L. Igoe fosse il suo successore, scrive Price a FDR:

Sicuramente siete entrati in contatto con lui mentre eravate a Houston e, nel caso in cui abbiate una conoscenza personale con lui, vorrei che mi consegnaste una lettera di presentazione il più possibile solida.

Price ha fatto notare che di recente, quando si trovava a Baltimora, ha discusso con il presidente della società F&D Charles Miller circa "l'idea di fare qualche accordo con il nuovo leader democratico dell'Illinois". È in quest'ottica che desidero ricevere la lettera di presentazione". Poiché la politica delle macchine a Chicago è nota per i suoi bassi standard etici, non occorre molta immaginazione per immaginare il tipo di accordo che Price stava suggerendo e che FDR utilizzò il suo nome e la sua influenza per favorire.

Che l'amicizia personale da sola non fosse sufficiente per ottenere affari nel settore obbligazionario e che si ricorresse a qualche tipo di edulcorazione è evidenziato in in una lettera sulla situazione politica di New York datata 23 settembre 1925 da John Griffin, responsabile della divisione contratti dell'ufficio di New York, a "Mio caro signor Roosevelt". In essa si parla delle complesse interconnessioni tra gli uffici politici di New York e l'attività di intermediazione di obbligazioni. In parte la lettera recita:

> *La grande vittoria di Walker su Hylan creerà, ovviamente, un nuovo assetto nella situazione dei broker obbligazionari. Sinnott & Canty, da cui siamo riusciti a ottenere alcune obbligazioni all'inizio dell'amministrazione Hylan e che nell'ultima parte non sono stati molto favoriti, saranno senza dubbio fuori dal giro e Charles F. Murphy, Jr., Hyman & McCall, Jim Hoey o un uomo di nome McLaughlin, un fratello del sovrintendente bancario, saranno i favoriti. A mio avviso, il nostro collegamento più forte sarà attraverso Al Smith con Charlie Murphy o McCall o McLaughlin, dato che Hoey ha una sua società, la Columbia Casualty Company.*

Forse Murphy riceve dalla National Surety Company, o dalla società a cui si rivolge ora, una commissione maggiore di quella che potremmo essere disposti a concedere per i suoi affari diretti, ma una parola al suo orecchio attraverso voi e, naturalmente, attraverso il Governatore e forse Jimmie Walker, ci farebbe almeno rientrare nella clausola della nazione più favorita o [per] qualsiasi divisione di queste obbligazioni, come sapete tutte devono essere divise tra due o più società.

Conosco tutte queste persone abbastanza bene e con favore, ma la semplice amicizia personale non sarà sufficiente.

Una lettura meticolosa di questa lettera interna alla società suggerisce che le tangenti erano il modo abituale per ottenere affari con le agenzie governative di New York; si noti il paragrafo "Forse Murphy riceve dalla National Surety Company, o dalla società a cui fa affari ora, una commissione maggiore di quella che potremmo essere disposti a dare per i suoi affari diretti". La frase conclusiva, "... la semplice amicizia personale non sarà sufficiente", ha un suono minaccioso.

La politicizzazione dell'attività di fideiussione, così evidente a Chicago e New York, si estese anche all'arena dei contratti governativi federali a Washington D.C. Il 5 maggio 1926 il secondo vicepresidente di F & D, F. A. Bach, a Baltimora, scrisse a FDR in merito a un edificio del Veterans Bureau da 11/4 milioni di dollari la cui costruzione era prevista per quella primavera:

> *Caro Franklin,*
>
> *Tra gli altri progetti del Veterans Bureau di questa primavera ce n'è uno da circa un milione e un quarto di dollari a Bedford, nel Massachusetts, e spero segretamente che grazie all'influenza della signora Rogers, rappresentante del Massachusetts, potremo avere qualche possibilità di ottenere una parte di quell'attività, anche se, naturalmente, il progetto più grande sarà quello di North Port, a Long Island.*

Allo stesso modo, FDR scrisse a un contatto di una "società che detiene contratti con la Marina":

Un riferimento casuale in una lettera di uno dei miei vecchi amici del Dipartimento della Marina all'aggiudicazione di alcuni fucili da 8 pollici alla vostra azienda, mi ha riportato alla mente i rapporti molto piacevoli che abbiamo intrattenuto durante il mio mandato di Assistente Segretario della Marina, e mi chiedevo se avreste voluto far scrivere alla mia azienda alcune delle obbligazioni contrattuali che siete obbligati a dare al governo di tanto in tanto. Mi piacerebbe molto che uno dei nostri rappresentanti ci chiamasse.

Louis Howe, braccio destro di FDR, lavorava anch'egli presso gli uffici di F & D, sollecitava attivamente le obbligazioni e non era affatto restio a fare affari. La lettera di Howe a Homer Ferguson della Newport News Shipbuilding Company del dicembre 1921 segnalava che la società aveva presentato offerte per la costruzione della nave Leviathan e ringraziava Ferguson per l'obbligazione:

> *Se per caso il fatto che questa fosse l'azienda del signor Roosevelt vi ha influenzato nell'assegnare questo premio, sarebbe molto gratificante per il signor Roosevelt se poteste scrivergli una piccola frase in tal senso.*

Questi metodi politici di fare affari sono, ovviamente, molto lontani dal mercato competitivo dei libri di testo universitari. Sarebbe ingenuo pensare che le preferenze politiche e le amicizie personali non abbiano alcun ruolo, o solo un ruolo minore, nelle relazioni d'affari. Tuttavia, esaminando l'attività di FDR nel settore delle obbligazioni, è difficile immaginare un'altra attività in cui la politica giochi un ruolo così totalizzante come nel settore delle obbligazioni e delle fideiussioni negli anni Venti. La moralità delle tangenti e dell'uso della carica politica per generare affari personali è discutibile, e la legalità è decisamente dubbia. Molto meno evidente è la conseguente perdita di efficienza economica e il danno per la società nel suo complesso. Se l'acquisto e la vendita di tali obbligazioni sono determinati dal prezzo e dalle prestazioni passate - e la conoscenza personale può essere un fattore legittimo nel giudicare le prestazioni passate - allora il mercato produrrà i massimi benefici economici e la massima efficienza per la società. In un'atmosfera commerciale politicizzata questi fattori competitivi imparziali vengono eliminati, l'efficienza economica viene meno e i benefici si riducono. Abbiamo, in effetti, un microcosmo di economia socialista in cui tutte le decisioni sono politicizzate a scapito della società nel suo complesso. In breve, le operazioni di bonding di FDR erano in qualche modo antisociali.

Tuttavia, altre lettere contenute negli archivi di Roosevelt offrono scorci autentici dei retrobottega della politica degli anni Venti, di quel giro di affari che spesso è degenerato in vera e propria corruzione. Ne è testimonianza una lettera di FDR dell'11 luglio 1928 al primo vicepresidente George L. Radcliffe a Baltimora, relativa al modo in cui John J. Raskob era diventato presidente del Comitato nazionale democratico. Raskob era vicepresidente della Du Pont e della General Motors e di conseguenza era un membro dell'establishment di Wall Street come pochi:

> *Durante la riunione di ieri sera, il Governatore [Smith] ha deciso definitivamente di scegliere John J. Raskob come Presidente del Comitato Nazionale. Ha detto che voleva un organizzatore e un uomo che avrebbe portato il Partito Democratico in favore degli interessi commerciali del Paese. Il mio primo giudizio è che si tratta di un grave errore, in quanto è un cattolico; in secondo luogo, è ancora più cattivo di Smith, che cerca di abrogare il diciottesimo emendamento; e in terzo luogo, è a capo della più grande organizzazione imprenditoriale del mondo. Temo che allontanerà definitivamente una schiera di persone del sud e dell'ovest e dell'est rurale che non sono particolarmente favorevoli a Smith, ma che fino ad oggi sono rientrate nel partito.*

Non conosco molto bene Raskob, ma prevedo di avere una conferenza con lui entro pochi giorni e gli accennerò, tra le altre cose, alla possibilità di V. L. B. [Van-Lear Black].

Più avanti in questo libro registreremo gli enormi fondi versati al Partito Democratico da Raskob e le contropartite per le grandi imprese: il New Deal e la National Recovery Administration (NRA).

Il 24 agosto 1927 un'altra lettera a George Radcliffe illustrava il modo in cui il settore delle cauzioni poteva riunirsi per conto di

James Beha, allora sovrintendente alle assicurazioni dello Stato di New York. Questa citazione conferma il fatto che le industrie "regolamentate" non sono altro che dispositivi politici per tenere a bada la concorrenza indesiderata e che i regolatori possono essere al soldo e agire per conto dell'industria presumibilmente regolamentata:

> *Vic Cullen[29] e io abbiamo appena parlato del Sovrintendente Beha. Vic dice che pensa che ci sia una mossa in corso, iniziata da Joyce, per far entrare Beha nella National in qualche ruolo e Cullen fa quello che a me sembra un suggerimento molto valido. È che Beha potrebbe diventare il capo della Surety Association. Beha ci piace e ci fidiamo di lui; è un uomo coraggioso e indipendente, e non riesco a pensare a nessuno più adatto per questa posizione. Certo, lo stipendio sarebbe alto - penso a 35.000 dollari all'anno - ma diviso tra tutti i membri non sarebbe che una goccia nel mare.*

Se ritiene che questo suggerimento sia valido, Cullen e io pensiamo che lei sia l'uomo giusto, piuttosto che uno di noi, per avvicinare i capi di American, U. S. F. & G. e uno o due altri in modo informale e confidenziale.

D'altro canto, a New York si è cercato di eliminare gli abusi nel settore delle cauzioni. Uno di questi tentativi fu quello dell'architetto statale Sullivan W. Jones di eliminare un requisito statale per le obbligazioni. Il governatore Al Smith fu inizialmente indotto ad approvare il piano di Jones. Ciò provocò una rapida lettera a FDR da parte di R.H. Towner, al 160 di Broadway, in cui si affermava che il piano Jones sarebbe stato disastroso e che (se) "il Governatore Smith (si è smarrito) qualcuno dei suoi amici dovrebbe metterlo a posto". La pronta risposta di FDR a Towner fu: "Spero di vedere il Governatore nelle prossime due settimane e allora gli parlerò del piano Jones come a uno zio olandese". Nei documenti di FDR non si legge più dell'abolizione delle fideiussioni obbligatorie

---

[29] Cullen era direttore dell'ufficio di produzione di New York.

nello Stato di New York.

La durezza dell'ufficio di F&D nei confronti dei propri interessi si riflette anche in questioni relativamente minori: ad esempio, nessuna associazione imprenditoriale di New York riuscì a ottenere il sostegno finanziario di F&D. Il 5 agosto 1926 una richiesta di sottoscrizione da parte del Better Business Bureau di New York suscitò una fredda risposta da parte di F&D. Il 5 agosto 1926 una richiesta di sottoscrizione da parte del Better Business Bureau di New York suscitò una fredda risposta da parte di F&D. FDR passò la lettera al vicepresidente Cullen affinché preparasse una "risposta adeguata", e Cullen rifiutò prontamente il Better Business Bureau. Questo rifiuto è stato appoggiato dal presidente Charles R. Miller a Baltimora: "Non sono molto propenso a dare un contributo al Better Business Bureau in questo momento". Il 23 maggio 1925 la Merchants Association di New York scrisse a FDR in merito all'adesione di F&D alla loro associazione. Anche in questo caso Cullen sostenne che "la Merchants Association non ci è assolutamente utile". Nessuna legge impone l'adesione alle associazioni imprenditoriali migliori, ma queste stroncature rendono sospetti gli appelli sociali dei benefattori che non aderiscono all'associazione.

Il guadagno per Fidelity & Deposit Company

Questa breve rassegna della carriera di Franklin D. Roosevelt dal 1921 al 1928 come vicepresidente della Fidelity & Deposit Company di New York suggerisce la strada filosofica che Roosevelt seguì nei due decenni successivi. Il settore delle obbligazioni era pervasivamente politico e FDR in politica era come un'anatra nell'acqua. Vennero sfruttati appieno i contatti politici stabiliti durante il suo servizio come Assistente Segretario della Marina, vennero allacciati nuovi contatti politici, incoraggiati dalla direzione di Baltimora di F & D, e FDR ebbe sette anni per praticare l'arte della politica negli affari. I risultati per F&D furono eccezionalmente buoni. Gli affari si espansero, in parte forse perché quasi tutti gli affari si espansero negli anni Venti, ma quasi certamente in misura maggiore grazie alle attività politiche di FDR. Nel periodo compreso tra il 1° gennaio 1923 e il 1° gennaio 1924,

Fidelity & Deposit registrò un guadagno di 3 milioni di dollari e salì al terzo posto tra le società di cauzioni, con un bel balzo in avanti rispetto alla U.S. Fidelity and Casualty Co. Le cifre recitano:

Fideiussioni nello Stato di New York

	1 gennaio 1923	1 gennaio 1924	Guadagno/perdita
Fidelity & Deposit Co.	$7,033,100	$10,184,600	+ $3,151,500
National Surety Co.	$14,993,000	$15,677,550	+ $684,550
Fidelity & Casualty Co. Surety Co. of New York	$3,211,900	$3,215,150	+ $3,250
Aetna Casualty & Surety Co.	$5,517,200	$4,799,500	$ 717-.700
U.S. Fidelity & Casualty Co.	$8,064,500	$6,817,000	$ 1-.247.500
American Surety Co.	$13,263,125	$12,127,400	$ 1-.125.725

L'ufficio Fidelity & Deposit al 120 di Broadway fu la base operativa di FDR negli anni Venti, ma l'attività di cauzione, per quanto di successo, non fu l'unica attività di FDR. Altre interessanti iniziative saranno analizzate nei capitoli successivi. Questi sette anni in un'atmosfera imprenditoriale politicamente carica - un microcosmo di una società socialista, perché le società socialiste sono anche economie gestite politicamente - furono senza dubbio un'influenza determinante nel successivo approccio di FDR alla soluzione dei problemi economici nazionali. Questa fu la prima esposizione di FDR al mondo degli affari. Non si trattava di un'esposizione agli elementi competitivi del mercato, come il prezzo e la qualità del prodotto ; si trattava di un'esposizione agli affari sulla base di "Chi conosci?" e "Quali sono le tue politiche?". - In definitiva, le basi più inefficienti e non redditizie possibili per l'impresa commerciale.

Capitolo 3

FDR: speculatore internazionale

Uno degli aspetti più deleteri dell'inflazione fu il "sacco della Germania" che si verificò al culmine dell'inflazione [del 1923]. Chiunque possedesse dollari o sterline era il re in Germania. Con pochi dollari americani un uomo poteva vivere come un milionario. Gli stranieri si riversarono nel Paese, acquistando tesori di famiglia, proprietà, gioielli e opere d'arte a prezzi incredibilmente bassi.

Marjori Palmer, 1918-1923 German Hyperinflation,
(New York: Traders Press, 1967)

Franklin D. Roosevelt fu l'organizzatore e il presidente di diverse imprese finanziarie speculative internazionali che collegavano la Germania e gli Stati Uniti, e in particolare di un'impresa che aveva lo scopo di trarre profitto dalla rovinosa iperinflazione tedesca del 1922-23. Nel 1922 FDR divenne presidente e fu uno degli organizzatori della United European Investors, Ltd., con statuto canadese, ma con sede al 160 di Broadway, New York. Nel 1927 FDR fu anche l'organizzatore della International Germanic Trust Company, Inc. e della Federal International Investment Trust, che non decollò mai. La più importante di queste imprese speculative nel mondo della finanza internazionale fu la United European Investors, Ltd., costituita per accumulare marchi tedeschi depositati negli Stati Uniti e reinvestirli in Germania acquistando proprietà da tedeschi indigenti. Per comprendere appieno la portata e il significato di United European e per seguire le attività della International Germanic Trust Company, dobbiamo fare una breve rassegna delle condizioni finanziarie tedesche nei primi anni Venti.

L'iperinflazione tedesca del 1922-23

Lionel Robbins, illustre economista britannico, ha descritto l'inflazione tedesca del 1922-23:

> *È stata la cosa più colossale della storia nel suo genere e, probabilmente insieme alla stessa Grande Guerra, è responsabile di molte delle difficoltà politiche ed economiche della nostra generazione. Ha distrutto la ricchezza degli elementi più solidi della società tedesca e ha lasciato dietro di sé uno squilibrio morale ed economico, terreno fertile per i disastri che sono seguiti. Hitler è il figlio adottivo dell'inflazione.*[30]

Il Trattato di Versailles impose un massiccio onere di riparazione alla Germania sconfitta, un Paese già finanziariamente debole per aver combattuto la Prima Guerra Mondiale con un deficit di spesa e una riduzione territoriale postbellica, con conseguenti ridotte risorse naturali. Le riparazioni hanno un effetto sulla bilancia dei pagamenti simile a quello delle importazioni. Per compensare il drenaggio, è necessario ricorrere alla tassazione o alla spesa in deficit. Se si segue la strada del deficit di spesa, il risultato sarà inflazionistico, e questa è stata la strada seguita in Germania.

La Germania fu obbligata dagli Alleati a risarcire tutti i danni alla proprietà privata, tranne che in Russia, e a pagare tutti i costi delle truppe alleate sul territorio tedesco, ma non fu fissato un limite massimo alle richieste. La Germania doveva consegnare immediatamente 100 miliardi di marchi d'oro, con pagamenti di un miliardo di marchi d'oro all'anno dopo il 1921. Il piano di pagamenti finale elaborato in occasione dell'"Ultimatum di Londra" del maggio 1921 rifletteva questi termini duri e impossibili, fornendo così un chiaro incentivo all'inflazione per eliminare

---

[30] Constantino Bresciani-Turroni, The Economics of Inflation: a Study of Currency Depreciation in Post War Germany, 1914-1923 (Londra: Allen & Unwin, 1937), "Foreword", pag. 5.

l'onere dei pagamenti diretti.

Ciò che è straordinario del programma di riparazioni è l'identità dei cosiddetti esperti impegnati a prendere accordi per le riparazioni, creando incidentalmente il caos monetario e sociale a cui allude Lionel Robbins. Il Comitato per le riparazioni del 1923 aveva come membri statunitensi il generale di brigata Charles G. Dawes e Owen D. Young della General Electric Company.

Il Comitato di esperti del Piano Young del 1928 era composto, per la parte americana, da Owen D. Young e J.P. Morgan, con Thomas N. Perkins e Thomas W. Lamont come supplenti. Da parte tedesca i membri erano Hjalmar Schacht e A. Voegler, con C. Melchior e L. Kastl come supplenti.

In breve, gli elementi della General Electric-Morgan che hanno avuto un ruolo di primo piano nella Rivoluzione bolscevica e, come vedremo, anche nel New Deal, sono stati i negoziatori di un piano generalmente considerato come una delle prime cause della Seconda guerra mondiale - e incidentalmente un piano in cui questi stessi finanzieri, così come Franklin Delano Roosevelt, avrebbero tratto profitto.

È inoltre degno di nota il fatto che gli uomini d'affari della parte tedesca dei negoziati per le riparazioni fossero associati all'ascesa del nazionalsocialismo in Germania.

Ne è testimone Hallgarten nel suo saggio "Adolf Hitler e l'industria pesante tedesca".

> *... nel novembre 1918 un gruppo dei più importanti uomini d'affari del Reich, composto da Stinnes, Albert Voegler (allora direttore della Gelsenkirchen Mining Co., Ltd.), Carl Friedrich von Siemens, Felix Deutsche (della German General Electric), il direttore Mankiewitz della Deutsche Bank e il direttore Salomonsohn della Diskontogesellschaft, finanziò il movimento di un precursore di Hitler, un certo Dr. Eduard Stadtler, che chiedeva la creazione di uno Stato nazionalsocialista*

tedesco.[31]

Il punto pertinente è che il Felix Deutsche citato era un direttore della General Electric tedesca e tra i rappresentanti americani per i risarcimenti c'era Owen D. Young della General Electric, mentre l'Albert Voegler citato da Hallgarten era il rappresentante tedesco nei negoziati del Piano Young.

La svalutazione del marco tedesco in cartamoneta priva di valore come risultato dell'onere delle riparazioni imposto da questi uomini è illustrata nella tabella seguente:

Il marco tedesco in termini di[32]

Data	Scambi con l'estero (1913=1.00)	Prezzi all'ingrosso tedeschi
Gennaio 1913	1.0	1.0
Gennaio 1920	15.4	12.6
Gennaio 1921	15.4	14.4
Gennaio 1922	45.7	36.7
Luglio 1922	117.0	101.0

L'inflazione si è accelerata in seguito alla costituzione della United European Investors, Ltd., con Franklin D. Roosevelt come presidente e John von Berenberg Gossler come membro del comitato consultivo tedesco:

Data	Scambi con l'estero	Prezzi all'ingrosso tedeschi
Gennaio 1923	4,279.0	2,785.0
Luglio 1923	84,150.0	74,787.0
Agosto 1923	1,100,100.0	944,041.0

L'inflazione andò completamente fuori controllo in seguito al licenziamento del cancelliere Wilhelm Cuno, che tornò alla presidenza dell'HAPAG, e dei co-amministratori John von Berenberg Gossler e Max Warburg:

Data	Scambi con l'estero	Prezzi all'ingrosso tedeschi
Settembre 1923	23,540,000.0	23,949,000.0
Ottobre1923	6,014,300,000.0	7,095,500,000.0
Novembre 1923	1,000,000,000,000.0	750,000,000,000.0

Le politiche che portarono alla rovinosa inflazione tedesca furono

---

[31] George W. F. Hallgarten, "Adolf Hitler e l'industria pesante tedesca" in Journal of Economic History, Estate 1952, p. 224.

[32] Fonte: Statistisches Jahrbuch für das Deutsche Reich.

avviate sotto il cancelliere Wilhelm Cuno, che, immediatamente prima di diventare cancelliere, era stato presidente della Hamburg-America Line (HAPAG). Due dei co-direttori di Cuno alla HAPAG erano Max Warburg, banchiere di Amburgo e fratello di Paul Warburg, membro del comitato consultivo del Federal Reserve System negli Stati Uniti, e John von Berenberg Gossler, membro del comitato consultivo tedesco della United European Investors, Ltd. di Franklin D. Roosevelt.

Cuno fu destituito dalla carica di Cancelliere tedesco nell'agosto del 1923, ma si noterà dalla tabella che l'inflazione era già fuori controllo e nel novembre di quell'anno il marco si era deprezzato fino a zero. Il punto da sottolineare è che Wilhelm Cuno fu Cancelliere nel 1922-23, quando il marco si stava rapidamente svalutando, e che Cuno proveniva da una cerchia di imprenditori in grado e disposti a trarre vantaggio pecuniario e personale dall'inflazione tedesca.

Questa terrificante inflazione monetaria e il crollo definitivo del marco tedesco nel 1923 rovinarono la classe media tedesca e avvantaggiarono tre gruppi: alcuni grandi imprenditori tedeschi, alcuni imprenditori stranieri che erano in grado di trarre vantaggio dall'inflazione e il nascente movimento hitleriano. In qualità di presidente della United European Investors, Ltd., Franklin D. Roosevelt fu tra quegli uomini d'affari stranieri che approfittarono della miseria della Germania per trarne vantaggio.

Il passato di William Schall

Purtroppo, la questione di quello che potrebbe essere definito un gruppo elitario che approfitta delle disgrazie del mondo ha una prospettiva più profonda. Nel precedente volume di questa serie, *Wall Street e la rivoluzione bolscevica*, abbiamo individuato i legami personali tra i finanzieri di Wall Street e i rivoluzionari bolscevichi. Alcuni di questi stessi legami personali possono essere estesi a FDR e agli Investitori Europei Uniti. I legami stabiliti con precisione in precedenza coinvolgevano l'allora ambasciatore tedesco negli Stati Uniti, il conte von Bernstorff, e il suo amico Adolph von Pavenstedt, socio anziano della Amsinck & Co. che è stato "per molti anni il principale responsabile dei pagamenti del sistema spionistico tedesco in questo Paese".[33] La Amsinck & Co. era controllata da J. P. Morgan, John D. Rockefeller e altri interessi finanziari di New York attraverso la American International Corporation. Con la Guaranty Trust Company, l'American International Corporation costituiva i punti centrali per il finanziamento dello spionaggio tedesco e bolscevico negli Stati Uniti e nel Nord America durante la Prima Guerra Mondiale. Adolph von Pavenstedt e Edmund Pavenstedt, i due soci di Amsinck, erano anche membri di un'altra casa finanziaria, la Müller, Schall & Company. Ed è proprio presso la Müller, Schall che nel 1922 troviamo Franklin D. Roosevelt e la sua United European Investors, Ltd.

Dopo la rivelazione pubblica nel 1918 del legame tra Amsinck & Co. e lo spionaggio tedesco, gli interessi tedeschi in Müller, Schall & Co. furono rappresentati da Edmund S. Payne, un avvocato di New York. La Müller, Schall & Co. fu formalmente liquidata e una "nuova" società - la William Schall & Co. - prese il suo posto allo stesso indirizzo, 45 William Street, New York City. Il nuovo studio, costituito nel gennaio 1918, comprendeva i due soci originari, William Schall e Carl Müller, ai quali si erano aggiunti John Hanway di Harris, Forbes & Co, Frank M. Welty, vicepresidente della American Colonial Bank di Porto Rico, e l'avvocato Edmund S. Payne, socio dello studio legale Rounds, Hatch, Dillingham & Debevoise, che rappresentava gli interessi tedeschi della precedente Müller, Schall & Co.

I Pavenstedt erano anche "fortemente interessati alle proprietà portoricane dello zucchero e possedevano e controllavano la Central Los Canos".[34] William Schall era presidente della Colonial Bank of Puerto Rico e presidente della South Puerto Rico Sugar Company. Allo stesso modo, la famiglia Roosevelt aveva interessi

---

[33] Cfr. Sutton, Bolshevik Revolution, op. cit., pp. 64-67, e Johann-Heinrich von Bernstorff, My Three Years in America (New York: Scribner's, 1920), p. 261.

[34] Paul Haber, The House of Roosevelt (New York: Authors Publishing Co., 1936), p. 71.

nell'industria dello zucchero dei Caraibi che risalivano alla fine del XVIII secolo, e George Emlen Roosevelt nel 1918 era direttore della Cuban Cane Products Co. a New York. È quindi ipotizzabile che, grazie a questo interesse comune per lo zucchero caraibico, i Pavenstedt e i Roosevelt si siano conosciuti. In ogni caso, fu il gruppo Schall-Pavenstedt, precedentemente parte dell'operazione di spionaggio tedesco negli Stati Uniti, che nel 1921-22 si fuse con Franklin D. Roosevelt e diversi dubbi imprenditori finanziari per formare la United European Investors, Ltd. e trarre profitto dal peso schiacciante dell'inflazione tedesca.

United European Investors, LTD.

Il gruppo organizzativo originario della United European Investors, Ltd. comprendeva i già citati William Schall e Franklin D. Roosevelt, ai quali si aggiunsero A. R. Roberts, Charles L. Gould e Harvey Fisk & Sons. Le 60.000 azioni privilegiate emesse erano detenute da Harvey Fisk & Sons (25.000 dollari), Franklin D. Roosevelt (10.000 dollari) e Schall, Roberts e Gould (5.000 dollari ciascuno). In breve, FDR era il maggiore azionista privilegiato individuale del gruppo incorporante.

Alla United European Investors, Ltd. fu concesso un insolito statuto canadese che le conferiva poteri unici, tra cui il diritto di promuovere gli scambi e il commercio tra il Canada e qualsiasi altro Paese; di acquisire titoli di proprietà; di sottoscrivere o trattare in altro modo obbligazioni, titoli e azioni; di agire come broker e agenti; di intraprendere tutti i tipi di funzioni per quanto riguarda l'acquisto, lo scambio e il trasferimento di titoli e azioni; di prestare denaro; di svolgere qualsiasi attività, "manifatturiera o di altro tipo"; di acquistare e vendere proprietà. In effetti, leggendo lo statuto, è difficile immaginare un'attività che non possa essere svolta in base alle sue numerose clausole.[35]

---

[35] La copia dello statuto dell'U.E.I. nei documenti di FDR riporta un emendamento di A. B. Copp, Segretario di Stato canadese, che proibisce la costruzione di ferrovie e l'emissione di carta moneta.

Il capitale sociale è stato diviso in due parti: 60.000 dollari canadesi suddivisi in 60.000 azioni privilegiate e 60.000 azioni ordinarie, denominate in 10.000 marchi tedeschi. L'obiettivo della società, come si legge nella stampa contemporanea, era quello di investire i molti miliardi di marchi tedeschi allora detenuti negli Stati Uniti e in Canada in proprietà immobiliari tedesche:

Una volta investiti i marchi in proprietà in Germania, i fondi dovrebbero iniziare a guadagnare immediatamente e non possono scomparire, poiché sono rappresentati dalla proprietà di un bene tangibile, e si può ancora approfittare di un eventuale aumento del valore di scambio. In confronto a ciò, la detenzione di banconote o cambiali è un'operazione molto rischiosa e i fondi sono inattivi o guadagnano molto poco. Inoltre, se la quotazione del cambio dovesse avvicinarsi al punto di fuga, ai detentori di marchi o cambiali non resterebbe nulla di tangibile. Il capitale della società sarà investito in immobili di pregio, in mutui ipotecari, nel finanziamento di merci in transito e nella partecipazione a imprese industriali e commerciali redditizie.[36]

Il riferimento alla tabella precedente che registra il deprezzamento del marco tedesco (pagina 39) conferma la notevole tempestività di United European Investors, Ltd. Nel luglio 1922 il marco, con base 100 nel 1913, era a 117 in valuta estera. Ciò riflette un forte tasso di inflazione del marco, ma nulla che lo distingua dall'inflazione di molti altri Paesi. Tuttavia, l'opuscolo dell'U.E.I. menziona espressamente la possibilità che il marco "si avvicini al punto di fuga", cosa che avvenne un anno dopo, nel novembre 1923.

L'investimento effettivo della U.E.I. fu effettuato in Germania da un comitato consultivo tedesco che occupava un ufficio ad Amburgo, guidato dal senatore August Lattman, già socio della G. Amsinck & Company di New York (vedi pagina 41). Il secondo membro di questo comitato tedesco era il senatore John von Berenberg Gossler, capo della società bancaria di Amburgo Berenberg, Gossler & Co.

---

[36] Questo è tratto da un comunicato stampa con la dicitura "From Hon. Franklin D. Roosevelt" nei documenti di FDR.

Berenberg, Gossler era anche membro del consiglio di amministrazione della Hamburg-America Line (HAPAG); altri membri erano Wilhelm Cuno, all'epoca Cancelliere della Germania e responsabile della politica economica del suo Paese, e Max Warburg, fratello di Paul Warburg, membro del Federal Reserve Board negli Stati Uniti.

In una lettera dell'11 novembre 1922 all'U.E.I., il Comitato consultivo tedesco registra i suoi investimenti iniziali: "Tutti gli investimenti finora effettuati riguardano azioni industriali di prima classe". Tuttavia, il prospetto informativo pubblicato negli Stati Uniti enfatizzava gli investimenti nel settore immobiliare, e su questo punto il consiglio tedesco scrisse:

> *Per quanto riguarda l'investimento in mutui, comprendiamo il suo punto di vista, ma torneremo sulla questione nel caso in cui saremo in grado di offrirle mutui con una clausola oro, che potrebbe essere possibile, e che escluderebbe qualsiasi rischio aggiuntivo nel caso in cui il marco dovesse scendere ulteriormente.*

Nel fascicolo di United European Investors non c'è alcun riferimento all'acquisto di proprietà immobiliari o di altri beni materiali menzionati nello statuto della società e negli annunci pubblici.

Gli investimenti effettuati dal consiglio negli anni successivi furono azioni di società tedesche. Inoltre, i prezzi degli investimenti furono citati in modo insolito, non in marchi tedeschi o in cifre assolute di qualsiasi tipo, ma come aumento percentuale, presumibilmente da una base del 1913, il che permise al Consiglio tedesco di scrivere a New York: "le azioni che avete acquistato finora sono aumentate considerevolmente con il deprezzamento del marco".

Queste azioni e l'aumento percentuale citato comprendono, ad esempio, le seguenti:

Deutsche Maschinen A.G.   acquistato al 1350% ora quotato al

	1805
Società Generale di Elettricità	comprato al 740% ora quotato 5000%
Nobel Dynamit	comprato a 1119% ora quotato 3975%

Il Consiglio tedesco non ha menzionato il fatto che il deprezzamento del marco rispetto al dollaro americano è stato maggiore dell'aumento dei prezzi delle azioni acquistate in marchi tedeschi. In effetti, le dichiarazioni di aumento dei prezzi delle azioni erano illusorie. Uno scrittore precedente l'ha descritta in questo modo: "una sterzata falsa e puramente bunco, evidentemente intesa a convincere altri detentori di marchi tedeschi a investire in una società che poteva fare tali miracoli".[37]

Questo, tuttavia, non preoccupava il consiglio di amministrazione di New York. Alla riunione ordinaria del consiglio di amministrazione, tenutasi il 15 gennaio 1923, Franklin D. Roosevelt convocò la riunione e George W. Muller svolse le funzioni di segretario. Fu quindi registrato che il valore in marchi degli investimenti in azioni tedesche effettuati finora dalla società era di circa 73 milioni di marchi, e che questo investimento era attualmente quotato a 420 milioni di marchi.

Negli archivi di FDR è conservata un'interessante lettera del professor Homer B. Vanderblue, docente di economia aziendale all'Università di Harvard, che chiedeva spiegazioni sul programma di investimenti della U.E.I.. La lettera era indirizzata a FDR, in qualità di presidente della società, ma vi rispondeva Edmund S. Paine, il quale affermava che l'idea originaria di investire in beni tangibili, come gli immobili, si era rivelata impraticabile in quanto "avrebbe comportato un costo molto elevato a causa della necessità di supervisione e gestione", e quindi si era deciso di investire solo in azioni tedesche "che rappresentano la proprietà indiretta di beni tangibili". Paine aggiunse che la teoria si giustificava "in misura

---

[37] Haber, *La casa di Roosevelt,* op. cit., pp. 81-2.

notevole".

Prendendo come prova i primi 60.000.000 di marchi investiti dalla società, si scopre che l'apprezzamento del prezzo dei titoli ha in qualche modo superato il deprezzamento del valore di scambio del marco. In altre parole, i titoli acquistati potrebbero probabilmente essere venduti oggi a un prezzo in marchi che frutterebbe un po' di più in dollari di quanto avrebbero potuto ottenere i detentori di marchi se li avessero venduti al momento dell'investimento, nonostante il fatto che il valore dei loro marchi sia sceso enormemente.

Tuttavia, a detta di Paine, un "Statement of Conditions as of January 31st 1923" (Prospetto delle condizioni al 31 gennaio 1923), che si trova negli archivi di FDR, registra che il valore contabile per azione delle azioni ordinarie a quell'epoca era di 2,62 dollari per azione, mentre il valore contabile medio al momento dell'investimento era di 2,64 dollari - in altre parole, un leggero calo.

Alla riunione dei direttori del 19 settembre 1923 fu confermato che il valore totale in dollari degli investimenti era di circa 120.000 dollari, e nel maggio 1925 questo era ancora approssimativamente l'importo registrato nella tesoreria. Tuttavia, negli anni successivi alla stabilizzazione del marchio, le condizioni sono migliorate e una dichiarazione del 12 maggio 1926 mostra un patrimonio netto di 147.098,07 dollari, con 17.275 azioni in circolazione, pari a 8,50 dollari per azione. Il 21 maggio 1926 la società si offrì di acquistare tutte le azioni offerte entro 90 giorni a 7,50 dollari per azione. Nel maggio 1926 FDR si dimise dalla carica di presidente e accettò l'offerta di 7,50 dollari per unità per le sue 1005 azioni ordinarie.

I detentori americani di marchi tedeschi che hanno investito in investitori europei uniti hanno guadagnato o perso sul loro investimento? Se supponiamo che abbiano tenuto le loro azioni fino al 1926 e abbiano accettato l'offerta della società a 7,50 dollari per azione ordinaria, acquistando al prezzo di emissione di 10.000 marchi tedeschi nel settembre 1922 (la data dell'offerta) avrebbero perso notevolmente. Nel settembre 1922 il tasso di cambio dollaro-marco era di 1 dollaro per 764 marchi tedeschi. Pertanto, un'azione da 10.000 marchi sarebbe stata equivalente a 13,00 dollari per azione, e un'azione detenuta dal 1922 al 1926 avrebbe realizzato una perdita di circa 5,50 dollari per azione; d'altra parte, un azionista avrebbe evitato la svalutazione totale e la perdita di tutti i suoi fondi mantenendo il titolo.

Indagine su United European Investors, LTD.

L'elemento Roberts-Gould che si unì a FDR e Schall nel consiglio di amministrazione dell'U.E.I. aveva una cattiva reputazione in "strada". In effetti, Roberts e Gould erano sotto inchiesta per sospette attività criminali. Nel luglio 1922, quando la United European era nelle prime fasi di costituzione, un certo Crary, investigatore di vecchia data della Proudfoot's Mercantile Agency, l'agenzia investigativa di alto livello utilizzata da prestigiose aziende di Wall Street, si rivolse alla segretaria di FDR, Miss Le Hand. Crary trasmise a "Missy" informazioni su quella che definì una "banda di truffatori con uffici al 7 di Pine Street" e con una targhetta sulla porta con la scritta "United European Investors, Ltd.". Missy Le Hand portò le informazioni al braccio destro di FDR, Louis Howe, che a sua volta sollevò il problema con il precedente partner di Schall, Müller. Da Müller e da altre fonti, Howe apprese che Roberts e Gould facevano parte di questa presunta "banda di truffatori" che, secondo Crary, erano "impegnati in ogni sorta di promozione disdicevole e... è certo che hanno come membro della loro forza un ex detenuto sotto falso nome con una reputazione molto sgradevole".[38] Quando il nome United European Investors, Ltd. fu affisso sulla porta del loro ufficio al 7 di Pine Street, l'investigatore Crary, che da un anno sorvegliava abitualmente l'ufficio, iniziò a sondare tranquillamente Roberts e Gould. Sebbene Roberts non fosse mai stato nell'ufficio al 7 di Pine Street, Crary scoprì che Gould "aveva l'abitudine di usare quell'ufficio da almeno un anno ed era considerato uno dei loro (cioè dei truffatori) amici provati e veri". L'associazione di Gould con "i truffatori" ha insospettito Crary perché, mentre l'Agenzia Proudfoot aveva

---

[38] Informazioni tratte dalla lettera Howe-FDR, 29 giugno 1922, nei file di United European Investors, Ltd..

precedentemente attribuito a Gould "una fedina penale abbastanza pulita", lo aveva anche inserito nella "classe dei promotori professionisti".

L'indagine di Crary è stata intrapresa per conto dei proprietari dell'edificio al 7 di Pine Street, "che intendono espropriare l'intero gruppo in breve tempo". Durante l'indagine, l'Agenzia Proudfoot si imbatté in una circolare che riportava il nome di Franklin D. Roosevelt come presidente della United European Investors, Ltd. e William Schall come suo banchiere. Le prove portate alla luce dall'Agenzia Proudfoot furono confermate a Louis Howe da un certo Hanway, membro della società di intermediazione azionaria Harris, Forbes. Hanway ha dichiarato di aver "avuto familiarità con il Sig.

Gould per un certo numero di anni, e che diffidava così profondamente di lui da indurlo a fare ogni sforzo per evitare che incontrasse Schall in origine".

Inoltre, l'Agenzia Proudfoot sospettava che Gould avesse tentato di acquisire informazioni riservate da loro e che Gould agisse come "una spia per i truffatori per scoprire quale conoscenza Proudfoot & Company avesse dei loro affari illeciti".

Tutte queste informazioni furono debitamente riportate da Howe in una lettera ("Dear Boss") a FDR (29 luglio 1922). Probabilmente la maggior parte degli uomini d'affari di fronte a un partner di questo calibro abbandonerebbe qualsiasi operazione proposta come la United European Investors, ma il memorandum di Howe a FDR non raccomanda nulla del genere. Si legge in parte:

> *Le mie raccomandazioni sono le seguenti: Che a Gould e Roberts venga chiesto di trovare immediatamente un nuovo ufficio, preferibilmente in una chiesa o in un altro luogo rispettabile. Che ci si sbarazzi di Roberts, che è comunque un uomo selvaggio che si occupa di pubblicità e che non ha alcuna funzione importante in questo gioco, e che si tenga sotto stretto controllo Gould. Se il signor Crary dovesse effettivamente presentare la circolare,*

farei saltare il tetto e mi assicurerei che il suo utilizzo venga interrotto fino a quando non saremo pronti a fare un annuncio formale. Penso che sarebbe saggio insistere affinché durante l'estate io diventi un membro del Consiglio di Amministrazione, soprattutto perché sia Jenks che Rogers saranno lontani per la maggior parte del tempo e qualcuno vuole controllare ogni azione intrapresa.

In altre parole, Howe suggerisce che le precauzioni contro il doppio gioco saranno sufficienti e che il modo migliore per farlo è inserire Louis Howe nel consiglio di amministrazione.

In ogni caso, l'impresa andò avanti come previsto; Roberts divenne Segretario dell'U.E.I. e Gould, presunta spia dei truffatori, mantenne il suo ruolo di promotore attivo e continuò a riferire periodicamente a FDR per lettera sui progressi dei loro sforzi di raccolta fondi. Il 20 luglio, prima che Howe riferisse a FDR la sostanza dell'indagine di Proudfoot, Gould aveva scritto a FDR dal Southern Hotel di Baltimora dei suoi colloqui con Edward Clark & Co. i banchieri di Baltimora, il cui socio Herbert Clark conosceva FDR dai tempi di Harvard. Il 13 agosto 1923 Gould scrisse a FDR dal Canadian Club di New York per trasmettere i telegrammi ricevuti da William Schall in Europa e concluse:

Mi è dispiaciuto sapere che eri di nuovo sotto tono. Probabilmente si è esagerato, non si deve cercare di andare a (sic) digiuno dopo una simile malattia. In ogni caso spero di avere il piacere di vederlu prima del mio ritorno in Europa, all'inizio di settembre.

Non c'è alcun indizio che FDR abbia comunicato in qualche modo con Gould, e la lettera successiva nei file è di Gould a FDR, datata 14 settembre 1923 e scritta anch'essa dal Canadian Club di New York. Questa lettera criticava il

"banchieri invidiosi di cui abbiamo danneggiato i piani e che sono stati sconvolti. Se non avessimo emesso oggi saremmo falliti".

Gould conclude poi,

> *"Grazie per il grande e nobile modo in cui ci avete sostenuto, e personalmente ritengo che sia stato il vostro forte atteggiamento a rendere il nostro progetto un successo completo", aggiungendo che quando lui (Gould) ha invitato le grandi banche e le società fiduciarie a presentare la "loro proposta" ha scoperto che "da ogni parte il vostro nome [FDR] è stato applaudito come la mente principale nell'assicurare l'operazione corretta per aiutare lo sfortunato investitore americano", e che se FDR avesse potuto sentire questi commenti dalle "più grandi case finanziarie" gli avrebbe dato "grande soddisfazione".*

Sulla base di queste lettere, dobbiamo concludere che FDR ha consapevolmente concluso un accordo d'affari con persone la cui reputazione era, a dir poco, dubbia, e che questo accordo d'affari è stato portato avanti dopo che Missy Le Hand e Louis Howe hanno portato all'attenzione di FDR prove di scorrettezza.

Ci sono solo prove superficiali che l'intera operazione United European Investors sia stata progettata da Roosevelt. Quando Gould dice a FDR che il suo "nome è stato applaudito come quello della mente principale", è ragionevole pensare che Gould stesse adulando Roosevelt per i propri scopi. Non c'è alcuna prova, né nei documenti né altrove, che il background e le conoscenze finanziarie di Roosevelt fossero sufficienti per ideare un piano così ingegnoso come la U.E.I.

Il Cancelliere Wilhelm Cuno e l'HAPAG

La disastrosa svalutazione del marco tedesco, che era la ragion d'essere degli Investitori europei uniti, si concentrò nel periodo compreso tra la metà del 1922 e il novembre del 1923. La tabella indica come l'inflazione sia completamente sfuggita di mano dopo la metà del 1922. Il cancelliere tedesco tra la metà del 1922 e l'agosto del 1923 fu Wilhelm Cuno (1876-1933). Cuno era inizialmente un funzionario pubblico, sempre attivo in politica, e nel novembre 1917 fu eletto direttore della Hamburg-America Line (HAPAG).

Quando Ballin, presidente dell'HAPAG, si suicidò nel 1918, Cuno ne divenne il presidente. Dopo il 10 maggio 1921 Karl Wirth fu Cancelliere tedesco e Walter Rathenau, presidente della German General Electric (A.E.G.), fu Ministro per le riparazioni. Seguirono una serie di eventi drammatici. Il ministro delle Finanze tedesco Matthias Erzberger fu assassinato il 26 agosto 1921. Nel gennaio 1922 Rathenau divenne Ministro degli Esteri e il 24 giugno 1922 fu anch'egli assassinato. Nell'ottobre del 1922 Friedrich Ebert fu Cancelliere del Reich e Wilhelm Cuno dell'HAPAG fu nominato Cancelliere tedesco. Sotto Cuno si verificò la svalutazione del marco, che culminò nella crisi finanziaria e nella sua destituzione nell'agosto 1923. Cuno tornò alla presidenza della Hamburg-America Line. Possiamo notare di passaggio la prevalenza di presidenti d'azienda nella politica contemporanea: ad esempio, il tedesco Rathenau della General Electric e Cuno della HAPAG. Owen D. Young della General Electric negli Stati Uniti fu anche l'ideatore del Piano Young per le riparazioni tedesche, e il presidente della General Electric tedesca (A.E.G.) Rathenau fu ministro delle riparazioni tedesche nel 1922. Queste nomine vengono di solito spiegate con il principio "l'uomo migliore per il lavoro" ma, viste le prove presentate nell'ultimo capitolo sulla politica di nel settore delle obbligazioni, possiamo giustamente esprimere scetticismo su questa spiegazione. È molto più probabile che gli Young, i Cuno, i Rathenaus e i Roosevelt mescolassero affari e politica per il proprio tornaconto economico. Purtroppo, pur dovendo lasciare senza risposta la domanda chiave su quanto questi gruppi elitari utilizzassero l'apparato statale per i propri fini, è chiaro che, quando si indaga sul background di Wilhelm Cuno, si arriva a Franklin D. Roosevelt e alla formazione della United European Investors, Ltd., la società che si occupava di affari. Cuno, sotto i cui auspici infuriava la grande inflazione tedesca, era un direttore della Hamburg-America Line; anche John von Berenberg Gossler, il consigliere della United European Investors in Germania, era un membro del consiglio di amministrazione di quella società.

In sintesi, Cuno e Gossler facevano parte dello stesso consiglio di amministrazione dell'HAPAG. Le politiche di Cuno furono essenzialmente responsabili dell'inflazione tedesca del 1922-23, mentre il suo co-direttore Gossler, in collaborazione con Franklin D. Roosevelt, traeva profitto da quelle stesse politiche inflazionistiche. Questo fa riflettere.

La Società fiduciaria internazionale germanica

L'International Germanic Trust Company, fondata nel 1927, secondo i suoi promotori è stata motivata dalla richiesta di istituzioni bancarie americane in Europa centrale. Tra gli organizzatori della società fiduciaria, approvata dal Dipartimento Bancario dello Stato di New York, c'erano Franklin D. Roosevelt, Herman A. Metz, direttore di I. G. Farben, James A. Beha, Sovrintendente alle Assicurazioni dello Stato di New York e E. Roland Harriman della società bancaria internazionale W. A. Harriman & Co. Il presidente dell'associata International Germanic Company e presidente del comitato esecutivo della società fiduciaria era Harold G. Aron, che aveva avuto più di una causa legale per la promozione delle azioni. Gli uffici principali dell'International Germanic Trust si trovavano al piano terra del 26 Broadway, lo Standard Oil Building di New York. Il capitale autorizzato consisteva in 30.000 azioni per un capitale di 3 milioni di dollari e un'eccedenza di 2 milioni di dollari. Nella sua richiesta al dipartimento bancario, la società fu rappresentata dal senatore Robert F. Wagner; sebbene non figurasse tra gli organizzatori, il vecchio amico di FDR, James A. Beha, sovrintendente alle assicurazioni dello Stato di New York, divenne membro del consiglio di amministrazione.

Gli obiettivi dell'azienda, come dichiarato dal suo presidente, Harold G. Aron, erano:

> *Sembra che ci sia una reale necessità di un'istituzione di dimensioni e sostegno sufficienti, che prenda il posto di quelle istituzioni che esistevano prima della guerra e che si occupavano principalmente di finanziare i rapporti commerciali tra l'America e il mondo degli affari dell'Europa centrale. Attraverso i suoi fondatori, la società fiduciaria avrà e svilupperà relazioni sia con gli*

americani di origine tedesca in tutto il Paese sia con le istituzioni commerciali e bancarie in Germania. L'intenzione della società è quella di dare particolare risalto allo sviluppo dei dipartimenti esteri e fiduciari e di fornire un'efficace agenzia fiscale nella prevista liquidazione delle proprietà e dei trust tedeschi ancora in custodia del Governo.

La società si assicurerà fin dall'inizio il sostegno di importanti organizzazioni e società in questo Paese, e i piccoli depositanti, sia all'interno che all'esterno di New York, saranno i benvenuti. L'obiettivo è quello di distribuire le azioni in modo capillare e in quantità relativamente ridotte. Non ci sarà alcun voto fiduciario né controllo individuale o di gruppo.

Roosevelt fu coinvolto nella quotazione della società proposta. Un telegramma del 7 aprile 1927 di Julian Gerrard, presidente della società fiduciaria, a FDR gli chiedeva di telegrafare a Frank Warder, sovrintendente delle banche dello Stato di New York, che lui (Roosevelt) era interessato alla società fiduciaria. Si prevedeva che questo intervento avrebbe eliminato il ritardo nella concessione della carta. Le riunioni del consiglio di amministrazione si tennero nello Standard Oil Building, nell'ufficio di FDR e nel Bankers Club, entrambi situati al 120 di Broadway. La prima riunione del comitato organizzativo si tenne al Bankers Club venerdì 27 maggio 1927; sebbene FDR non potesse partecipare, scrisse a Julian M. Gerrard: "Quali sono le novità della società fiduciaria?". Ancora il 15 agosto 1927 FDR chiese a Gerrard: "Come procede il lavoro di organizzazione e cosa si sta facendo per quanto riguarda le sottoscrizioni azionarie?".

Una parte considerevole delle lettere di FDR relative a questa promozione consiste in richieste di assunzione, di azioni della società proposta o di favori correlati. Ad esempio, la National Park Bank di New York scrisse a FDR il 26 luglio 1927 che era interessata alla creazione della International Germanic Trust Company e che sarebbe stata lieta di "avere un nostro funzionario che si rivolgesse a tale organismo, entrando nei dettagli delle nostre strutture". In altre parole, la National Park Bank era alla ricerca di depositi. FDR promise che avrebbe affrontato la questione con il comitato organizzativo della nuova società fiduciaria. Il 12 agosto 1927 il socio di Roosevelt, Basil O'Connor, gli inviò un biglietto: "Caro Franklin, per quanto riguarda la Banca germanica, vedi se riesci a procurarmi 100 azioni". L'emissione di azioni fu fortemente sovradimensionata. Era prevista l'emissione di 30.000 azioni, ma le richieste totali al 12 settembre superavano le 109.000 azioni e al 20 settembre le richieste superavano le 200.000 azioni da parte di circa 1900 persone. Il 3 ottobre 1927 il trust notificò a FDR che la sua assegnazione era di 120 azioni a 170 dollari per azione e che doveva essere accettata entro il 5 ottobre. Il telegramma aggiungeva che l'emissione era stata fortemente sovrascritta e quotata a 187 in offerta e 192 in domanda, il che avrebbe garantito a FDR un profitto in caso di rivendita immediata. Il telegramma di Howe aggiungeva: "Vorrei dieci delle tue azioni per Grace, se sei disposto".

FDR fu debitamente eletto membro del consiglio di amministrazione e il 4 novembre 1927 gli fu comunicato che la prima riunione del consiglio si sarebbe tenuta venerdì 11 novembre al Bankers Club al 120 di Broadway. Tuttavia, Basil O'Connor, partner legale di Roosevelt, a quanto pare aveva paura o aveva ricevuto informazioni negative sulla promozione, perché scrisse a FDR il 14 novembre:

Non so quale sia ora la nostra posizione in questa faccenda, ma se è come quando mi sono separato mi sento molto male. La proposta non ci ha aiutato (con) altre connessioni bancarie su cui ho lavorato per un anno e francamente ha tutte le caratteristiche per cui Gerrard (sic) pensa di potervi "prendere in giro".

O'Connor ha suggerito che FDR dovrebbe dimettersi dal consiglio di amministrazione perché "finora ho potuto dire che non abbiamo affiliazioni bancarie, che era sbagliato. Ora non posso più dirlo". A quanto pare, FDR non seguì immediatamente questo consiglio, perché il 19 gennaio 1928 gli fu notificata la rielezione a direttore per l'anno successivo, ma in una lettera del 27 gennaio 1928 FDR scrisse a Gerrard quanto segue:

Caro Julian,

> *Più considero la mia carica di amministratore, la società fiduciaria e la Società Internazionale Germanica, più sono propenso a pensare che sia un po' inutile. Vi ho già parlato dei sentimenti miei e del mio socio riguardo a legami estranei da parte di entrambi, che comportano solo la partecipazione a riunioni occasionali e nulla più. Naturalmente mi è un po' difficile andare alle riunioni al 26 di Broadway, visti i gradini, ma, francamente, sento che mantenendo la mia carica di amministratore non ottengo molto né per me né per la Trust Company o la International Germanic Company.*

A quel punto FDR offrì le sue dimissioni. È degno di nota il fatto che le dimissioni siano state motivate dal fatto che "sto ottenendo scarsi risultati sia per me che per la società fiduciaria". Considerata la reputazione piuttosto sgradevole dei promotori, questa spiegazione è un po' debole.

Capitolo 4

FDR: Promotore aziendale

Le maglie delle nostre leggi bancarie sono state tessute in modo così lasco da permettere la fuga di quei criminali più meschini che sperperano i fondi di centinaia di piccoli depositanti in spericolate speculazioni a fini privati. L'intera legge bancaria ha bisogno di una revisione e il Dipartimento bancario ha bisogno immediatamente di strutture di ispezione molto più adeguate.

Franklin Delano Roosevelt, Messaggio annuale alla legislatura dello Stato di New York, 1 gennaio 1930.

Oltre a lanciare imprese speculative nel campo della finanza internazionale, FDR era intimamente coinvolto in flottizzazioni nazionali, di cui almeno una di una certa consistenza. La più importante di queste iniziative fu organizzata da un gruppo di spicco che comprendeva Owen D. Young della General Electric (l'immancabile Young del Piano Young per le riparazioni tedesche descritto nell'ultimo capitolo) e S. Bertron della Bertron Griscom, banchieri d'investimento di New York. Questo consorzio creò l'American Investigation Corporation nel 1921. Nel 1927 seguì la Photomaton, Inc. e nel 1928 la Sanitary Postage Service Corporation. Roosevelt divenne poi direttore della CAMCO, Consolidated Automatic Merchandising Corporation, ma solo per un breve periodo, dimettendosi dopo la sua elezione a Governatore dello Stato di New York. Come si legge nell'epigrafe, nel 1930 FDR ha ripensato a giocare con i soldi degli altri.

American Investigation Corporation

Gli scienziati e gli ingegneri tedeschi hanno iniziato presto e con successo a utilizzare veicoli più leggeri dell'aria o dirigibili per il trasporto di passeggeri e merci. Già nel 1910 la Germania gestiva servizi regolari di trasporto passeggeri su dirigibili. I brevetti per i dirigibili furono confiscati durante la Prima Guerra Mondiale dal governo degli Stati Uniti in base al Trading with the Enemy Act del 1917, e dopo la guerra la Commissione per le riparazioni vietò alla Germania di costruire dirigibili. Ciò ha lasciato il campo libero alle imprese americane. Le opportunità offerte dalle restrizioni tedesche in materia di lavoro e sviluppo in Germania furono osservate da un gruppo di finanzieri di Wall Street: S.R. Bertron della Bertron, Griscom & Co. (40 Wall Street) e, non a caso, dato che era intimamente coinvolto nelle riparazioni tedesche, da Owen D. Young della General Electric (120 Broadway). Questo gruppo era particolarmente interessato alle opportunità di sviluppo del trasporto aereo negli Stati Uniti. Il 10 gennaio 1921, mentre FDR stava disfacendo le valigie negli uffici della Fidelity & Deposit Company al 120 di Broadway, ricevette una lettera da Bertron che recitava in parte:

Mio caro signor Roosevelt:

> *In rappresentanza del piccolo gruppo di uomini di spicco che si stanno interessando alla questione del trasporto aereo, la scorsa settimana ho avuto una lunga conferenza con gli ufficiali dell'esercito a Washington. Mi è stato riferito che lei, in qualità di Assistente del Segretario della Marina, ha molta familiarità con questo argomento e mi piacerebbe immensamente discuterne con lei....*

FDR e Bertron si incontrarono per discutere del trasporto aereo durante un pranzo alla Down Town Association. Possiamo supporre che Bertron abbia informato Roosevelt sugli sviluppi tecnici fino a quel momento. Dai documenti sappiamo che ci fu anche un incontro tra Owen D. Young, S.R. Bertron e l'ingegnere-avvocato Fred S. Hardesty, che rappresentava i detentori di brevetti tedeschi e che aveva buone conoscenze a Washington, dove i brevetti sequestrati erano sotto la custodia dell'Alien Property Custodian e non erano ancora stati rilasciati.

Da questo secondo incontro scaturì un accordo preliminare datato 19 gennaio 1921, noto come accordo Hardesty-Owen-Bertron, che pianificava la strada per lo sviluppo delle operazioni commerciali con i dirigibili negli Stati Uniti. Hardesty e i suoi soci cedettero al consorzio tutti i loro dati e diritti in cambio di un rimborso delle spese sostenute fino a quel momento, pari a 20.000 dollari, e di una partecipazione al consorzio. Il ruolo di FDR fu quello di raccoglitore di fondi, utilizzando i suoi numerosi contatti politici in tutti gli Stati Uniti. Il 17 maggio 1921 Bertron scrisse a FDR che aveva cercato di raccogliere fondi da persone a St. Louis, Cincinnati e Chicago, mentre Stanley Fahnestock, socio del suo studio, aveva fatto il giro della California e di Chicago. Lewis Stevenson, un altro membro del sindacato, era al lavoro tra i suoi contatti nel Mid-West. Bertron si rivolse quindi a FDR per ottenere una serie di presentazioni personali a potenziali finanziatori:

> *Stevenson è molto ansioso che lei gli dia una lettera a Edward Hurley, E. F. Carey e Charles Piez, che lei conosce. Vorrebbe una lettera anche per Edward Hines, R.P. Lamont e H.C. Chatfield-Taylor. Temo che si tratti di un ordine consistente. Non farete del vostro meglio?*

FDR accolse la richiesta di Bertron, dicendo che stava inviando lettere a Stevenson "per presentargli Edward Hurley, Charles Piez e E.F. Carey. Temo di non conoscere gli altri". Charles Piez, presidente della Link-Belt Company di Chicago, si è giustificato con il fatto che "... sto praticando la più rigida economia, prestando un orecchio sordo alle prospettive più invitanti e allettanti" e citando la "forma deplorevole" dell'industria. (Questo appello alla povertà era supportato dalla lettera di Piez a FDR, su una vecchia carta intestata, con il nuovo indirizzo stampato sopra il vecchio, il che è difficile per un presidente di una grande azienda come la Link-Belt Company). Edward N. Hurley scrisse che non era "molto attivo negli affari", ma che quando si sarebbe recato a New York "avrei fatto in modo di passare a trovarti per controllare il passato".

Il 1° giugno Lewis Stevenson riferì a Roosevelt dei progressi nella raccolta di fondi nel Mid-West. Confermò che Piez era a corto di fondi e che Hurley voleva parlare più tardi, ma che Carey avrebbe potuto essere interessato:

> *Charles Swift e Thomas Wilson, entrambi imballatori, stanno valutando la proposta, così come Potter Palmer, Chauncey McCormick e una dozzina di altri. Da quando mi sono assicurato Marshall Field ho aggiunto alla nostra lista C. Bai Lehme, un fonditore di zinco di grandi mezzi; Mr. Wrigley, membro junior della grande azienda di gomme da masticare; John D. Black, della Winston, Strawn & Shaw; B.M. Winston e Hampton Winston, della Winston & Company, e Lawrence Whiting, presidente della nuova Boulevard Bridge Bank. Gradualmente sto mettendo insieme un gruppo interessante, ma devo confessare che il lavoro è lento e scoraggiante. La mia esperienza mi insegna che posso convincere un individuo della fattibilità di questo progetto, ma non appena ne discute con i suoi amici, che non sanno nulla della proposta, si crea un serio dubbio nella sua mente che devo combattere di nuovo. In seguito alle mie osservazioni all'estero, sono fermamente convinto che il progetto possa avere successo.*

Stevenson concluse chiedendo una lettera di presentazione all'importante avvocato di Chicago Levy Meyer. È chiaro che alla fine di giugno del 1921 Stevenson aveva indotto alcuni importanti cittadini di Chicago, tra cui Marshall Field, Philip N. Wrigley e Chauncey McCormick, a firmare sulla linea tratteggiata.

Per quanto riguarda FDR, le sue lettere di vendita su questo progetto farebbero onore a un venditore professionista. Ne è testimonianza la sua lettera al colonnello Robert R. McCormick, dell'impero dei giornali di Chicago:

Caro Bert:

> *Poiché si dà il caso che lei abbia una mentalità progressista, chiedo a Mr. Lewis G. Stevenson di parlare con lei di qualcosa che, a prima vista, può sembrare un'idea assolutamente folle. Tuttavia, si tratta di qualcosa di molto diverso e tutto ciò che posso dirle è che*

> *molti di noi qui presenti, come Young della General Electric Company, Bertron della Bertron Griscom & Co, e un certo numero di altri cittadini perfettamente rispettabili, hanno mostrato sufficiente interesse per approfondire la questione. Tutto questo riguarda la creazione di linee commerciali di dirigibili negli Stati Uniti...*

Lettere simili sono state inviate a Chauncey McCormick, Frank S. Peabody della Peabody Coal e Julius Rosenwald della Sears, Roebuck. Queste iniziative furono seguite da cene personali. Ad esempio, il 21 aprile 1921 FDR scrisse a Frank Peabody:

> *... c'è qualche possibilità che lei possa cenare con il signor Bertron, il signor Snowden Fahnestock e molti altri di noi all'Union Club il prossimo lunedì sera alle 19:30? Bertron è appena tornato dall'altra parte e ha alcuni dati molto interessanti riguardo a questi dirigibili commerciali, che hanno avuto successo in Germania.*

FDR aggiunse che il gruppo "promette di non trattenervi contro la vostra volontà". Al che un riluttante Peabody telegrafò: "Impossibile essere presente, non avrei avuto alcun timore di essere trattenuto, avrei apprezzato immensamente la visita con voi".

A Edsel B. Ford, FDR scrisse: "Vi invio questa nota da parte del signor G. Hall Roosevelt, mio cognato, che conosce bene l'intera questione". G. Hall Roosevelt, che lavorava per la General Electric come direttore di divisione, si dimostrò un negoziatore attento, ma non abbastanza da Ford durante le prime fasi. Tuttavia, il 18 febbraio 1922 l'American Investigation Corporation aveva compilato una lista di abbonati molto solida, come conferma il seguente elenco parziale:[39]

---

[39] Elenco del 18 febbraio 1922 nei documenti di FDR.

Nome	Affiliazione	Posizione
W.E. Boeing	Presidente della Boeing Airplane Co.	Seattle
Edward H. Clark	Presidente della Homestake Mining Co.	New York
Benedict Crowell	Crowell & Little Construction Co.	Cleveland
Arthur V. Davis	Presidente di Aluminum Co. of America	Pittsburgh
L.L. Dunham	Associazione edilizia Equitable	New York
Snowden A. Fahnestock	Bertron, Griscom & Co.	New York
Marshall Field, III	Capitalista	Chicago
E.M. Herr	Presidente della Westinghouse Electric & Mfg. Co.	Pittsburg
J.R. Lovejoy	Vicepresidente di General Electric Company	New York
John R. McCune	Presidente della Union National Bank	Pittsburgh
Samuel McRoberts	Capitalista	New York
R.B. Mellon	Presidente della Mellon National Bank	Pittsburgh
W.L. Mellon	Presidente della Gulf Oil Co.	Pittsburgh
Theodore Pratt	Compagnia petrolifera Standard	New York
Franklin D. Roosevelt	Vicepresidente di Fidelity & Deposit Co.	New York
Philip N. Wrigley	Vicepresidente, Wm. Wrigley Co.	Chicago
Owen D. Young	Vicepresidente della General Electric Co.	New York

Il consiglio di amministrazione iniziale comprendeva il vicepresidente della National City Bank Samuel McRoberts[40], William B. Joyce, presidente della National Surety Company - uno dei concorrenti di FDR nel settore delle cauzioni e delle fideiussioni - e Benedict Crowell, ex assistente del Segretario alla Guerra e presidente del consiglio di amministrazione della società di costruzioni Crowell & Little Construction di Cleveland. Snowden A. Fahnestock di Bertron, Griscom era figlio del finanziere

---

[40] Samuel McRoberts è un personaggio di spicco in Sutton, *Bolshevik Revolution*, op. cit.

newyorkese Gibson Fahnestock e socio della società di intermediazione azionaria Fahnestock & Company. Il fratello di Gibson, William Fahnestock, socio della stessa società, era direttore di diverse grandi aziende, tra cui la Western Union e, con Allen Dulles, della Gold Dust Corporation. David Goodrich, un altro sottoscrittore, era presidente del consiglio di amministrazione della B.F. Goodrich Company e direttore della American Metals Company del New Mexico.

Va notato con attenzione che si trattava di un'impresa privata in cui i rischi e le ricompense erano assunti da capitalisti esperti e lungimiranti. Non si può muovere alcuna critica al finanziamento di questa impresa; la critica riguarda il modo in cui è stata acquisita la sua principale risorsa, i brevetti tedeschi.

Il rapporto del presidente per l'anno 1922, pubblicato l'8 gennaio 1923, riassume i risultati ottenuti dall'A.I.C. fino a quella data.

La Commissione tedesca per le riparazioni rifiutò di permettere la costruzione di grandi dirigibili in Germania, e ci fu un ritardo nel completamento e nel collaudo del nuovo apparato progettato dall'U.S. Bureau of Mines per la produzione economica di gas elio, ma si ritenne che l'A.I.C. fosse a pochi mesi dal momento in cui avrebbe dovuto fare appello al pubblico per un sostegno finanziario. Secondo questo rapporto, la prima fase del lavoro si era conclusa con la firma di un contratto, l'11 marzo 1922, tra l'American Investigation Corporation e la Schuette-Lanz Company, con il quale l'American Investigation Corporation si assicurava i diritti di brevetto mondiale sui progetti e sui metodi di costruzione dei dirigibili rigidi di Schuette. Il contratto prevedeva pagamenti rateali e includeva un accordo con la Schuette-Lanz per la costruzione di un dirigibile o per la fornitura dei servizi degli esperti per intraprendere la costruzione negli Stati Uniti.

L'azienda aveva "definitivamente stabilito, attraverso il Dipartimento di Stato, che la Commissione per le Riparazioni e il Consiglio degli Ambasciatori non avrebbero acconsentito alla costruzione in Germania della nave di dimensioni complete presa in considerazione dall'American Investigation Corporation", e così fu chiesto al Dr. Schuette di recarsi negli Stati Uniti per raggiungere un accordo definitivo. L'obiettivo finale, continua il rapporto, è la creazione di un'industria aeronautica negli Stati Uniti e "non viene mai perso di vista; tuttavia ottenere la prima nave dalla Germania a costi inferiori e costruita dai migliori esperti è altamente auspicabile".

L'importanza di garantire una fornitura di gas elio per i dirigibili era stata evidenziata dalla distruzione dei dirigibili britannici R. 38 e dell'italiano *Roma*. Dopo essersi consultati con l'Helium Board e il capo chimico del Bureau of Mines, la decisione sulla questione dell'elio fu rimandata fino al completamento dell'apparecchiatura migliorata che il Bureau stava progettando per la produzione di elio commerciale. Secondo i termini dell'accordo tra l'American Investigation Corporation e l'ingegnere di Washington Hardesty e i suoi associati, oltre ai 20.000 dollari previsti per coprire il loro lavoro prima della costituzione dell'American Investigation Corporation, dovevano essere rimborsate alcune spese vive effettive per l'assistenza nell'organizzazione della società. L'accordo finale, tuttavia, era subordinato alla firma di un contratto relativo alla quota di partecipazione di Hardesty e dei suoi associati all'American Investigation Corporation e a qualsiasi sua società affiliata in cambio del loro lavoro di promozione: soprattutto, richiedeva che i brevetti tedeschi detenuti per conto del pubblico americano dall'Alien Property Custodian fossero rilasciati all'A.I.C.

Politica, brevetti e diritti di atterraggio

Di conseguenza, il sindacato A.I.C. aveva un ostacolo importante da superare prima di poter iniziare a lavorare allo sviluppo commerciale dei dirigibili negli Stati Uniti. Questo ostacolo politico - acquisire i diritti sui brevetti di costruzione dei dirigibili Schuette-Lanz - richiedeva l'astuta assistenza politica di FDR. Questi diritti erano tedeschi, ma sotto il controllo del governo americano. Secondo la legge statunitense, le proprietà aliene sequestrate possono essere cedute solo tramite vendita all'asta e offerte competitive. Tuttavia, nel rapporto del presidente dell'A.I.C. datato 26 maggio 1922, si legge che l'A.I.C. era "proprietaria degli attuali brevetti Schuette-Lanz" e che elencava 24 brevetti e 6 domande di brevetto originari della Germania, 6 domande originarie dell'Inghilterra e 13 brevetti e 6 domande originari degli Stati Uniti. Il rapporto continuava: "Negli Stati Uniti 7 brevetti sono soggetti a restituzione da parte dell'Alien Property Custodian. Attraverso le assegnazioni di deposito, tutti i nuovi brevetti statunitensi vengono rilasciati direttamente all'A.I.C.". Come ha fatto quindi il sindacato A.I.C. a ottenere i brevetti tedeschi detenuti in custodia dagli Stati Uniti? Questo aspetto è particolarmente importante perché non esiste alcuna traccia di aste o gare d'appalto. Il rapporto dell'A.I.C. riporta solo:

> *Gli interessi dell'A.I.C. furono protetti dalla collaborazione nella stesura dei contratti e degli incarichi di J. Pickens Neagle (Solicitor del Dipartimento della Marina), Franklin Roosevelt, Howe e Blackwood Brothers.*

Ciò solleva certamente la questione della correttezza di un avvocato del Dipartimento della Marina degli Stati Uniti che agisce per conto di un sindacato privato. I brevetti tedeschi sono stati svincolati dal governo degli Stati Uniti per l'A.I.C. grazie all'intervento personale di Franklin D. Roosevelt. Vediamo come ha svolto il lavoro.

Franklin D. Roosevelt era stato Assistente Segretario della Marina, uno dei tanti Roosevelt a ricoprire tale incarico, e di conseguenza aveva buoni contatti politici nel Dipartimento della Marina. A metà del 1921 FDR iniziò a sondare i suoi vecchi amici della Marina su due questioni: (1) la posizione dei brevetti Schuette e (2) la possibilità di acquisire l'uso privato per il sindacato A.I.C. della base navale di Lakehurst per i dirigibili A.I.C.. Il 4 maggio 1921 l'ammiraglio R.R. Byrd dell'Office of Naval Operations accolse l'invito a visitare la tenuta di FDR a Campobello. Nove mesi dopo, il 23 maggio 1922, anche il comandante E.S. Land, del Navy Bureau of Aeronautics, confermò l'invito a visitare FDR quando si sarebbe recato a New York. Land aggiunse che "sembra che ci siano poche probabilità che io vada a New York nelle prossime tre o quattro settimane. Se potesse consigliarmi in merito alla natura delle sue richieste, potrei essere in grado di darle qualche informazione nel senso desiderato".

FDR rispose al comandante Land con una lettera contrassegnata come *personale*, ma inviata al Dipartimento della Marina, in cui affermava che la sua richiesta non poteva essere fatta per telefono o per lettera. FDR passò quindi brevemente in rassegna la posizione dell'A.I.C. e dichiarò che l'azienda "sta per procedere con l'effettiva costruzione e il funzionamento dei dirigibili", ma aveva bisogno di saperne di più sul programma del governo americano per questi mezzi: "Non sono alla ricerca di informazioni riservate, ma solo di fatti che sono sicuro di poter ottenere senza troppe difficoltà se potessi recarmi personalmente a Washington".

Queste informazioni, scrisse FDR a Land, sono "per il bene della causa in generale" e si offrì di coprire le spese del comandante Land se questi si fosse recato a New York. A quanto pare la proposta ebbe scarso successo, perché il 1° giugno FDR richiese nuovamente le informazioni e si spinse oltre: "Tra l'altro, ci sarebbe qualche obiezione a farci avere una copia del contratto Zeppelin? In teoria sono tutti documenti pubblici".

In ultima analisi, fu Pickens Neagle, dell'Ufficio del Giudice Avvocato Generale della Marina, il primo a ottenere i brevetti tedeschi necessari per l'A.I.C.; Neagle si stava ovviamente rendendo utile a FDR anche in altri settori. Il 15 maggio 1922 FDR scrisse a Neagle di Hardesty, l'ingegnere-avvocato che si occupava delle trattative sui brevetti a Washington:

> *Sia io che il sig. Fahnestock abbiamo approvato senza alcun dubbio la modestissima somma che Hardesty ha messo a disposizione per lei [Neagle] e sono certo che i Direttori approveranno quando si riuniranno, cosa che non avverrà tra molto tempo.*

Il 16 giugno il Solicitor della Marina Neagle ha risposto a questa richiesta per fornire a FDR informazioni su possibili attività di bonding:

> *Mi vergogno a menzionare una cosa così piccola come la cauzione che accompagnerebbe un contratto di 29.000 dollari, ma le cose sono molto noiose nel settore degli*

> *appalti pubblici in questo momento. La Midvale Steel*
> *and Ordnance Company ha appena ricevuto un contratto*
> *per fucinati da 8 pollici per un totale di poco meno di*
> *29.000 dollari. La cauzione sarà pari a qualcosa come il*
> *15-20% dell'importo del contratto.*

Ancora una volta, il 9 agosto 1922 Neagle scrisse a Louis Howe e fece riferimento a ai documenti della Marina di FDR, che a quanto pare stavano subendo il consueto esame all'interno del dipartimento prima di essere rilasciati a FDR. Il problema di FDR era quello di evitare che i documenti "passassero per le mani di impiegati o di persone curiose con scarso senso di responsabilità o di novizi impiccioni". Il Dipartimento della Marina non avrebbe rilasciato i documenti senza un esame adeguato, anche dopo l'intervento personale di Neagles. Neagle scrive a FDR:

> *Non vedevo alcun modo per indurre il signor Curtis a*
> *cambiare il suo punto di vista sull'argomento, quindi*
> *l'ho lasciata in queste condizioni, con la riserva mentale*
> *che presto lei stesso verrà qui e forse lo scuoterà.*

Il fascicolo fino a questo punto suggerisce che Pickens Neagle, Solicitor dell'ufficio del Judge Advocate General della Marina, lavorava più per conto di FDR che del contribuente e del Dipartimento della Marina. Il contenuto di questo fascicolo passa poi al tentativo di acquisire l'uso dei brevetti tedeschi per l'A.I.C.; queste lettere non sono più su carta intestata della Marina, ma su carta semplice, senza indirizzo stampato, ma firmate da Neagle. Il 16 febbraio 1922 una lettera di Neagle a Howe riferisce che il nostro ufficio ha restituito all'Aeronautics Bureau la forma di contratto suggerita con la dicitura che la stazione potrebbe essere affittata all'A.I.C. e i dipendenti [della Marina] licenziati per essere assunti dalla società.

Neagle aggiunse che, sebbene gli ufficiali della marina non potessero dirigere e supervisionare i dipendenti dell'A.I.C., potevano essere inviati nell'industria privata per imparare il mestiere di costruttore di dirigibili. Queste informazioni private sono seguite da una lettera formale a Fahnestock dell'A.I.C. da parte di Neagle (che ora indossa il cappello ufficiale come Solicitor della Marina degli Stati Uniti) per confermare il fatto che la Marina era disposta ad affittare la stazione e lo stabilimento di Cape May, un permesso revocabile senza preavviso. Un'altra datata 6 gennaio 1923 riferisce che Hardesty ha firmato un contratto che "dovrebbe essere accettabile per la Corporation".

È chiaro che i brevetti Schuette sono stati trasferiti senza aste pubbliche e gare d'appalto, ma con un accordo privato tra il governo degli Stati Uniti e gli avvocati che agivano per conto di una società privata. Si tratta di una violazione del Trading with the Enemy Act.

I documenti riportano anche un altro dipendente del Dipartimento della Marina che accorre in aiuto di FDR. Una lettera datata 31 marzo 1923 di M.N. McIntyre, capo del Navy News Bureau, a Louis Howe suggerisce all'A.I.C. di entrare in possesso del "dirigibile tedesco in costruzione per la Marina" e di accedere alla base navale di Lakehurst. McIntyre è sorprendentemente aperto riguardo alla sua proposta di assistenza politica: "Se mi fate sapere qual è la vostra posizione sulla proposta di Lakehurst, potrei fare qualcosa per aiutare a "ungere" le strade". Lo stesso vale per l'altra proposta".

Dai documenti possiamo stabilire che FDR e il suo sindacato erano in grado di ricorrere a fonti di informazione e assistenza all'interno del Dipartimento della Marina. In che modo l'A.I.C. ottenne il controllo dei brevetti Schuette-Lanz? Si trattava di una proprietà pubblica che doveva essere ceduta tramite gara d'appalto. Il rapporto Hardesty del febbraio 1921 spiega lo status giuridico dei brevetti e fa luce sul loro trasferimento.

I brevetti erano stati sequestrati dall'Alien Property Custodian e fino a quel momento erano stati concessi in licenza solo ai Dipartimenti della Guerra e della Marina. Il 10 gennaio 1921 Fred Hardesty presentò una domanda di concessione, informando che sarebbe stata costituita una società (presumibilmente l'A.I.C.) che aveva bisogno dei brevetti, ma Hardesty negò "che i brevetti stessi avessero un grande valore intrinseco". In altre parole, Hardesty ha camminato sul filo del rasoio. L'A.I.C. aveva assoluto bisogno dei brevetti per proteggersi dagli estranei. Allo stesso tempo, sostiene Hardesty, i brevetti non avevano un grande valore. Sono necessari, scrisse al Custode della Proprietà Straniera, "per formare un baluardo morale contro l'aggressione di parti esterne". Hardesty ha sostenuto che l'interesse pubblico era di vitale importanza e che sarebbe stato "lieto di ricevere informazioni sul valore che è stato stabilito per i brevetti, se il loro valore è stato valutato, e sui termini e le condizioni in cui potrebbero essere venduti a noi".

A questa lettera è allegato un "Memorandum per Mr. Hardesty" sui brevetti di Johann Schuette, che sembra provenire dall'Ufficio del Custode della Proprietà Straniera. Il memorandum di conferma il fatto che i brevetti erano detenuti ai sensi del Trading with the Enemy Act del 1917, che l'unico diritto che rimaneva al titolare tedesco era quello di chiedere la liberazione e che tali richieste dovevano essere risolte secondo le indicazioni del Congresso. È improbabile, si legge nel memorandum, che i brevetti vengano venduti dal Custode della Proprietà Straniera ma, se i brevetti venissero messi in vendita, "ci sarebbe poca o nessuna concorrenza, dato che probabilmente ci sono pochissime aziende esistenti o proposte che prevedono di utilizzarli, e che quindi i prezzi offerti non sarebbero molto alti". Il memorandum arriva poi al nocciolo del problema dell'A.I.C.:

L'A.P.C. effettua vendite di brevetti, diverse da quelle al Governo, solo a cittadini americani, mediante vendita pubblica al miglior offerente dopo pubblicità pubblica, a meno che il Presidente non decida diversamente. L'acquisto di proprietà dall'A.P.C. per un committente non dichiarato o per la rivendita a una persona non cittadina degli Stati Uniti o a beneficio di una persona non cittadina degli Stati Uniti è vietato sotto pena di gravi sanzioni.

Ciò lascia aperta la possibilità che il Segretario alla Guerra o il Segretario alla Marina possano raccomandare al Presidente la vendita immediata "come questione di sana politica commerciale nell'interesse pubblico".

Il sindacato tentò quindi di percorrere la via presidenziale, apparentemente con successo. Il 4 febbraio 1921 FDR a New York scrisse ad Hardesty a Washington D.C.: "Sono d'accordo con te che dovremmo fare qualcosa immediatamente per quanto riguarda i brevetti Schuette, e almeno fare un tentativo prima che l'attuale amministrazione se ne vada".

In un memorandum dei servizi resi, contenuto negli archivi, si legge che sia il 9 che il 17 febbraio 1921 FDR si recò a Washington e si incontrò almeno con il Custode della Proprietà Straniera. Successivamente, Schuette conferì la procura ad Hardesty e i brevetti furono rilasciati dal Custode della Proprietà Straniera, anche se non immediatamente. I file di FDR non contengono documenti originali firmati sul rilascio, ma solo bozze di documenti, ma poiché i brevetti furono infine rilasciati all'A.I.C., si può presumere che queste bozze di lavoro siano ragionevolmente vicine al documento finale firmato. Un documento firmato sia da, l'Alien Property Custodian, sia dal brevettista tedesco Johann Schuette, recita come segue:

> *È inoltre inteso e concordato tra le parti che il prezzo o i prezzi ai quali i brevetti sopra elencati di Johann Schuette possono essere venduti alla American Investigation Corporation dal Custode della Proprietà Straniera sono e saranno considerati solo un valore nominale di tali brevetti fissato e concordato tra le parti e il loro valore effettivo; e che il suddetto agente darà, eseguirà e consegnerà al Custode della Proprietà Straniera una liberatoria senza riserve da parte del suddetto Johann Schuette e del suo suddetto agente e dei loro eredi e cessionari e rappresentanti legali di tutte le rivendicazioni, richieste, ecc.*

Da questo documento risulta chiaramente (1) che l'Alien Property Custodian ha venduto i brevetti all'A.I.C., (2) che ha addebitato all'A.I.C. solo un "prezzo nominale", (3) che non c'è stata alcuna gara d'appalto per i brevetti e (4) che all'ex detentore tedesco Schuette è stato concesso un interesse diretto o indiretto. Tutte e quattro le azioni sembrano essere contrarie ai requisiti del Trading with the Enemy Act del 1917 (cfr. pag. 100), anche se esisteva un'autorità presidenziale per le procedure (1) e (2).

Successivamente, il 9 maggio 1922 fu stipulato un contratto tra la

American Investigation Corporation e Johann Schuette. Il contratto prevedeva il pagamento a Schuette di 30.000 dollari in contanti e di altri 220.000 dollari pagabili in rate mensili, con l'ultimo pagamento da effettuarsi entro il 1° luglio 1923. In caso di mancato pagamento da parte dell'A.I.C., tutti i diritti sui brevetti sarebbero passati a Schuette. A Schuette fu concessa un'indennità per le azioni, che a sua volta avrebbe dovuto fornire collaborazione e assistenza tecnica all'A.I.C. Nei documenti di FDR è presente anche un memorandum interno che sembra essere stato scritto con la macchina da scrivere normalmente utilizzata per le lettere di FDR; si tratta quindi probabilmente di un memorandum redatto da FDR o più probabilmente da Louis Howe. Questo memorandum riassume la strategia dell'A.I.C.. Elenca "Cosa abbiamo da vendere" e risponde a questa domanda come segue:

1. I brevetti Schuette-Lanz, definiti fondamentali e necessari dagli ingegneri di Ford che lavoravano anche alla costruzione di dirigibili.
2. "Un contratto provvisorio con la Marina che consente di risparmiare oltre un milione di dollari per la costruzione di uno stabilimento e di un hangar. Il contratto proposto è di nostra proprietà in cambio della licenza d'uso dei brevetti Schuette da parte della Marina". In altre parole, l'A.I.C. non solo è riuscita ad acquisire i brevetti senza una gara d'appalto pubblica grazie a manovre politiche dietro le quinte, ma ha anche acquisito il diritto di rivenderli alla Marina. Questo è il tipo di accordo che la maggior parte dei poveri contribuenti non si sogna nemmeno di fare, anche se alla fine sono loro a pagare il conto.
3. Tutti i dati, i progetti e i test dei brevetti Schuette-Lanz.
4. Un dispositivo per la produzione di elio.
5. "Una lista di azionisti composta da uomini di spirito pubblico e mezzi considerevoli".
6. Questo non era sufficiente, perché la sezione successiva è intitolata "Cosa ci serve" ed elenca (1) fondi e (2) lavoro. Il promemoria propone poi di unire il lavoro dell'A.I.C. con quello degli ingegneri Ford.

Possiamo riassumere l'accordo con l'American Investigation

Corporation di FDR come segue:

> *In primo luogo, grazie all'intervento personale di Franklin D. Roosevelt, l'A.I.C. riuscì a ottenere i brevetti sequestrati come regalo o a un prezzo simbolico. La legge richiedeva che tali brevetti sequestrati fossero offerti per un'asta pubblica e non a vantaggio dell'ex proprietario tedesco. In pratica, furono rilasciati a porte chiuse come risultato di un'intesa privata tra FDR e il Custode della Proprietà Straniera, forse con l'intervento presidenziale, anche se non si trova traccia di tale assistenza. Questi brevetti, precedentemente descritti come privi di valore, divennero poi oggetto di un contratto che prevedeva il pagamento di 250.000 dollari al cittadino tedesco Schuette e l'attivo principale di una società per la promozione della costruzione di dirigibili negli Stati Uniti.*

In secondo luogo, questi brevetti sembrano essere stati rilasciati a beneficio indiretto di una parte straniera, una procedura soggetta a severe sanzioni secondo la legge.

In terzo luogo, l'A.I.C. è riuscita a ottenere l'uso di strutture della Marina per un valore di 1 milione di dollari e informazioni ufficiali dal Dipartimento della Marina.

In quarto luogo, l'unico rischio assunto dagli operatori di Wall Street è stato quello di mettere insieme l'impresa. I brevetti furono ottenuti nominalmente, i fondi provenivano da fuori New York e le competenze erano tedesche o della Ford Motor Company. Franklin Delano Roosevelt fornì la leva politica per mettere in piedi un affare che, a prima vista, era illegale e certamente molto lontano dalla "fiducia pubblica" che FDR e i suoi collaboratori amavano promuovere nei loro scritti e discorsi.

FDR nel settore dei distributori automatici

Le vendite di macchine automatiche per l'emissione di francobolli iniziarono nel 1911, ma non ebbero sbocchi realmente efficienti fino allo sviluppo della macchina Shermack negli anni Venti. Nel 1927 fu costituita la Sanitary Postage Stamp Corporation per commercializzare le macchine Shermack per l'erogazione automatica dei francobolli, precedentemente venduti nei negozi in forma sfusa che esponevano l'utente, secondo la documentazione di vendita dell'azienda, alla trasmissione di malattie. Il consiglio di amministrazione dell'azienda era composto dall'inventore Joseph J. Shermack, Edward S. Steinam, J.A. de Camp (120 Broadway), il banchiere George W. Naumburg, A.J. Sach, Nathan S. Smyth e Franklin D. Roosevelt.

Nell'aprile del 1927 l'azienda vendeva circa 450 installazioni di macchine alla settimana. Secondo una lettera scritta da FDR ad A.J. Sach, vicepresidente dell'azienda, c'erano grossi problemi con gli incassi; in effetti, dieci sedi di francobolli non erano state contattate da oltre sei mesi e la liquidità era scarsa. FDR suggerì in modo estremamente sensato che i venditori avrebbero dovuto interrompere le vendite per una settimana e dedicare il tempo libero alla riscossione dei contanti. A parte questi suggerimenti occasionali di, il ruolo di FDR nell'affrancatura sanitaria fu nominale. Henry Morgenthau, Jr. lo coinvolse inizialmente e pagò persino la sottoscrizione iniziale di 812,50 dollari per le 100 azioni iniziali di FDR: "Può inviarmi un assegno per lo stesso importo quando vuole". FDR inviò l'assegno il giorno stesso. Gli sponsor emisero a FDR 3000 azioni ordinarie "in considerazione dei servizi da lei resi", ovviamente per l'uso del suo nome come esca per gli investitori. FDR si dimise alla fine del 1928 dopo la sua elezione a governatore di New York.

FDR fu anche direttore della CAMCO (Consolidated Automatic Merchandising Corporation), ma non partecipò mai attivamente alla sua fondazione. La CAMCO era una holding progettata per rilevare il 70% del capitale sociale in circolazione di una serie di società, tra cui la Sanitary Postage Stamp Corporation, ed è degna di nota perché il consiglio di amministrazione comprendeva, oltre a FDR, anche Saunders Norwell, che dal 1926 al 1933 era stato presidente della Remington Arms Company. Nel 1933 la Remington Arms fu venduta alla Du Pont Company. Nel Capitolo 10 approfondiremo l'Affare Butler, un tentativo abortito di installare una dittatura alla

Casa Bianca. Sia la Remington Arms che la Du Pont sono citate nelle testimonianze soppresse della commissione d'inchiesta del Congresso. Tuttavia, nel 1928 troviamo FDR e Saunders Norvell come co-amministratori della CAMCO.

Fondazione Georgia Warm Springs

La personale e lodevole lotta di FDR per riacquistare l'uso delle gambe dopo un attacco di poliomielite nel 1921 lo portò alle acque minerali di Georgia Warm Springs. Riacquistate le forze, FDR decise di convertire le sorgenti, abbandonate e quasi inutilizzate, in una proposta commerciale per aiutare altre vittime della poliomielite.

Purtroppo, la fonte precisa dei principali fondi utilizzati per lo sviluppo di Georgia Warm Springs non può essere determinata dai documenti FDR così come esistono oggi. La cartella FDR su Georgia Warm Springs è relativamente scarna ed è estremamente improbabile che contenga tutti i documenti relativi allo sviluppo del progetto. La cartella ha l'aria di essere stata vagliata prima di essere consegnata agli archivi di Hyde Park. Non esistono documenti pubblici sul finanziamento della Georgia Warm Springs. Date le ristrettezze finanziarie di FDR negli anni '20, è improbabile che i fondi provenissero dalle sue risorse personali. Abbiamo alcune prove di tre fonti di finanziamento. In primo luogo, è più che probabile che sia stata sua madre, la signora James Roosevelt. In effetti, Eleanor Roosevelt scrisse a FDR: "Non farti dare troppi soldi e non farne dare molti alla mamma, perché se perdesse non se ne farebbe mai una ragione!".[41] In secondo luogo, Edsel B. Ford avrebbe contribuito alla costruzione della piscina, ma non era un amministratore della fondazione. Terzo, e più importante, la proprietà originaria era di proprietà del socialista George Foster Peabody. Secondo il figlio di FDR, Elliott Roosevelt, c'era un'importante nota personale sulla proprietà stessa, probabilmente

---

[41] Elliott Roosevelt, *La storia non raccontata*, op. cit., p. 232.

detenuta da Peabody:

Il 29 aprile 1926 acquistò la proprietà abbandonata, dove Loyless era sempre più indebitato. All'apice dei suoi obblighi come nuovo proprietario, il Padre aveva investito nel posto esattamente 201.667,83 dollari sotto forma di una nota di richiesta, che fu estinta completamente solo dopo la sua morte, e solo grazie a una polizza di assicurazione sulla vita che aveva stipulato a favore di Warm Springs. Gli oltre 200.000 dollari rappresentavano più di due terzi di tutto ciò che possedeva. Era l'unica volta che aveva corso un rischio così grande. La mamma era terrorizzata dal fatto che, se fosse andata a finire come molte delle sue imprese, nessuno di noi ragazzi avrebbe potuto andare all'università, un destino che io, per esempio, ero più che pronto ad affrontare.[42]

È significativo che Elliott Roosevelt riferisca dell'esistenza di una nota di richiesta di 200.000 dollari che fu pagata solo alla morte di FDR. È inoltre ragionevole supporre che i fondi siano stati messi a disposizione da alcuni o da tutti i fiduciari. Ciò pone FDR nella stessa posizione di Woodrow Wilson, che doveva rispondere ai suoi creditori di Wall Street. Poiché questi fiduciari erano tra gli uomini più potenti di Wall Street, l'accusa che FDR fosse "nella morsa dei banchieri" è quantomeno plausibile.

È quindi ragionevole supporre che i fondi per la Georgia Warm Springs siano stati messi a disposizione, o siano stati sotto il controllo, degli amministratori della Georgia Warm Springs Foundation e della relativa Meriweather Reserve. Di seguito sono elencati gli amministratori della fondazione nel 1934 e le loro principali affiliazioni commerciali:

---

[42] Ibidem.

Fondazione Georgia Warm Springs: Amministratori nel 1934[43]

Nome del fiduciario[44]	Affiliazioni principali
Franklin D. Roosevelt	Presidente degli Stati Uniti d'America
Basil O'Connor	Avvocato, 120 Broadway, ex partner legale di FDR
Geremia Milbank	Direttore della Chase National Bank di New York.
James A. Moffett	Vicepresidente e direttore, Standard Oil of New Jersey
George Foster Peabody	Proprietario originario dell'immobile e titolare della nota su Georgia Warm Springs
Leighton McCarthy	Direttore di Aluminum, Ltd (filiale canadese di ALCOA)
Eugene S. Wilson	Presidente, American Telephone & Telegraph (195 Broadway)
William H. Woodin	Segretario al Tesoro sotto FDR
Enrico Papa	Direttore di Link-Belt Company
Cason J. Callaway	Presidente di Callaway Mills, Inc. di New York

Gli amministratori della Georgia Warm Springs legano ovviamente FDR a Wall Street. Il più importante di questi era Eugene Smith Wilson (1879-1973), vicepresidente dell'American Telephone and Telegraph di 195 Broadway, New York City. Wilson ricoprì anche incarichi di amministratore in numerose altre società telefoniche, tra cui Northwestern e Southwestern Bell e la Wisconsin Telephone Company. Nel 1919 fu avvocato della Western Electric, poi divenne consulente legale della A. T. & T. prima di essere nominato vicepresidente nel 1920. Wilson ha collaborato a lungo con la campagna contro la poliomielite, si è associato a Franklin D. Roosevelt e a metà degli anni Trenta è stato membro del comitato di investimento della Georgia Warm Springs Foundation. Tra i suoi colleghi direttori di A. T. & T. c'era anche John W. Davis, che

---

[43] Tratto da una lettera del 5 marzo 1932 di Fred Botts, direttore commerciale di Warm Springs, a FDR alla Casa Bianca.

[44] Tra i fiduciari c'erano anche Frank C. Root, di Greenwich, Conn, Keith Morgan di New York e il fiduciario residente Arthur Carpenter.

compare nell'Affare Butler (vedi capitolo 10).

Un altro dei fiduciari della Georgia Warm Springs era James A. Moffett, vicepresidente della Standard Oil del New Jersey. Walter Teagle, della stessa azienda, era uno dei principali amministratori dell'NRA.

L'amministratore Jeremiah Milbank era direttore della Chase National Bank e della Equitable Trust Company, controllate da Rockfeller.

Il fiduciario William H. Woodin fu direttore della Federal Reserve Bank di New York dal 1926 al 1931 e fu nominato Segretario al Tesoro da Franklin D. Roosevelt dopo aver sostenuto con forza la candidatura di FDR alle elezioni del 1932. Woodin si dimise nel giro di sei mesi, ma per motivi di salute e non per mancanza di interesse a ricoprire la carica di Segretario del Tesoro.

Il fiduciario George Peabody è stato identificato nel precedente volume[45] ed è stato associato in modo significativo alla rivoluzione bolscevica del 1917 in Russia e alla Federal Reserve Bank di New York.

---

[45] Sutton, Rivoluzione bolscevica, op. cit.

Capitolo 5

La genesi del socialismo aziendale

Mentre la società lotta per la libertà, questi uomini famosi che si pongono alla sua guida sono pieni dello spirito del XVII e XVIII secolo. Pensano solo a sottomettere l'umanità alla tirannia filantropica delle loro invenzioni sociali.

Frederic Bastiat, La legge, (New York: Foundation for Economic Education, 1972), p. 52.
for Economic Education, 1972), pag. 52.

Abbiamo descritto i sette anni di carriera di Franklin D. Roosevelt nella "strada" che si sono conclusi con la sua elezione a governatore di New York nel 1928. Questa descrizione è stata tratta dai documenti epistolari dello stesso FDR. Per evitare possibili fraintendimenti, alcune parti di queste lettere sono state riprodotte testualmente e per esteso. Sulla base di queste lettere, non c'è dubbio che FDR usò l'influenza politica quasi esclusivamente per ottenere affari di bonding mentre era vicepresidente della Fidelity & Deposit Co; che legami finanziari e politici internazionali significativi e discutibili emergono nel caso della United European Investors e della International Germanic Trust; e che i suoi intimi collaboratori andavano da Owen D. Young, presidente della General Electric, un membro dell'establishment finanziario elitario, a uomini descritti da un agente della Proudfoot Agency come una "banda di truffatori".

C'è un tema persistente che attraversa il metodo di lavoro di FDR: egli utilizzò la via politica in misura straordinaria. In altre parole, FDR utilizzò a fini personali il potere di polizia dello Stato, attuato dalle agenzie di regolamentazione, dai regolamenti governativi e dai funzionari governativi attraverso la sua intercessione, ad esempio, con il Custode della Proprietà Straniera, la Marina degli Stati Uniti, il Sistema della Riserva Federale e il Sovrintendente delle Assicurazioni dello Stato di New York. Tutti questi contatti politici, stabiliti durante il servizio pubblico, diedero a FDR il suo vantaggio competitivo negli affari. Si tratta di dispositivi politici, non di dispositivi nati dal mercato. Sono dispositivi che riflettono la coercizione politica, non lo scambio volontario nel libero mercato.

I quattro capitoli successivi che compongono la seconda parte di questo libro approfondiscono il tema della politicizzazione dell'impresa commerciale. In primo luogo, gettiamo una rete più ampia per formulare la tesi del socialismo aziendale e identifichiamo alcuni socialisti aziendali di spicco, per lo più associati a FDR. Poi torniamo indietro nel tempo, agli anni '40 del XIX secolo, a uno degli antenati di FDR, l'Assemblyman Clinton Roosevelt di New York e alla sua prima versione dell'NRA. Questo schema viene confrontato con il War Industries Board di Baruch nel 1917, con il funzionamento del Federal Reserve System e con il Roosevelt-Hoover American Construction Council degli anni Venti. Infine, nell'ultimo capitolo di questa parte, si illustra l'investimento finanziario di Wall Street nel New Deal.

Le origini del socialismo aziendale

Il vecchio John D. Rockefeller e i suoi colleghi capitalisti del XIX secolo erano convinti di una verità assoluta: nessuna grande ricchezza monetaria poteva essere accumulata secondo le regole imparziali di una società competitiva del laissez faire. L'unica strada sicura per l'acquisizione di enormi ricchezze era il monopolio: scacciare i concorrenti, ridurre la concorrenza, eliminare il laissez-faire e soprattutto ottenere la protezione dello Stato per la propria industria attraverso politici compiacenti e regolamenti governativi. Quest'ultima strada produce un monopolio legale, e un monopolio legale porta sempre alla ricchezza.

Questo schema da barone rapinatore è anche, sotto diverse etichette, il piano socialista. La differenza tra un monopolio statale corporativo e un monopolio statale socialista è essenzialmente solo l'identità del gruppo che controlla la struttura di potere. L'essenza del socialismo è il controllo monopolistico da parte dello Stato che utilizza pianificatori assunti e spugne accademiche. D'altra parte, Rockefeller, Morgan e i loro amici corporativi miravano ad acquisire e controllare il loro monopolio e a massimizzarne i profitti attraverso l'influenza nell'apparato politico statale; questo, pur avendo bisogno di pianificatori assunti e di spugne accademiche, è un processo discreto e molto più sottile della vera e propria proprietà statale nel socialismo. Il successo della strategia di Rockefeller è dipeso in particolare dall'attenzione dell'opinione pubblica su creazioni storiche in gran parte irrilevanti e superficiali, come il mito della lotta tra capitalisti e comunisti, e dall'attenta coltivazione delle forze politiche da parte delle grandi imprese. Chiamiamo questo fenomeno di monopolio legale delle imprese - controllo del mercato acquisito attraverso l'influenza politica - con il nome di socialismo aziendale.

La descrizione più lucida e franca del socialismo aziendale, dei suoi costumi e dei suoi obiettivi si trova in un opuscolo del 1906 di Frederick Clemson Howe, *Confessioni di un monopolista*.[46]

Il ruolo di Frederick Howe nella rivoluzione bolscevica del 1917 e nelle sue conseguenze è stato descritto in *Wall Street e la rivoluzione bolscevica*.[47] Howe emerge anche nel New Deal di Roosevelt come consulente dei consumatori nell'Agricultural Adjustment Administration. L'interesse di Howe per la società e i suoi problemi abbraccia quindi l'inizio del XX secolo, dalla sua associazione con Newton D. Baker, poi Segretario alla Guerra, al comunista Lincoln Steffens. In qualità di commissario speciale degli Stati Uniti, Howe effettuò studi sulla proprietà municipale dei servizi pubblici in Inghilterra e nel 1914 fu nominato dal presidente Wilson commissario degli Stati Uniti per l'immigrazione.

Qual è il segreto per ottenere una grande ricchezza? Howe risponde

---

[46] Frederic C. Howe, *Confessioni di un monopolista* (Chicago: Public Publishing Co. 1906). Lo sponsor del libro di Howe era lo stesso editore che nel 1973 pubblicò una nenia collettivista di John D. Rockefeller III intitolata *La seconda rivoluzione americana*.

[47] Sutton, *Rivoluzione bolscevica*, op. cit.

alla domanda come segue: "Il signor Rockefeller può pensare di aver guadagnato le sue centinaia di milioni grazie all'economia, risparmiando sulle bollette del gas, ma non è così. È riuscito a far lavorare la gente del mondo per lui....".[48]

In breve, il socialismo aziendale è intimamente legato a far funzionare la società per pochi.

Far funzionare la società per pochi

Questo è il tema principale del libro di Howe, espresso più volte, con esempi dettagliati del sistema "lascia che gli altri lavorino per te". Come hanno fatto Rockefeller e i suoi colleghi monopolisti a far lavorare il mondo per loro? Secondo Howe, è andata così:

> *Questa è la storia di qualcosa in cambio di niente, di far pagare l'altro. Questo far pagare l'altro, questo ottenere qualcosa per niente, spiega la brama di franchigie, diritti minerari, privilegi tariffari, controllo delle ferrovie, evasione fiscale. Tutte queste cose significano monopolio, e tutti i monopoli si fondano sulla legislazione.*
>
> *E le leggi sul monopolio nascono nella corruzione. Il mercantilismo della stampa, o dell'istruzione, persino della dolce carità, fa parte del prezzo che paghiamo per i privilegi speciali creati dalla legge. Il desiderio di avere qualcosa in cambio di niente, di far pagare l'altro, di avere un monopolio in una forma o nell'altra, è la causa della corruzione. Monopolio e corruzione sono causa ed effetto.*
>
> *Insieme, lavorano al Congresso, nei nostri Commonwealth, nei nostri comuni. È sempre così. È sempre stato così. Il privilegio fa nascere la corruzione, proprio come la fogna velenosa genera la malattia. Le*

---

[48] Howe, op. cit., p. 145.

> *pari opportunità, un campo equo e senza favori, i "patti chiari" non sono mai corrotti. Non appaiono nelle aule legislative né nelle sale del Consiglio. Perché queste cose significano lavoro per lavoro, valore per valore, qualcosa per qualcosa. Ecco perché il piccolo imprenditore, il commerciante al dettaglio e all'ingrosso, l'artigiano e il produttore non sono gli uomini d'affari che corrompono la politica.[49]*

L'opposto di Howe a questo sistema di monopolio corrotto è descritto come "lavoro per lavoro, valore per valore, qualcosa per qualcosa". Ma questi valori sono anche i segni distintivi essenziali di un sistema di mercato, cioè di un sistema puramente competitivo, in cui i prezzi di compensazione sono stabiliti dall'interazione imparziale di domanda e offerta sul mercato. Un sistema così imparziale non può, ovviamente, essere influenzato o corrotto dalla politica. Il sistema economico monopolistico basato sulla corruzione e sul privilegio descritto da Howe è un'economia gestita politicamente. Allo stesso tempo è anche un sistema di lavoro forzato mascherato, chiamato da Ludwig von Mises sistema di *Zwangswirtschaft*, un sistema di coercizione. Questo elemento di costrizione è comune a tutte le economie gestite politicamente: il Nuovo Ordine di Hitler, lo Stato corporativo di Mussolini, la Nuova Frontiera di Kennedy, la Grande Società di Johnson e il Federalismo Creativo di Nixon. La compulsione è stata anche un elemento della reazione di Herbert Hoover alla depressione e, in modo molto più evidente, del New Deal di Franklin D. Roosevelt e della National Recovery Administration.

È questo elemento di costrizione che permette a pochi - coloro che detengono e guadagnano dal monopolio legale - di vivere nella società a spese dei molti. Coloro che controllano o traggono vantaggio dalle franchigie e dai regolamenti legislativi e che influenzano le burocrazie governative determinano allo stesso tempo le norme e i regolamenti per proteggere la loro attuale ricchezza, predare la ricchezza degli altri e tenere lontani i nuovi

---

[49] Howe, op. cit., pp. V-VI.

entranti dalla loro attività. Per esempio, per chiarire il punto, la Commissione per il Commercio Interstatale, creata nel 1880, esiste per limitare la concorrenza nel settore dei trasporti, non per ottenere il miglior affare possibile per i caricatori. Allo stesso modo, il Civil Aeronautics Board esiste per proteggere l'industria dell'aviazione nazionale, non i viaggiatori delle compagnie aeree. Un esempio attuale, tra centinaia, è il sequestro da parte del CAB, nel luglio 1974, di un DC-10 della Philippines Air Lines (PAL) all'aeroporto di San Francisco. Quale peccato aveva commesso la PAL? La compagnia aerea si era limitata a sostituire un DC-10, per il quale il CAB non aveva concesso l'autorizzazione, con un DC-8. Chi ha guadagnato? Le compagnie aeree nazionali statunitensi, a causa della minore concorrenza. Chi ha perso? Il viaggiatore a cui sono stati negati i posti a sedere e la possibilità di scegliere l'equipaggiamento. Qualsiasi dubbio su da che parte potesse stare il CAB fu fugato da un articolo di qualche settimana dopo del *Wall Street Journal* (13 agosto 1974) intitolato "CAB Is an Enthusiastic Backer of Moves to Trim Airline Service, Increase Fares". Il pezzo conteneva una perla del vicepresidente del CAB Whitney Gilland: "In passato abbiamo posto troppa enfasi sulla comodità dei passeggeri". Gilland ha aggiunto che il CAB deve essere più tollerante nei confronti degli aerei pieni di capacità, "anche se questo può significare che qualcuno deve aspettare un giorno per avere un volo".

In breve, le agenzie di regolamentazione sono strumenti per usare il potere di polizia dello Stato per proteggere le industrie favorite dalla concorrenza, per proteggere le loro inefficienze e per garantire i loro profitti. E, naturalmente, questi dispositivi sono difesi con veemenza dai loro guardiani: gli imprenditori regolamentati o, come li chiamiamo noi, "i socialisti aziendali".

Questo sistema di costrizione legale è l'espressione moderna del detto di Frederic Bastiat, secondo cui il socialismo è un sistema in cui tutti cercano di vivere a spese degli altri. Di conseguenza, il socialismo aziendale è un sistema in cui quei pochi che detengono i monopoli legali del controllo finanziario e industriale traggono profitto a spese di tutti gli altri nella società.

Nell'America moderna l'esempio più significativo di come la società nel suo complesso lavori per pochi è la legge sulla Federal Reserve del 1913. Il Federal Reserve System è, di fatto, un monopolio bancario privato, che non deve rispondere né al Congresso né al pubblico, ma che ha il controllo legale e monopolistico dell'offerta di moneta, senza che vi siano ostacoli o verifiche da parte della Ragioneria Generale dello Stato.[50] Fu la manipolazione irresponsabile dell'offerta di moneta da parte del Federal Reserve System a provocare l'inflazione degli anni Venti, la depressione del 1929 e quindi la presunta necessità di un New Deal di Roosevelt. Nel prossimo capitolo esamineremo più da vicino il Federal Reserve System e i suoi ideatori. Per il momento, analizziamo più da vicino le argomentazioni addotte dai filosofi-finanzieri di Wall Street per giustificare il loro credo di "far funzionare la società per pochi".

I socialisti d'impresa sostengono la loro causa

Si può tracciare un percorso letterario attraverso il quale importanti finanzieri hanno spinto per la pianificazione e il controllo nazionale a proprio vantaggio e che alla fine si è evoluto nel New Deal di Roosevelt.

Negli anni successivi alla pubblicazione di *Confessioni di un monopolista* di Howe (1906), i finanzieri di Wall Street hanno pubblicato lunghi contributi letterari, nessuno così specifico come quello di Howe, ma tutti impegnati nella ricerca di istituzioni legali che garantissero il monopolio desiderato e il controllo che ne deriva. Da questi libri possiamo risalire alle idee del New Deal e alla base teorica su cui in seguito si giustificò il socialismo aziendale. Due temi sono comuni a questi sforzi letterari di Wall Street. Il primo è che l'individualismo, lo sforzo individuale e l'iniziativa individuale sono obsoleti e che la concorrenza "distruttiva", solitamente definita "concorrenza cieca" o "concorrenza cane-mangia-cane", è superata, indesiderata e distruttiva degli ideali umani. In secondo luogo,

---

[50] Nel 1974 il Congresso ha votato una revisione molto limitata del Federal Reserve System.

possiamo identificare un tema che segue a questo attacco all'individualismo e alla competizione, secondo cui la cooperazione porta grandi vantaggi, fa progredire la tecnologia e previene gli "sprechi della competizione". Questi filosofi finanzieri concludono quindi che le associazioni commerciali e, in ultima analisi, la pianificazione economica - in altre parole, la "cooperazione" forzata - sono un obiettivo primario per gli uomini d'affari moderni responsabili e illuminati.

I temi della cooperazione e del rifiuto della concorrenza sono espressi in modi diversi e con vari gradi di lucidità. Gli uomini d'affari non sono scrittori persuasivi. I loro libri tendono a essere turgidi, superficialmente egoistici e in qualche modo pesantemente pedanti. Alcuni esempi di questo tipo, tuttavia, dimostreranno come i socialisti aziendali di Wall Street hanno presentato il loro caso.

Bernard Baruch è stato l'eccezionale socialista aziendale le cui idee saranno esaminate nel prossimo capitolo. Dopo Baruch e i Warburg, di cui si parlerà nel prossimo capitolo, il successivo scrittore più prolifico di è stato l'influente banchiere Otto Kahn della Kuhn, Loeb & Co.

Kahn è noto per il suo sostegno alla Rivoluzione bolscevica e a Benito Mussolini, sostegno che concretizzò in espressioni totalitarie come: "Il nemico più mortale della democrazia non è l'autocrazia, ma la libertà frenetica".[51] Per quanto riguarda il socialismo, Otto Kahn dichiarò in molte occasioni la sua simpatia per i suoi obiettivi. Ad esempio, il suo discorso alla Lega socialista della democrazia industriale nel 1924 includeva quanto segue:

> *Vorrei sottolineare che misure come, ad esempio, l'imposta progressiva sul reddito, la contrattazione collettiva dei lavoratori, la giornata di otto ore, la supervisione e la regolamentazione governativa delle ferrovie e di simili monopoli o semi-monopoli naturali,*

---

[51] Otto H. Kahn, Libertà frenetica: The Myth of a Rich Man's War, discorso all'Università del Wisconsin, 14 gennaio 1918, p. 8.

> *sono approvate dal senso di giustizia della comunità imprenditoriale, a condizione che l'applicazione di tali misure sia mantenuta entro i limiti della ragione, e che non sarebbero abrogate dalle imprese se avessero il potere di abrogarle.*
>
> *Ciò su cui voi radicali e noi, che abbiamo opinioni opposte, differiamo non è tanto il fine quanto i mezzi, non tanto ciò che dovrebbe essere realizzato quanto il modo in cui dovrebbe e può essere realizzato, ritenendo come noi che la corsa all'utopia non solo è infruttuosa e inefficace, ma ostacola e ritarda il progresso verso la realizzazione di miglioramenti raggiungibili.*
>
> *Con tutto il rispetto, mi permetto di suggerire che il radicalismo tende troppo spesso a rivolgersi più al perfezionamento teorico che al miglioramento concreto; a lamentele fantasma o del passato, che hanno perso la loro realtà, piuttosto che alle questioni reali del giorno; a slogan, dogmi, professioni, piuttosto che ai fatti.*[52]

Alcuni di questi finanzieri-filosofi di Wall Street sono stati fiduciari della Brookings Institution di Washington D.C., responsabile di molte delle guide politiche per realizzare questo sistema desiderato. Robert S. Brookings, fondatore della Brookings Institution, è generalmente definito un economista, ma lo stesso Brookings ha scritto: "Non ho certamente alcuna pretesa di ottenere questo titolo professionale. Scrivo solo come uno che, grazie a una lunga esperienza commerciale di oltre sessant'anni, ha avuto molto a che fare con la produzione e la distribuzione...".[53] Nel suo ruolo di uomo d'affari, Brookings ha pubblicato tre libri: *Proprietà industriale*, *Democrazia economica* e *La via del futuro*. In questi tre libri, Brookings sostiene che l'economia politica classica, così come si riflette nell'opera di Adam Smith e della sua scuola, pur essendo

---

[52] Otto H. Kahn, Of Many Things, (New York: Boni & Liveright, 1925), p. 175.

[53] R. S. Brookings, Economic Democracy, (New York: Macmillan, 1929), p. xvi.

logicamente convincente, era in realtà incompleta in quanto non teneva conto dello sviluppo morale e intellettuale dell'uomo e della sua dipendenza dal nazionalismo per la sua espressione, così abilmente presentato in seguito da Adam Müller e Frederick List, o dell'influenza economica della produzione meccanica sul rapporto tra capitale e lavoro.[54]

Di conseguenza, senza presentare le sue prove, Brookings rifiuta le idee sulla libera impresa di Adam Smith e accetta quelle stataliste di List, che si riflettono anche nello Stato corporativo hitleriano. Dal rifiuto della libera impresa Brookings trova abbastanza facile dedurre un sistema "morale" che rifiuta il mercato e sostituisce un'approssimazione alla teoria marxista del valore del lavoro. Ad esempio, Brookings scrive:

> *Un sano sistema di moralità economica richiede quindi che, invece di pagare al lavoro solo un salario di mercato, il minimo necessario per garantire i suoi servizi, il capitale riceva il salario di mercato necessario per garantire i suoi servizi, e che il saldo vada al lavoro e al pubblico dei consumatori.*[55]

Da questa argomentazione quasi marxista Brookings costruisce, in modo piuttosto vago e senza un supporto dettagliato, i contorni delle proposte necessarie per combattere i "mali" del sistema di mercato prevalente. Di queste proposte, "la prima è la revisione delle leggi antitrust in modo tale da consentire una cooperazione estesa".[56] Questo, sostiene Brookings, avrebbe due effetti: far progredire la ricerca e lo sviluppo e appiattire il ciclo economico. Brookings non spiega come questi obiettivi derivino dalla "cooperazione", ma cita a lungo Herbert Hoover per sostenere la sua tesi, e in particolare

---

[54] Ibidem, pp. XXI-XXII.

[55] R. S. Brookings, Industrial Ownership (New York: Macmillan, 1925), pag. 28.

[56] Ibidem, p. 44.

l'articolo di Hoover "If Business Doesn't, Government Will".[57]

Poi, come ogni buon socialista, Brookings conclude: "Le aziende gestite in modo efficiente non hanno nulla da temere da un'intelligente supervisione pubblica, volta a proteggere il pubblico e il commercio da minoranze arroganti e intrattabili".[58] Questo è necessario perché, sostiene Brookings in un altro punto, le statistiche indicano che la maggior parte delle imprese opera in modo inefficiente, "quindi sappiamo per triste esperienza che la concorrenza cieca o ignorante non è riuscita a dare il suo ragionevole contributo attraverso i guadagni alle nostre esigenze economiche nazionali".[59]

Nel 1932 Brookings uscì dal suo guscio in *The Way Forward* per diventare ancora più esplicito sugli sviluppi del comunismo sovietico:

> *L'accanimento verbale contro il comunismo, oggi prevalentemente popolare negli Stati Uniti, non ci porterà da nessuna parte. La decisione tra capitalismo e comunismo si basa su un punto. Può il capitalismo adattarsi a questa nuova era? Può uscire dal suo vecchio individualismo, dominato dall'egoistico motivo del profitto, e creare una nuova epoca cooperativa con la pianificazione e il controllo sociale, che possa servire, meglio di quanto abbia fatto finora, il benessere di tutte le persone? Se ci riesce, può sopravvivere. Se non ci riuscirà, una qualche forma di comunismo sarà imposta ai nostri figli. Siatene certi![60]*

E nello stesso libro Brookings ha buone parole da dire su un altro

---

[57] The Nation's Business, 5 giugno 1924, pp. 7-8.

[58] Brookings, Proprietà industriale, op. cit., p. 56.

[59] Brookings, Economic Democracy, op. cit., p. 4.

[60] R. S. Brookings, The Way Forward (New York: Macmillan, 1932), pag. 6.

sistema di lavoro forzato, il fascismo italiano:

> *Sebbene l'Italia sia un'autocrazia sotto la dittatura del Duce, a tutti gli interessi economici del Paese viene offerta l'opportunità di discutere e negoziare in modo che possano, di comune accordo, arrivare a un giusto compromesso delle loro differenze. Il governo non permetterà, tuttavia, né con le serrate né con gli scioperi, alcuna interferenza con la produttività della nazione e se, in ultima analisi, i gruppi non riescono a trovare un accordo tra di loro, è il governo attraverso il suo ministro o il tribunale del lavoro a determinare la soluzione di tutti i problemi. In Italia come altrove, tuttavia, sembra esistere l'autocrazia del capitale e la sensazione generale tra le classi lavoratrici è che il governo favorisca i datori di lavoro.[61]*

Ciò che quindi è preminente negli scritti di Brookings è la sua predilezione per qualsiasi sistema sociale, comunismo, fascismo, chiamatelo come volete, che riduca l'iniziativa e lo sforzo individuale e sostituisca l'esperienza e il funzionamento collettivo. Ciò che non viene detto da Brookings e dai suoi colleghi filosofi finanzieri è l'identità dei pochi che gestiscono il collettivo di lavoro forzato.

È implicito nelle loro argomentazioni che gli operatori del sistema saranno gli stessi socialisti aziendali.

Dalle proposte puramente teoriche di Brookings possiamo passare a quelle di George W. Perkins, che ha combinato proposte parallele con alcuni modi efficaci, ma difficilmente morali, di metterle in pratica.

George W. Perkins è stato l'energico costruttore della grande New York Life Insurance Company. Perkins fu anche, insieme a Kahn e Brookings, un articolato espositore dei mali della concorrenza e dei

---

[61] Ibidem, p. 8.

grandi vantaggi derivanti da una cooperazione ordinata negli affari. Perkins predicò questo tema collettivista in una serie di conferenze tenute da uomini d'affari alla Columbia University nel dicembre 1907. Il suo discorso non fu certo un successo strepitoso; il biografo John Garraty sostiene che al termine dell'intervento:

> ... *Il presidente della Columbia, Nicholas Murray Butler, se ne andò in fretta senza una parola di congratulazioni, evidentemente convinto, secondo Perkins, di aver involontariamente invitato a Morningside Heights un pericoloso radicale. Perkins aveva infatti attaccato alcuni dei concetti fondamentali della concorrenza e della libera impresa.*[62]

Garraty riassume la filosofia aziendale di Perkins:

> *Il principio fondamentale della vita è la cooperazione piuttosto che la competizione: questa è l'idea che Perkins ha sviluppato nel suo discorso. La competizione è crudele, dispendiosa, distruttiva, antiquata; la cooperazione, insita in qualsiasi teoria di un universo ben ordinato, è umana, efficiente, inevitabile e moderna.*[63]

Ancora una volta, come nel caso di Brookings, troviamo proposte per "eliminare gli sprechi" e per una maggiore "pianificazione" delle risorse materiali e umane e il concetto che le grandi imprese hanno "responsabilità nei confronti della società" ed è più probabile che agiscano in modo equo nei confronti dei lavoratori rispetto alle piccole imprese. Queste frasi altisonanti sono, ovviamente, impressionanti, soprattutto se la New York Life Insurance fosse stata all'altezza dei suoi sermoni sociali. Purtroppo, se andiamo a indagare più a fondo, troviamo prove di comportamenti scorretti da parte della New York Life Insurance e indagini su questi

---

[62] John A. Garraty, *Right Hand Man: The Life of George W. Perkins*, (New York: Harper & Row, n.d.), p. 216.

[63] Ibidem.

comportamenti scorretti da parte dello Stato di New York, che ha riscontrato un'impronta decisamente antisociale nel comportamento aziendale della New York Life. Nel 1905-06 il Comitato Armstrong (il Comitato congiunto della legislatura dello Stato di New York per l'indagine sulle assicurazioni sulla vita) scoprì che la New York Life Insurance Company era stata un contributore liberale del Comitato nazionale repubblicano nel 1896, 1900 e 1904. Senza dubbio, questi contributi finanziari servivano a promuovere gli interessi della compagnia negli ambienti politici. Nel 1905 John A. McCall, presidente della New York Life Insurance, fu chiamato davanti alla commissione d'inchiesta di New York e continuò a sostenere che la sconfitta di Byran e il libero conio dell'argento erano per lui una questione *morale*. Secondo McCall, "....I acconsentì a un pagamento per sconfiggere l'argento libero, non per sconfiggere il partito democratico, ma per sconfiggere l'eresia dell'argento libero, e ringrazio Dio di averlo fatto".[64]

Nel corso della stessa udienza, il vicepresidente della Mutual Life Insurance ha anche avanzato l'interessante concetto che le imprese hanno il "dovere" di "stroncare" idee e politiche sgradite. La storia del finanziamento della politica da parte delle imprese ha difficilmente mantenuto i principi della Costituzione e di una società libera. Più specificamente, vi è una grossolana incoerenza tra i principi di cooperazione sociale e di bene comune avanzati da Perkins e dai suoi colleghi uomini d'affari e il comportamento antisociale contemporaneo della sua stessa New York Life Insurance Company.

In breve, i principi del socialismo aziendale non sono che una sottile facciata per l'acquisizione di ricchezza da parte di pochi a spese di molti.

Possiamo ora guardare con profitto alla predicazione di quei finanzieri più intimamente associati a Roosevelt e al New Deal. Un finanziere-filosofo che espresse per iscritto le sue idee collettiviste

---

[64] Citato in Louise Overacker, *Money in Elections*, (New York: Macmillan, 1932), pag. 18.

fu Edward Filene (1860-1937) I Filene erano una famiglia di uomini d'affari altamente innovativi, proprietari del grande magazzino William Filene's Sons Co. di Boston. Un vicepresidente della Filene's divenne uno dei tre moschettieri a capo della National Recovery Administration nel 1933; gli altri due del triumvirato erano Walter Teagle, presidente della Standard Oil e John Raskob, vicepresidente della Du Pont e della General Motors.

Dall'inizio del secolo Edward Filene si occupò di affari pubblici. Fu presidente della Metropolitan Planning Commission di Boston, promotore di banche popolari e fornì assistenza a vari movimenti cooperativi. Filene fu attivo nella Croce Rossa e nella Camera di Commercio degli Stati Uniti; fondatore della League to Enforce Peace; fondatore e poi presidente della Cooperative League, successivamente ribattezzata Twentieth Century Fund; membro della Foreign Policy Association e del Council on Foreign Relations. All'epoca di Roosevelt, Filene fu presidente del Massachusetts State Recovery Board e partecipò attivamente alla campagna del 1936 per la rielezione di FDR. Filene scrisse diversi libri, due dei quali, *The Way Out* (1924)[65] e *Successful Living in this Machine Age* (1932)[66], esprimono le sue inclinazioni filosofiche. In *The Way Out*, Filene enfatizza il tema della riduzione degli sprechi e della miopia della concorrenza e sottolinea il valore della cooperazione tra imprese e governo. Filene riassume la sua argomentazione come segue:

> *Due cose sono chiare. La prima è che l'impresa, per essere una buona impresa, deve essere condotta come un servizio pubblico. La seconda è che il miglior servizio pubblico possibile degli uomini d'affari è quello reso nelle aziende private del mondo e attraverso di esse.*[67]

---

[65] Edward A. Filene, *The Way Out*, (A Forecast of Coming Changes in American Business and Industry) (New York: Doubleday, Page, 1924).

[66] Edward A. Filene, *Successful Living in this Machine Age* (New York: Simon & Schuster, 1932).

[67] Filene, *La via d'uscita*, op. cit., p. 281.

Questo tema del "servizio pubblico è un affare privato" viene ampliato in un altro dei suoi libri:

> *Il mio atteggiamento è che le imprese devono intraprendere una pianificazione sociale, ma non per soffocare le nuove teorie né per preservare quelle vecchie, bensì perché c'è stata una rivoluzione sociale. Il vecchio ordine è scomparso e non è possibile riportarlo indietro. Viviamo in un mondo nuovo. È un mondo in cui la produzione di massa ha messo in relazione tutti con tutti; i nostri piani, quindi, devono tenere conto di tutti.[68]*

In Filene troviamo anche l'argomentazione "la strada per la pace è l'equilibrio di potere", una ripetizione di una formula del XIX secolo resuscitata da Henry Kissinger negli anni '70 e che alla fine ha sempre portato alla guerra piuttosto che alla pace. Filene formula la sua versione come segue:

> *Non c'è da stupirsi che ci fosse la guerra. La pace, si scoprì ben presto, poteva essere mantenuta solo grazie a un equilibrio di potere tra i concorrenti più grandi, equilibrio che veniva spesso alterato. Alla fine tutta questa situazione impossibile esplose nella più grande guerra della storia umana. La guerra mondiale non ha causato il cambiamento del mondo che abbiamo notato di recente. Fu piuttosto uno dei fenomeni di quel cambiamento, proprio come la Rivoluzione francese fu un fenomeno della Prima rivoluzione industriale.[69]*

Questo tema della promozione dell'interesse pubblico come questione di primario beneficio per le imprese stesse si ritrova anche in Myron C. Taylor, presidente della United States Steel Company. L'interesse pubblico, sostiene Taylor, necessita della cooperazione delle imprese per una produzione razionale. La cecità di delle grandi imprese è evidente quando Taylor nega che questo sarebbe anche

---

[68] Filene, Successful Living in This Machine Age, op. cit., p. 269.

[69] Ibidem, p. 79.

una restrizione del commercio. Taylor omette di spiegare come si possa adeguare la produzione al consumo senza costringere coloro che non vogliono collaborare. Taylor riassume le sue proposte come segue:

> *Il punto, quindi, è scoprire ciò che come nazione possediamo e imparare a usarlo, piuttosto che andare alla ricerca del nuovo solo perché è nuovo. L'industria ha la responsabilità primaria di trovare il modo di promuovere l'interesse pubblico e gli interessi dei propri produttori, dipendenti, distributori e clienti, elaborando e realizzando qualsiasi piano costruttivo sia consentito dalle leggi attuali, agendo apertamente e, per quanto possibile, in collaborazione con il governo. Confesso di trovare estremamente difficile credere che i piani costruttivi e cooperativi sinceramente intrapresi da un'industria di base per adeguare razionalmente la produzione alla domanda di quell'industria, e che evitano qualsiasi tentativo di fissare o controllare artificialmente i prezzi, possano essere considerati una restrizione del commercio e degli scambi. L'unico effetto sarebbe quello di eliminare i problemi vitali della produzione, del commercio e degli scambi e di promuovere gli interessi pubblici.[70]*

Il contributo della Standard Oil a questa liturgia è espresso da Walter C. Teagle, presidente della Standard Oil Company del New Jersey e nominato dal presidente Roosevelt a una posizione di vertice nella sua NRA. Teagle formula la sua versione del socialismo aziendale come segue:

> *I mali dell'industria petrolifera sono peculiari e richiedono rimedi specifici. Questi sono la modifica delle leggi antitrust, la cooperazione tra i produttori e*

---

[70] Da Samuel Crowther, *A Basis for Stability*, (Boston: Little, Brown, 1932), pag. 59.

> *l'esercizio del potere di controllo degli Stati.*[71]

Più schiettamente degli altri, Teagle vuole che il potere di polizia dello Stato imponga la cooperazione volontaria:

> *La cooperazione volontaria all'interno del settore non è sufficiente per rimediare ai suoi mali. Non sarebbe sufficiente nemmeno se venissero eliminate le restrizioni legali alla cooperazione, anche se l'eliminazione di tali restrizioni comporterebbe enormi progressi.*
>
> *Per proteggere i diritti correlati dei produttori e per far rispettare le leggi di conservazione adeguate è necessario ricorrere al potere di polizia dello Stato. Si tratta di una questione di competenza statale, piuttosto che federale, ma sarà necessaria anche la cooperazione tra i vari Stati e tra le unità operative dell'industria se si vuole limitare la produzione del Paese in generale ai mercati nazionali.*
>
> *La soluzione del problema dipende quindi dalla cooperazione volontaria all'interno dell'industria, dall'esercizio del potere di polizia dello Stato e dalla cooperazione tra i vari Stati interessati e tra le associazioni dell'industria nei vari Stati. Per consentire ciò, le leggi antitrust statali e federali dovranno essere riviste.*[72]

Questi estratti riflettono la visione di fondo dei nostri filosofi finanzieri di Wall Street. Non si trattava di figure minori della strada. Al contrario, erano elementi potenti e influenti e in casi significativi erano associati a Roosevelt e al New Deal. Otto Kahn fu uno dei principali artefici del Federal Reserve System. Lamont e Perkins erano figure chiave nel settore bancario e assicurativo. L'uomo d'affari Brookings diede il suo nome e il suo denaro all'influente

---

[71] Ibidem, p. 111.

[72] Ibidem, p. 113.

istituto di ricerca che produsse i rapporti su cui si basarono molte politiche. Louis Kirstein, vicepresidente della Filene's, e Walter Teagle della Standard Oil divennero due dei tre uomini dominanti che diressero la National Recovery Administration sotto la guida di Hugh Johnson, pupillo di Bernard Baruch.

Bernard Baruch è stato probabilmente il più prestigioso Wall Streeter di tutti i tempi, superando forse in influenza sia Morgan che Rockefeller. Esamineremo Baruch e i Warburg nel prossimo paragrafo.

Qual era la filosofia dei finanzieri fin qui descritta? Certamente tutto tranne la concorrenza laissez-faire, che era l'ultimo sistema che prevedevano. Socialismo, comunismo, fascismo o le loro varianti erano accettabili. L'ideale per questi finanzieri era la "cooperazione", se necessario forzata. L'individualismo era escluso e la concorrenza era immorale. D'altra parte, la cooperazione è stata costantemente sostenuta come morale e degna, e da nessuna parte la coercizione è stata respinta come immorale. Perché? Perché, se si toglie la verbosità dalle frasi altisonanti, la cooperazione obbligatoria era la loro strada d'oro verso il monopolio legale. Con la scusa del servizio pubblico, degli obiettivi sociali e del buonismo assortito, si tratta fondamentalmente di "lasciare che la società vada a lavorare per Wall Street".

Capitolo 6

Preludio al New Deal

Qualunque sia il partito che vince, i tiranni o i demagoghi sono i più sicuri a ricoprire le cariche.

Il deputato Clinton Roosevelt di New York, 1841.

La storia completa della costruzione del socialismo corporativo negli Stati Uniti, come previsto dai filosofi-finanzieri identificati nel capitolo precedente, è al di là dello scopo di questo libro, ma possiamo ottenere maggiori prospettive attraverso un breve sguardo ad alcuni aspetti del processo storico: ad esempio, il sistema di Clinton Roosevelt un secolo prima di FDR, il War Industries Board di Bernard Baruch e il Federal Reserve System di Paul Warburg.

Nel 1841 il lontano cugino di FDR, il deputato Clinton Roosevelt di New York, propose uno schema simile al New Deal per la pianificazione economica e il controllo della società da parte di pochi. Nel 1918, sotto il presidente Woodrow Wilson, Bernard Baruch, socialista aziendale *per eccellenza*, seguì a grandi linee lo schema di Roosevelt, quasi certamente inconsapevolmente e probabilmente per un parallelismo d'azione inconscio, quando istituì il War Industries Board, il precursore organizzativo della National Recovery Administration del 1933. Alcuni membri dell'élite aziendale del WIB del 1918, nominati da Baruch-Hugh Johnson, per esempio, trovarono nicchie amministrative nell'NRA di Roosevelt. Nel 1922 l'allora Segretario al Commercio Herbert Hoover e l'emergente Wall Streeter Franklin D. Roosevelt unirono le forze per promuovere le associazioni commerciali, attuando le proposte di pianificazione economica postbellica di Bernard Baruch. Poco dopo, l'ex editore socialista Benito Mussolini marciò su Roma e istituì - con l'aiuto liberale della J.P. Morgan Company - lo Stato corporativo italiano, la cui struttura organizzativa ricorda distintamente la NRA di Roosevelt. Negli Stati Uniti la glorificazione di Mussolini e dei suoi successi italiani fu promossa dagli immancabili finanzieri Thomas Lamont, Otto Kahn e altri. Accenneremo solo brevemente al coinvolgimento di Wall Street nella Russia bolscevica e nella Germania hitleriana - entrambi Stati totalitari governati da un'élite autocostituita - poiché la trattazione completa di questi aspetti è contenuta in altri volumi.[73] In breve, la costruzione della National Recovery Administration di FDR non era che una sfaccettatura di un processo storico più ampio: la costruzione di sistemi economici in cui pochi potevano trarre profitto a spese dei molti, dei cittadini-contribuenti, e il tutto ovviamente promosso con il pretesto del bene pubblico, che si trattasse della Russia di Stalin, dell'Italia di Mussolini, della Germania di Hitler o del New Deal di Roosevelt.

L'ANR del deputato Clinton Roosevelt - 1841

Il deputato di New York Clinton Roosevelt era un cugino del XIX secolo di Franklin Delano Roosevelt, nonché parente del Presidente Theodore Roosevelt, di John Quincy Adams e del Presidente Martin Van Buren. L'unica opera letteraria di Clinton Roosevelt è contenuta in un raro libretto del 1841.[74] Si tratta essenzialmente di una discussione socratica tra l'autore Roosevelt e un "produttore" che presumibilmente rappresenta il resto di noi (cioè i molti). Roosevelt propone un governo totalitario sulla falsariga della società di 1984 di George Orwell, in cui tutta l'individualità è sommersa da

---

[73] Per Wall Street e i primi bolscevichi si veda Sutton, *Bolshevik Revolution*, op. cit. Il coinvolgimento di Wall Street nell'ascesa di Hitler e del nazismo tedesco è l'argomento di un libro di prossima pubblicazione.

[74] Clinton Roosevelt, *The Science of Government Founded on Natural Law* (New York: Dean & Trevett, 1841). Di questo libro si conoscono due copie: una presso la Biblioteca del Congresso di Washington D.C. e l'altra presso la Biblioteca dell'Università di Harvard. L'esistenza del libro non è registrata nell'ultima edizione del catalogo della Biblioteca del Congresso, ma è stata registrata nella precedente edizione del 1959 (pagina 75). Un'edizione in facsimile è stata pubblicata da Emanuel J. Josephson, come parte del suo *Roosevelt's Communist Manifesto* (New York: Chedney Press, 1955).

una collettività gestita da un gruppo aristocratico elitario (cioè i pochi) che promulga tutta la legislazione. Roosevelt chiedeva l'abbandono definitivo, ma non immediato, della Costituzione P. [Produttore] Ma lo chiedo di nuovo: Abbandonereste subito le vecchie dottrine della Costituzione?

A. [In nessun caso. Non più di quanto, se uno fosse in una nave che perde, dovrebbe saltare in mare per salvarsi dall'annegamento. È una nave messa insieme frettolosamente quando abbiamo lasciato la bandiera britannica, e allora si pensava a un esperimento di dubbia efficacia.[75]

Questa prima espressione di scetticismo della famiglia Rooseveltiana nei confronti della Costituzione riporta alla mente il rifiuto della Corte Suprema nell'ottobre del 1934 (*Schechter Poultry Corp. v. U.S.*) di un altro allontanamento rooseveltiano, un allontanamento "senza regole", secondo la Corte, dalle regole di una società costituzionale: il National Recovery Act, esso stesso una strana replica del programma di Clinton Roosevelt del 1841 per un'economia collettiva.

Il precedente sistema roosveltiano dipendeva "in primo luogo dall'arte e dalla scienza della cooperazione. Si tratta di mettere in campo l'intero per il nostro reciproco vantaggio".[76] È proprio la cooperazione, cioè la capacità di far valere l'intero per l'interesse di pochi, che, come abbiamo visto, è il tema dominante degli scritti e delle prediche di Otto Kahn, Robert Brookings, Edward Filene, Myron Taylor e degli altri filosofi-finanzieri discussi nel Capitolo 5. Nello schema di Roosevelt ogni uomo sale attraverso determinati gradi del sistema sociale e viene assegnato alla classe di lavoro a cui è più adatto, mentre la scelta dell'occupazione è strettamente circoscritta. Nelle parole di Clinton Roosevelt:

---

[75] Ibidem.

[76] Ibidem.

P. A chi spetterà il compito di nominare le classi?

A. Il Gran Maresciallo.

P. Chi sarà responsabile che gli uomini nominati siano i più qualificati ?

A. Un tribunale di fisiologi, filosofi morali, agricoltori e meccanici, scelti dal Gran Maresciallo e responsabili nei suoi confronti.

P. Costringereste un cittadino a sottomettersi alle loro decisioni nella scelta di una vocazione?

A. No. Se qualcuno di buona volontà insistesse, potrebbe provare fino a trovare l'occupazione più congeniale ai suoi gusti e sentimenti.[77]

Nel sistema la produzione doveva essere equiparata al consumo, e la gestione di "eccessi e carenze" rifletteva le idee perseguite nel Piano Swope,[78] la base letteraria dell'ANR di Roosevelt. Il sistema è certamente simile a quello utilizzato dal War Industries Board di Bernard Baruch durante la Prima Guerra Mondiale. Clinton Roosevelt descrive così i compiti del Marshal of Creation, il cui compito è quello di bilanciare produzione e consumo:

P. Qual è il compito del maresciallo dell'ordine creatore o produttore?

A. Deve stimare la quantità di prodotti e manufatti necessari per produrre una sufficienza in ogni dipartimento sotto di lui. Quando è in funzione, deve segnalare le eccedenze e le carenze al Gran Maresciallo.

---

[77] Ibidem.

[78] Si veda l'Appendice A.

P. Come può scoprire tali eccessi e carenze?

A. I vari commercianti gli riferiranno la domanda e le forniture in ogni settore di attività, come si vedrà in seguito.

P. Sotto questo ordine ci sono l'agricoltura, le manifatture e il commercio, come mi sembra di capire. Qual è dunque il compito del Maresciallo dell'Agricoltura?

A. Dovrebbe avere sotto di sé quattro regioni, o in caso contrario il commercio estero deve colmare la mancanza.

P. Quali sono le quattro regioni?

A. La regione temperata, la regione calda, la regione calda e la regione acquatica.

P. Perché dividerli così?

A. Perché i prodotti di queste diverse regioni richiedono sistemi di coltivazione diversi e sono propriamente soggetti a menti diverse.[79]

C'è poi un Maresciallo dei Costruttori che supervisiona l'intero sistema, simile alla posizione di Baruch come dittatore economico nel 1918 e a quella di Hugh Johnson come amministratore della National Recovery Administration nel 1933. Le funzioni del Marshal sono descritte da Clinton Roosevelt come segue:

P. Quali sono i compiti del Maresciallo dei Costruttori?

A. Divide gli uomini in cinque classi generali, secondo il diagramma stampato.

---

[79] Clinton Roosevelt, La scienza del governo fondata sulla legge naturale, op. cit.

1°. I produttori di tutti i mezzi di difesa contro le intemperie.

2d. Tutti i tipi di cibo.

3d. Metalli e minerali.

4°. Prodotti chimici.

5°. Macchinari.

Tutti questi hanno sugli schemi stampati degli stendardi, con una gloria su un lato e un motto appropriato sul retro, che mostrano il vantaggio di ciascuna classe rispetto a tutte le altre: e tra l'altro, vorremmo sottolineare che questo dovrebbe essere adottato universalmente, per dare una giusta direzione all'amore dell'uomo per la gloria.

Facendo riferimento alla tabella e a quanto osservato in precedenza, i compiti degli ufficiali di questo dipartimento saranno tutti evidenti.

Le categorie industriali del 1841 non sono ovviamente esattamente quelle del 1930, ma è possibile rintracciare una somiglianza generalizzata. La prima divisione è quella dell'abbigliamento e dei tessuti, limitata nel 1841 al cotone, alla lana e al lino, ma estesa oggi ai materiali sintetici, comprese le materie plastiche e le fibre. La 2a divisione è quella dedicata ai prodotti alimentari. La 3a divisione è dedicata alle materie prime, mentre la 4a comprende i medicinali. La quinta è quella dei macchinari. Oggi la quinta divisione comprende le numerose suddivisioni dell'ingegneria elettronica, meccanica e civile, ma le cinque categorie potrebbero essere utilizzate per dividere un'economia moderna.

La società di Clinton Roosevelt può essere riassunta nella sua frase: "Il sistema dovrebbe governare, e il sistema dovrebbe guardare principalmente al bene generale".

La dittatura di guerra di Bernard Baruch

Mentre il Federal Reserve System e il suo monopolio legale privato dell'offerta di moneta sono stati una fonte di ricchezza per i suoi operatori, l'obiettivo finale di far funzionare la società per pochi, come delineato da Frederick Howe e Clinton Roosevelt, può essere raggiunto solo attraverso il controllo pianificato dell'intera economia, che richiede l'adesione obbligatoria dei molti piccoli imprenditori ai dettami dei pochi che decidono i piani da seguire.

La genesi dell'NRA di Roosevelt, un sistema che prevedeva l'adesione obbligatoria dei piccoli imprenditori a un piano elaborato dalle grandi imprese, può essere rintracciata nel War Industries Board statunitense di Bernard Baruch, istituito ed elaborato come misura d'emergenza in tempo di guerra. Nel 1915, prima che gli Stati Uniti entrassero nella Prima Guerra Mondiale, Howard E. Coffin, allora presidente della General Electric, era a capo del Comitato statunitense per la preparazione industriale. Insieme a Bernard Baruch e Daniel Willard della Baltimore and Ohio Railroad, Coffin fu anche membro della Commissione consultiva del Consiglio di Difesa Nazionale. Nel 1915 Bernard Baruch fu invitato dal presidente Woodrow Wilson a progettare un piano per un comitato di mobilitazione della difesa. Questo piano di Baruch divenne poi il War Industries Board, che assorbì e sostituì il vecchio General Munitions Board. Margaret L. Coit, biografa di Baruch, descrive il War Industries Board come un concetto simile alle associazioni commerciali cooperative, un dispositivo a lungo desiderato da Wall Street per controllare i rigori indesiderati della concorrenza sul mercato:

Comitati industriali, grandi e piccole imprese, entrambi rappresentati a Washington e con una rappresentanza a Washington in patria: questa potrebbe essere la spina dorsale dell'intera struttura.[80]

---

[80] Margaret L. Coit, Mr. Baruch (Boston: Houghton, Mifflin, 1957), p. 147.

Nel marzo 1918 il Presidente Wilson, senza l'autorizzazione del Congresso, aveva conferito a Baruch più poteri di quanti ne fossero stati concessi a qualsiasi altro individuo nella storia degli Stati Uniti. Il War Industries Board, con Baruch come presidente, divenne responsabile della costruzione di tutte le fabbriche e della fornitura di tutte le materie prime, di tutti i prodotti e di tutti i trasporti, e tutte le decisioni finali spettavano al presidente Bernard Baruch. In breve, Baruch divenne il dittatore economico degli Stati Uniti, o "Maresciallo dei Produttori" secondo lo schema di Clinton Roosevelt. Tuttavia, come sottolinea Margaret Coit, "... la creazione di questo ufficio non fu mai specificamente autorizzata da una legge del Congresso".[81]

Così, nell'estate del 1918, Baruch, con poteri straordinari e anticostituzionali, aveva, secondo le sue stesse parole, "finalmente sviluppato uno schema di "controllo" positivo sulla maggior parte del tessuto industriale... Il successo ha generato il coraggio di altri successi, e commercio dopo commercio è stato preso sotto controllo con una crescente volontà da parte degli interessi coinvolti".[82]

Al momento dell'armistizio il W.I.B. era composto da Baruch (presidente), Alexander Legge della International Harvester (vicepresidente), con E.B. Parker e R.S. Brookings (di cui abbiamo già esaminato le idee) incaricati di fissare i prezzi. Assistenti del presidente erano: Herbert Bayard Swope, fratello di Gerard Swope della General Electric; Clarence Dillon dello studio Dillon, Read &

---

[81] Ibidem, p. 172.

[82] Bernard M. Baruch, American Industry in the War: A Report of the War Industries Board (March 1921), con un'introduzione di Hugh S. Johnson (New York: Prentice-Hall, 1941) (che include "una ristampa del rapporto del War Industries Board della Prima Guerra Mondiale, il programma dello stesso Baruch per la mobilitazione totale della nazione presentato alla War Policies Commission nel 1931, e materiale attuale sulle priorità e la fissazione dei prezzi").

Co. di Wall Street; Harrison Williams e Harold T. Clark.[83]

Il rapporto finale di Baruch sull'attività del W.I.B. era molto più di una storia delle sue operazioni; era anche un piano specifico e una raccomandazione per la pianificazione economica in tempo di pace.

Baruch non si accontentò semplicemente di riassumere le lezioni da apprendere per la pianificazione in guerra o per la preparazione industriale in tempo di pace. Al contrario, le conclusioni di Baruch erano dirette, secondo le sue stesse parole, alle "pratiche industriali della pace" e a formulare raccomandazioni "relative alle pratiche commerciali dei tempi normali". La maggior parte delle conclusioni riguarda il passaggio da un sistema economico pianificato in tempo di guerra a un sistema economico pianificato in tempo di pace, e anche i suggerimenti per le pratiche di guerra sono legati alle funzioni del tempo di pace. Baruch suggerì che i più importanti "insegnamenti bellici diretti da trarre" dal funzionamento del War Industries Board erano:

> 1. L'istituzione di un'organizzazione scheletrica in tempo di pace con 50 divisioni per i prodotti di base, che si riunisse per tenere il passo con lo sviluppo dell'industria e sviluppare informazioni. L'idea di fondo di questa proposta era che le informazioni necessarie per la pianificazione in tempo di pace dovessero essere raccolte e che la direzione dell'organizzazione dovesse derivare dalla grande industria.
> 2. Che il governo "dovrebbe escogitare un sistema per proteggere e stimolare la produzione interna di alcune materie prime utilizzate in guerra", e

---

[83] Per un elenco completo del personale del W.I.B. si veda Grosvenor B. Clarkson, Industrial America in the World War (New York: Houghton, Mifflin, 1923), Appendice III. Alla luce del successivo Capitolo 11, è interessante notare che numerosi membri del comitato del W.I.B. avevano uffici al 120 di Broadway, tra cui Murry W. Guggenheim, Stephen Birch (Kennecott Copper), Edward W. Brush (American Smelting and Refining), F. Y. Robertson (United States Smelting and Refining). Y. Robertson (United States Metals Refining Co.), Harry F. Sinclair (Sinclair Refining Co.), Charles W. Baker (American Zinc) e Sidney J. Jennings (United States Smelting, Refining and Mining Co.).

3. Che le industrie legate alla guerra dovrebbero essere incoraggiate dal governo a mantenere organizzazioni scheletriche da utilizzare in tempo di guerra.

A parte questi suggerimenti piuttosto elementari, nel rapporto Baruch si occupa esclusivamente della "pianificazione" in tempo di pace. In primo luogo ci viene presentata la frottola che, in qualche modo non dichiarato, "i processi del commercio" sono cambiati e sono ora costretti a cedere di fronte a "certi nuovi principi di supervisione". Questo non sequitur è seguito dall'affermazione:

Siamo stati gradualmente costretti ad abbandonare la vecchia dottrina del diritto anglo-americano, secondo cui la sfera del governo dovrebbe essere limitata alla prevenzione di violazioni contrattuali, frodi, lesioni fisiche e danni alla proprietà, e che il governo dovrebbe esercitare la sua protezione solo su persone non competenti.

È necessario, scrive Baruch, che il governo "allunghi il braccio" per proteggere "gli individui competenti dalle pratiche discriminatorie del potere industriale di massa". Baruch indica il controllo federale delle ferrovie e della flotta mercantile, ma non spiega perché i rappresentanti del grande capitale sarebbero i più adatti a esercitare questo controllo. In altre parole, non viene spiegato *perché* la volpe sia proposta come l'essere più competente per gestire il pollaio. Baruch critica poi le leggi antitrust Sherman e Clayton, sostenendo che questi statuti non sono altro che tentativi di costringere l'industria a conformarsi a "principi più semplici, sufficienti per le condizioni di un tempo passato", e loda i risultati ottenuti dal War Industries Board perché ha costruito centinaia di associazioni commerciali che controllano i prezzi e i metodi di distribuzione e produzione:

> *Molti uomini d'affari hanno sperimentato durante la guerra, per la prima volta nella loro carriera, gli enormi vantaggi, sia per loro stessi che per il pubblico in generale, della combinazione, della cooperazione e dell'azione comune con i loro concorrenti naturali.*

Se questi attributi cooperativi non vengono mantenuti, sostiene Baruch, gli uomini d'affari saranno tentati "e molti di loro non saranno in grado di resistere" a condurre "i loro affari per un guadagno privato con scarso riferimento al benessere pubblico generale". D'altra parte, le associazioni di categoria possono essere di grande utilità pubblica per raggiungere il fine desiderato della cooperazione. Baruch conclude:

> *La domanda che ci si pone è quindi quale tipo di organizzazione governativa possa essere escogitata per salvaguardare l'interesse pubblico mentre queste associazioni vengono preservate per portare avanti il buon lavoro di cui sono capaci.*

Baruch, come ogni buon socialista, propone organizzazioni governative per sviluppare questi principi di cooperazione e coordinamento.

Se il lettore si libera per un momento dell'idea di un antagonismo reciproco tra comunismo e capitalismo, potrà facilmente vedere negli scritti di Bernard Baruch gli obiettivi di base di Karl Marx che scrive nel *Manifesto Comunista*. Ciò che differisce tra i due sistemi sono i nomi dei pochi elitari che gestiscono l'operazione nota sul sito come pianificazione statale; l'avanguardia del proletariato in Karl Marx è sostituita dall'avanguardia delle grandi imprese in Bernard Baruch.

Chi guadagnerebbe dalla proposta di Baruch? Il consumatore? Per niente, perché gli interessi dei consumatori sono *sempre* protetti dalla libera concorrenza nel mercato, dove i beni e i servizi sono prodotti al minor costo, nel modo più efficiente, e al consumatore è data la massima scelta tra i produttori concorrenti. A trarre vantaggio dalle proposte di Baruch sarebbero i pochi che controllano i principali settori industriali, in particolare il ferro e l'acciaio, le materie prime, i prodotti elettrici, cioè quelle industrie già ben consolidate che temono la concorrenza di nuovi arrivati più intraprendenti. In altre parole, a trarre vantaggio dalla sua proposta sarebbero Bernard Baruch e la cricca di Wall Street che controlla efficacemente le grandi imprese attraverso i suoi consigli di amministrazione incrociati. Il punto cruciale è quindi: chi trae vantaggio da queste proposte di associazioni di categoria e di coordinamento governativo dell'industria? Il principale, anzi l'unico grande beneficiario - a parte gli sciami di consulenti accademici, burocrati e pianificatori - sarebbe l'élite finanziaria di Wall Street.

Ecco quindi, con le parole e le idee di Baruch, l'attuazione dell'ingiunzione di Frederic Howe di "far lavorare la società per te", il monopolista. Anche questa è una proposta paragonabile al sistema di Clinton Roosevelt. Non ci sono prove che Baruch avesse sentito parlare di Clinton Roosevelt. Non c'era bisogno che lo facesse; i vantaggi della restrizione del commercio e delle opportunità sono sempre stati evidenti per le imprese già affermate. Non sorprenderà quindi trovare Bernard Baruch al centro dell'NRA di Roosevelt, che a sua volta ricalca molte delle proposte di Baruch del dopoguerra, e che aveva investito 200.000 dollari nell'elezione di FDR. Questo spiega perché i collaboratori di Baruch nella Prima Guerra Mondiale compaiono nel New Deal. Il generale Hugh Johnson, ad esempio, trascorse gli anni Venti a studiare l'organizzazione industriale a spese di Baruch e nel 1933 emerse come capo della National Recovery Administration. Questo spiega anche perché Franklin Delano Roosevelt, anch'egli un Wall Streeter per gran parte degli anni Venti, fu cofondatore, insieme a Herbert Hoover - un altro Wall Streeter degli anni Venti - della prima delle associazioni commerciali proposte da Baruch, l'American Steel Construction Association, di cui si parlerà nel prossimo capitolo.

Parallelamente alle idee di Bernard Baruch, che si sono concretizzate nell'NRA, c'è un esempio contemporaneo di socialismo aziendale molto più riuscito nella pratica: il Federal Reserve System.

Paul Warburg e la creazione del sistema della Federal Reserve

Anche se molti hanno contribuito, o pensavano di farlo, alla creazione della legislazione sulla Federal Reserve, il sistema è stato essenzialmente frutto della mente di un solo uomo: Paul Warburg, fratello di Max Warburg, che abbiamo conosciuto nel Capitolo 3. Paul Moritz Warburg (1868-1932) discendeva dalla famiglia di banchieri tedeschi Oppenheim. Dopo una prima formazione presso gli uffici di Samuel Montagu & Co. a Londra e della Banque Russe Pour le Commerce Étranger a Parigi, Warburg entrò nella banca di famiglia M.M. Warburg & Co. ad Amburgo. Nel 1902 Warburg divenne socio della banca newyorkese Kuhn, Loeb & Co. pur continuando a essere socio della Warburg's di Amburgo. Cinque anni dopo, sulla scia del panico finanziario del 1907, Warburg scrisse due pamphlet sul sistema bancario statunitense: Defects and Needs of our Banking System e A Plan for a Modified Central Bank.[84]

Negli anni successivi al 1907, Warburg non perse occasione per parlare e scrivere pubblicamente della necessità di una riforma bancaria e valutaria negli Stati Uniti e nel 1910 propose formalmente una United Reserve Bank of the United States. Questo piano si trasformò nel Federal Reserve System e Warburg fu nominato dal presidente Woodrow Wilson membro del primo Federal Reserve Board. Durante la Prima guerra mondiale, Warburg fu oggetto di forti critiche a causa del ruolo del fratello Max in Germania e non fu riconfermato nel Consiglio di amministrazione nel 1918. Tuttavia, dal 1921 al 1926, dopo che le critiche si erano attenuate, Warburg divenne membro del Consiglio consultivo del Federal Reserve Board e ne fu presidente dal 1924 al 1926.

Dopo l'approvazione del Federal Reserve Act del 1913, Warburg e i suoi soci bancari di si misero subito a utilizzare il monopolio bancario legale per i propri fini e scopi, come suggerito da Frederic Howe. Nel 1919 Warburg organizzò l'American Acceptance Council e ricoprì la carica di presidente del suo comitato esecutivo nel 1919-20 e di presidente nel 1921-22. Poi, nel 1921, Warburg organizzò e organizzò l'American Acceptance Council. Nel 1921 Warburg organizzò e divenne presidente della banca privata International Acceptance Bank, Inc. pur continuando a far parte del

---

[84] Si veda anche Paul Warburg, *The Federal Reserve System, Its Origin & Growth*; Reflections & Recollections (New York: Macmillan, 1930).

Consiglio consultivo del Federal Reserve Board. Nel 1925 Warburg aggiunse altre due banche private di accettazione: la American and Continental Corp. e la International Acceptance Trust Co. Queste banche erano affiliate alla Bank of the Manhattan Company, controllata da Warburg. A margine, si può notare che Paul Warburg era anche direttore dell'American IG Chemical Corp, la filiale americana della IG Farben in Germania. La IG Farben ebbe un ruolo di primo piano nel portare Hitler al potere nel 1933 e produsse il gas Zyklon-B utilizzato nei campi di concentramento nazisti. Warburg è stato membro fondatore della Carl Schurz Memorial Foundation, un'organizzazione di propaganda fondata nel 1930, direttore del prestigioso Council on Foreign Relations, Inc. e amministratore della Brookings Institution.

Ma fu grazie al monopolio virtuale dell'accettazione bancaria statunitense, ottenuto dalla International Acceptance Bank Inc. e dalle sue unità affiliate, che Warburg riuscì a far lavorare la società per i Warburg e i loro amici bancari. Lo storico revisionista Murray Rothbard ha esaminato le origini dell'inflazione degli anni Venti che portò al crollo del 1929 e fa questa osservazione pertinente:

Sebbene l'acquisto di titoli statunitensi sia stato maggiormente pubblicizzato, le banconote acquistate erano almeno altrettanto importanti, se non addirittura più importanti degli sconti. Le banconote acquistate hanno guidato la parata inflazionistica del credito della Riserva nel 1921 e 1922, sono state molto più importanti dei titoli nell'impennata inflazionistica del 1924 e altrettanto importanti in quella del 1927. Inoltre, le banconote acquistate da sole hanno continuato lo stimolo inflazionistico nella fatale ultima metà del 1928.[85]

Che cos'erano queste "banconote comprate" indicate da Rothbard come il principale responsabile della depressione del 1929? Le banconote acquistate erano accettazioni, e quasi tutte erano

---

[85] Murray N. Rothbard, America's Great Depression (Los Angeles: Nash Publishing Corp. 1972), pag. 117.

accettazioni bancarie.

Chi ha creato il mercato dell'accettazione negli Stati Uniti, in gran parte sconosciuto prima del 1920? Paul Warburg.

Chi ha ottenuto la parte del leone in questa attività di accettazione a tassi artificialmente bassi e sovvenzionati? La International Acceptance Bank, Inc.

Chi era la International Acceptance Bank, Inc? Il suo presidente era Paul Warburg, con Felix Warburg e James Paul Warburg come co-amministratori. Tuttavia, un'analisi più attenta della composizione delle banche (vedi sotto a pagina 95) suggerisce che si trattava di un veicolo che rappresentava l'élite finanziaria di Wall Street.

I Warburg e i loro amici di Wall Street sapevano dove avrebbe portato la loro politica finanziaria? In altre parole, le loro politiche finanziarie degli anni Venti avevano elementi di deliberazione? Esiste un memorandum di Paul Warburg in cui si afferma chiaramente che le banche avevano la capacità di prevenire l'inflazione:

Se il governo e le banche degli Stati Uniti fossero automi impotenti, l'inflazione sarebbe senza dubbio inevitabile. Ma è offensivo per le nostre banche dare l'impressione che non siano in grado di cooperare in un piano comune di protezione, come ad esempio mantenere tutte le riserve di contanti più alte di quanto richiesto dalla legge, se davvero un tale passo dovesse diventare consigliabile per la maggiore sicurezza del Paese.[86]

Di conseguenza, Rothbard conclude giustamente:

> *Di certo, il ruolo di primo piano di Warburg nel Federal Reserve System non era estraneo al fatto che egli*

---

[86] Senato degli Stati Uniti, Hearings, Munitions Industry, Part 25, op. cit., p. 8103.

> *raccogliesse la parte del leone dei benefici derivanti dalla sua politica di accettazione.*[87]

In breve, la politica di creazione di accettazioni a tassi artificiali sovvenzionati non solo fu inflazionistica, ma fu il fattore più importante, apparentemente una politica bancaria deliberata, che portò all'inflazione degli anni '20 e al crollo finale del 1929, facendo apparire necessario il New Deal di FDR o la pianificazione economica nazionale. Inoltre, come afferma Rothbard, si trattava della "...concessione di un privilegio speciale a un piccolo gruppo a spese del pubblico in generale". In altre parole, Wall Street ha fatto sì che la società americana lavorasse per un oligopolio finanziario.

Il piano rivoluzionario di Warburg per convincere la società americana a lavorare per Wall Street era sorprendentemente semplice. Ancora oggi, nel 1975, i teorici accademici coprono le loro lavagne con equazioni prive di significato e il pubblico in generale lotta con sconcerto contro l'inflazione e l'imminente crollo del credito, mentre la spiegazione abbastanza semplice del problema non viene discussa e quasi del tutto incompresa. Il Federal Reserve System è un monopolio privato legale dell'offerta di moneta, gestito a beneficio di pochi con il pretesto di proteggere e promuovere l'interesse pubblico.

Rivoluzionario? Sì, certo! Ma come ha commentato uno degli ammirati biografi di Warburg:

> *Paul M. Warburg è probabilmente l'uomo più mite che abbia mai condotto personalmente una rivoluzione. È stata una rivoluzione incruenta: non ha cercato di sollevare la popolazione alle armi. Si è fatto avanti armato semplicemente di un'idea. E conquistò. Questo è l'aspetto sorprendente. Un uomo timido e sensibile, impose la sua idea a una nazione di cento milioni di*

---

[87] Murray Rothbard, La grande depressione americana, op. cit., p. 119.

persone.[88]

In cosa differisce questa rivoluzione di Warburg dalla rivoluzione socialista ? Solo nel fatto che nel socialismo, una volta compiuta la rivoluzione e raccolto il potere dello Stato nelle giuste mani ideologiche, le ricompense personali maturate non sono di solito così sostanziose - anche se i feudi ritagliati dal nazionalsocialismo hitleriano e dai moderni soviet possono mettere in discussione questa osservazione - né i risultati sono così velati. La dittatura monetaria dei sovietici è evidente. La dittatura monetaria del Federal Reserve System viene messa in sordina ed elusa.

Dovremmo poi esaminare più da vicino l'International Acceptance Bank, il veicolo utilizzato per questa rivoluzionaria manovra di sfruttamento, perché fornisce validi segnali del fatto che Wall Street avrebbe anche un reale interesse nella pianificazione economica nazionale e in un New Deal di tipo FDR.

La Banca Internazionale di Accettazione, Inc.

La banca fu fondata nel 1921 a New York e affiliata alla Bank of the Manhattan Company di Warburg. Tuttavia, il consiglio di amministrazione suggerisce che anche gli elementi più importanti di Wall Street avevano un interesse e un controllo significativo nella International Acceptance Bank e ne traevano profitto. Inoltre, troviamo un collegamento sorprendente tra le istituzioni finanziarie affiliate e un piano generale per stabilire il socialismo aziendale negli Stati Uniti.

Come abbiamo notato, Paul M. Warburg era presidente del consiglio di amministrazione; suo fratello Felix, anch'egli socio di Kuhn Loeb & Co. e suo figlio James P. Warburg erano co-amministratori. Il vicepresidente del consiglio di amministrazione era John Stewart Baker, presidente e direttore della Bank of Manhattan Trust Co. e

---

[88] Harold Kellock, "Warburg, the Revolutionist" (Warburg, il rivoluzionario), in The Century Magazine, maggio 1915, p. 79.

della International Manhattan Co. nonché presidente del comitato esecutivo e direttore della Manhattan Trust Co. Baker era anche direttore della American Trust Co. e della New York Title and Mortgage Co. F. Abbot Goodhue era presidente e direttore della International Acceptance Bank, membro del consiglio di amministrazione delle altre banche Warburg e direttore della First National Bank of Boston. Altri direttori della International Acceptance Bank erano Newcomb Carlton, direttore della Chase National Bank controllata da Rockefeller, della Metropolitan Life Insurance Co. controllata da Morgan e di altre importanti società come l'American Express Co., l'American Sugar Refining Co. e l'American Telegraph and Cable Co. Newcomb Carlton era anche un direttore dell'American Telegraph and Cable e un direttore dell'American International Corporation, una società intimamente coinvolta nella rivoluzione bolscevica.[89] Un altro direttore della International Acceptance Bank che era anche direttore della American International Corp. era Charles A. Stone, con sede al 120 di Broadway e direttore della Federal Reserve Bank dal 1919 al 1932. Anche Bronson Winthrop era un direttore sia dell'American International Corp. che dell'International Acceptance Corp. Pertanto, tre direttori dell'International Acceptance Bank avevano rapporti di parentela con l'American International Corp.

Un altro direttore della International Acceptance Bank era David Franklin Houston, che era anche direttore della Carnegie Corp., della Guaranty Trust Co. controllata da Morgan, della U.S. Steel e della A.T.& T., nonché presidente della Mutual Life Insurance Co. Tra gli altri direttori di I.A.B. c'erano Philip Stockton, presidente della First National Bank di Boston e direttore di A.T. & T., General Electric, International Power Securities e molte altre società; William Skinner, direttore di Irving Trust Co, Ltd., Equitable Life Assurance e Union Square Savings Bank; Charles Bronson Seger, direttore di Aviation Corp., Guaranty Trust Co. e W.A. Harriman; Otto V. Schrenk, direttore di Agfa Ansco Corp., Krupp Nirosta e Mercedes Benz Co. e Henry Tatnall, direttore di Girard Trust Co. Paul Warburg è stato anche direttore di Agfa Ansco, Inc.,

---

[89] Si veda Sutton, Rivoluzione bolscevica, op. cit., capitolo 8.

un'azienda posseduta al 60% da I.G. Farben e una "facciata" per I.G. negli Stati Uniti.

In sintesi, i direttori della International Acceptance Bank riflettevano i settori più potenti di Wall Street: i Morgan, i Rockefeller e Harriman, oltre ai banchieri di Boston.

Inoltre, Warburg ha avuto un rapporto intimo e duraturo con i Roosevelt, dall'infanzia al New Deal. Questa associazione Warburg-Roosevelt è illustrata da un estratto delle memorie di James P. Warburg: "Si dava il caso che conoscessi il figlio maggiore del Presidente eletto, James Roosevelt, da alcuni anni, perché aveva vissuto in uno dei cottage della tenuta di mio zio Felix a White Plains".[90]

Più tardi, lo stesso James P. Warburg divenne consulente del presidente Franklin D. Roosevelt per gli affari monetari nazionali e internazionali. Il profondo interesse di Warburg per il programma dell'ANR si riflette in un memorandum di Warburg a FDR del 1933:

> *Memorandum per il Presidente: Problema della valuta nazionale. A mio parere, l'Amministrazione non ha mai affrontato una situazione più grave di quella attuale. L'intero programma di ripresa, che è il cuore della sua politica, è messo a rischio dall'incertezza e dai dubbi in campo monetario. Il National Recovery Act non può funzionare in modo utile se si teme una svalutazione della moneta di entità sconosciuta e se si teme la sperimentazione monetaria. C'è già stata un'enorme fuga di capitali, che continuerà a ritmo crescente finché prevarrà l'incertezza.[91]*

Poi, seguendo la propensione al monopolio di Warburg, James

---

[90] James P. Warburg, The Long Road Home: The Autobiography of a Maverick (Garden City: Doubleday, 1964), p. 106.

[91] Franklin D. Roosevelt e gli affari esteri, Vol. I, p. 325. Memorandum di James P. Warburg a Roosevelt, 24 luglio 1933.

Warburg raccomandò a FDR di centralizzare *tutte le* idee, le azioni e le decisioni monetarie nel Dipartimento del Tesoro e nel Federal Reserve Board.

Ovviamente, questa proposta avrebbe garantito che tutte le decisioni monetarie fossero prese dal gruppo elitario associato alla Banca di Accettazione Internazionale e al Federal Reserve System. Il Segretario del Tesoro nel luglio 1933, quando James Warburg scrisse il suo memorandum a FDR, era William H. Woodin, che era stato direttore della FRB di New York dal 1925 al 1931. Possiamo anche citare le frequentazioni di FDR stesso con il Federal Reserve System. Il suo "zio preferito" Frederic Delano fu nominato vicepresidente del Consiglio della Federal Reserve dal presidente Woodrow Wilson nel 1914 e dal 1931 al 1936 Delano fu presidente del consiglio di amministrazione della Federal Reserve Bank di Richmond, in Virginia. Nel 1934 FDR nominò Delano presidente del National Resources Planning Board.

Nel 1933-34 gli Stati Uniti affrontarono la più grande crisi finanziaria della loro storia. E cosa fece FDR? Chiamò come medici finanziari gli stessi operatori responsabili della crisi, una politica sensata come quella di permettere ai pazzi di gestire il manicomio.

Così troviamo associazioni tra Franklin D. Roosevelt, la famiglia Warburg e il sistema bancario centrale di ispirazione warburghiana che vanno dall'infanzia alla nomina di Warburg a consigliere monetario chiave di FDR. Vedremo più avanti che fu Warburg a determinare la forma finale della National Industrial Recovery Administration. D'altra parte, la famiglia Warburg e i suoi amici di Wall Street controllavano il monopolio privato dell'offerta di moneta noto come Federal Reserve System e, attraverso la International Acceptance Bank, sfruttavano tale monopolio per i propri scopi.

I Padri Fondatori dimostrarono una profonda saggezza e intuizione dei pericoli di un monopolio dell'emissione di cartamoneta che si riflette nell'articolo I, sezione 9 della Costituzione degli Stati Uniti: "Nessuno Stato... potrà fare di alcuna cosa, se non di monete d'oro e d'argento, un mezzo di pagamento per i debiti".

È ormai necessario un ricorso costituzionale contro l'emissione di banconote della Federal Reserve da parte di un monopolio bancario privato, il Federal Reserve System. Si spera che il valore del dollaro non debba essere azzerato, come il marco nella Germania del primo dopoguerra, prima che tale sfida venga avviata e sostenuta dalla Corte Suprema degli Stati Uniti.

Capitolo 7

Roosevelt, Hoover e i Consigli del Commercio

Le persone dello stesso mestiere si riuniscono raramente anche solo per divertirsi e svagarsi, ma la conversazione si conclude con una cospirazione contro il pubblico o con qualche espediente per aumentare i prezzi.

Adam Smith, An Inquiry into the Nature and Causes of the Wealth of Nations (London: George Routledge, 1942), p. 102.

L'idea di far lavorare la società per un gruppo privilegiato al suo interno non è nata né tra i socialisti aziendali di Wall Street, né nella comunità finanziaria in generale, e nemmeno tra i socialisti marxiani. In realtà, la nozione è precedente alla nostra società industriale e c'è un interessante parallelo tra i codici del New Deal americano (che esamineremo più avanti) e la legislazione commerciale inglese del XIII secolo.[92]

Un New Deal medievale

Nel 1291 i conciatori di Norwich, in Inghilterra, furono portati davanti al tribunale locale con l'accusa di aver organizzato e codificato le loro attività conciarie a scapito dei cittadini locali. Due

---

[92] Si veda Erwin F. Meyer, "English Medieval Industrial Codes" in *The American Federationist*, gennaio 1934. Meyer traccia alcuni affascinanti parallelismi tra le corporazioni medievali e la pratica dell'ANR sotto Roosevelt. Nel Medioevo il risultato, come negli anni '30, fu quello di creare "un'oligarchia di capitalisti" nell'economia inglese.

anni dopo, nel 1293, i calzolai e i fabbricanti di selle di Norwich dovettero affrontare accuse simili. "Ungendo" i legislatori, la struttura del potere politico della Norwich medievale si convinse che forse i conciatori avevano bisogno di protezione, dopo tutto.

Questa protezione arrivò a incorporare gli stessi principi di base della pianificazione economica che quasi 700 anni dopo furono proposti nel New Deal di Roosevelt. Così, nel 1307, l'industria conciaria di Norwich fu codificata legalmente e furono prescritti i salari e le condizioni di lavoro, il tutto con il pretesto di proteggere il consumatore, ma in pratica concedendo un monopolio legale ai conciatori.

Nel decennio precedente al New Deal, durante gli anni Venti, Wall Streeter Roosevelt si adoperò per conto delle imprese per promuovere le stesse idee di base, ovvero l'uso del potere di polizia dello Stato per limitare il commercio, promuovere la cooperazione e utilizzare la regolamentazione governativa per inibire la concorrenza indesiderata da parte di concorrenti esterni più efficienti. Le associazioni commerciali degli anni Venti erano più pudiche nelle loro proposte rispetto ai conciatori di Norwich del XIII secolo, ma il principio di fondo era lo stesso.

Purtroppo, il ruolo di Franklin D. Roosevelt nella Wall Street degli anni Venti è stato ignorato dagli storici. Daniel Fusfield osserva correttamente che FDR "prese parte attiva al movimento delle associazioni di categoria che si sarebbe sviluppato nella N.R.A. del primo New Deal";[93] d'altra parte Fusfield, che offre l'unica descrizione esauriente delle attività commerciali di FDR, conclude che il suo atteggiamento nei confronti del mondo degli affari era "un curioso miscuglio". Secondo Fusfield, FDR "insisteva sul fatto che i meri profitti non erano una giustificazione completa per l'attività imprenditoriale", e che un uomo d'affari doveva anche "avere il motivo del servizio pubblico". Per Fusfield questo non era coerente con la partecipazione "a una serie di imprese speculative e

---

[93] Daniel R. Fusfield, *Il pensiero economico di Franklin D. Roosevelt e le origini del New Deal*.

promozionali che avevano poco a che fare con il servizio pubblico".[94]

Fusfield e i suoi colleghi storici dell'era Roosevelt non hanno notato che il "servizio pubblico" per un uomo d'affari è assolutamente coerente con la "massimizzazione del profitto"; infatti, il servizio pubblico è la strada più facile e certamente la più redditizia per la massimizzazione del profitto. Inoltre, più l'attività è rischiosa e speculativa, presumibilmente maggiore è il vantaggio che si può trarre dal servizio pubblico.

Se adottiamo questa visione più realistica del buonismo sociale, l'atteggiamento di Wall Streeter Roosevelt nei confronti delle imprese non è affatto "curioso". Si tratta infatti di un programma coerente di massimizzazione del profitto.

Il Consiglio americano delle costruzioni

L'American Construction Council (A.C.C.), costituito nel maggio 1922, fu la prima delle numerose associazioni di categoria create negli anni Venti, strumenti utilizzati per aumentare i prezzi e ridurre la produzione. La proposta originale e l'impulso per la creazione del consiglio provenivano dal Segretario al Commercio Herbert Hoover, e il consiglio operò sotto la guida di Franklin D. Roosevelt, che aveva appena iniziato la sua carriera a Wall Street dopo essere stato Assistente Segretario della Marina. Gli obiettivi pubblici dichiarati dell'A.C.C. erano un "codice etico" (un eufemismo per indicare la restrizione del commercio), l'efficienza e la standardizzazione della produzione. L'aspetto più importante, ma meno pubblicizzato, è che l'A.C.C. doveva fornire all'industria l'opportunità di fissare i propri prezzi e livelli di produzione senza temere procedimenti antitrust da parte del governo. Il *New York Times* riportava:

> *Sono queste enormi possibilità, nella dedizione al*

---

[94] Ibidem.

> *servizio pubblico e nell'eliminazione degli sprechi, che hanno acceso l'immaginazione di Hoover e Roosevelt e li hanno invitati ad accettare posizioni di leadership nel movimento.[95]*

Come i comitati per la fissazione dei prezzi del War Industries Board di Baruch, l'A.C.C. era in effetti un'associazione industriale primitiva, anche se l'obiettivo dichiarato del consiglio era molto alto:

> *... per porre l'industria delle costruzioni su un piano elevato di integrità ed efficienza e per correlare gli sforzi di miglioramento compiuti dalle agenzie esistenti attraverso un'associazione dedicata al miglioramento del servizio all'interno dell'industria delle costruzioni...".[96]*

e quindi di stabilizzare le condizioni a beneficio dell'industria, del lavoro e del pubblico in generale. Questo obiettivo era anche quello di Baruch per le associazioni di categoria in tempo di pace: regolare l'industria sotto il controllo del governo, citando il bene pubblico. Nell'American Construction Council il bene pubblico fu annunciato come l'eliminazione degli scandali scoperti dalla Commissione Lockwood che indagava sull'industria edilizia di New York.

Tuttavia, poiché quello scandalo riguardava in gran parte l'esclusiva e simili condizioni coercitive imposte agli appaltatori e ai costruttori dalla United States Steel Corporation e dalla Bethlehem Steel, l'annunciato bene pubblico ha poco senso. Questi giganti dell'industria erano controllati dagli interessi di Morgan a Wall Street che, come vedremo, erano anche alla base della proposta dell'A.C.C.. In breve, le presunte condizioni antisociali che un'associazione di categoria avrebbe dovuto risolvere avrebbero potuto essere fermate in modo molto più semplice ed efficace da un

---

[95] The *New York Times*, 15 maggio 1922, p. 19.

[96] Citato in Fusfield, Economic Thought, op. cit., p. 102.

memorandum di J.P. Morgan e dei suoi associati; non c'era alcuna necessità di promuovere un'associazione di categoria per fermare tali abusi. Dobbiamo quindi cercare altrove la ragione delle associazioni di categoria. La vera ragione, ovviamente, è proteggere l'industria dalla concorrenza indesiderata e stabilire condizioni di monopolio per coloro che già operano nel settore. Come ci ha detto Howe, un monopolio legale è la strada sicura per il profitto. È stata la formazione di questo monopolio legale a indurre Roosevelt e Herbert Hoover a unirsi contro l'interesse pubblico, anche se, secondo Freidel:

> *Elliott Brown, amico di FDR, lo mise in guardia dalle tendenze "socialiste" di queste associazioni e in particolare di Hoover. Socialista, perché nel momento in cui si forma un'associazione, il Governo afferma un interesse e lo esprime attraverso un impiegato del Dipartimento del Commercio, che approva o disapprova molte questioni che riguardano l'iniziativa e il benessere di tutti i cittadini (sic).*[97]

Il ruolo di FDR non è davvero sorprendente. All'epoca stava cercando di avviare una carriera imprenditoriale. Aveva contatti politici ed era più che disposto, anzi desideroso, di usarli. D'altra parte, c'è una strana dicotomia nelle idee e nelle pratiche di Herbert Hoover in questo settore del rapporto tra governo e imprese. Herbert Hoover dichiarò la sua adesione ai principi della libera impresa e dell'iniziativa individuale e il suo sospetto verso l'intervento del governo. Queste affermazioni si mescolavano ad altre contrarie che incoraggiavano, anzi autorizzavano, l'intervento del governo per motivi quasi banali. Purtroppo, le Memorie di Herbert Hoover, l'unica fonte finalmente autorevole, non risolvono questi conflitti. L'American Construction Council non è menzionato nelle Memorie di Hoover, anche se il volume II, "Il Gabinetto e la Presidenza", sottolinea i mali dell'intervento del governo nell'economia, indicando il comunismo, il socialismo e il fascismo per commentare: "Questa cura di sinistra per tutti i mali delle imprese" ora appare

---

[97] Freidel, Il calvario, op. cit., p. 152.

come "pianificazione nazionale". Hoover aggiunse che gli "abusi" delle imprese erano solo "marginali" e che, piuttosto che l'intervento del governo, "oltre e meglio di questo c'era la cooperazione della comunità imprenditoriale per curare i propri abusi".[98]

D'altra parte, la corrispondenza privata di Hoover con Roosevelt sull'American Construction Council suggerisce che Hoover, pur essendo favorevole all'intervento del governo, era attento a mascherare questo suo continuo interesse per paura di far ricadere l'opposizione dell'opinione pubblica sulla sua testa e rovinare la proposta. Una lettera di Hoover a Roosevelt del 12 giugno 1923 chiarisce questo punto:

12 giugno 1923

Franklin D. Roosevelt, vicepresidente.

Fidelity and Deposit Company of Maryland 120 Broadway

New York

Mio caro Roosevelt:

> *Sono un po' in difficoltà riguardo al suo telegramma del 7 giugno. Speravo che il Consiglio per le Costruzioni fosse originato esclusivamente dalle industrie, senza pressioni da parte dell'Amministrazione. In caso contrario, il Consiglio assumerà presto la stessa opposizione che tutti gli interventi governativi su questo problema hanno subito.*

> *Il vasto sentimento della comunità imprenditoriale contro l'interferenza del governo tende a distruggere anche uno sforzo volontario se si pensa che sia portato*

---

[98] Le memorie di Herbert Hoover. The Cabinet and the Presidency 1920-1933, (Londra: Hollis and Carter 1952), p. 67.

avanti su ispirazione del governo.

Cordiali saluti

Herbert Hoover

In ogni caso, l'American Construction Council è un'associazione cooperativa di imprese, lavoratori e governo costituita a Washington il 19 giugno su suggerimento e sotto la guida del Segretario Hoover del Dipartimento del Commercio (che) ha mosso i primi passi verso l'attuazione di un programma di impegno nel settore delle costruzioni che, si spera, eliminerà molti dei mali che si sono sviluppati nell'industria durante l'ultimo decennio.[99]

Fu così che il libero imprenditore Herbert Hoover divenne lo sponsor della prima associazione di categoria, l'American Construction Council, che fu progettata per includere architetti, ingegneri, lavoratori edili, appaltatori generali, subappaltatori, produttori di materiali e attrezzature, rivenditori di materiali e attrezzature, interessi obbligazionari, assicurativi e immobiliari e i dipartimenti edilizi dei governi federali, statali e comunali.[100]

La riunione organizzativa dell'American Construction Council si tenne a casa di FDR a New York e vi parteciparono circa 20 persone. Il gruppo ha discusso il concetto di consiglio e in particolare se dovesse essere una camera di compensazione per le diverse associazioni nazionali, una camera di compensazione clericale, o se dovesse essere un'organizzazione attiva, aggressiva (sic) e militante al servizio del bene pubblico dell'industria delle costruzioni.[101]

Si decise all'unanimità che il Consiglio avrebbe dovuto essere

---

[99] The *New York Times*, 9 luglio 1922, VIII 1:3.

[100] The *New York Times*, 15 maggio 1922, p. 19, col. 8.

[101] Verbale del Consiglio esecutivo dell'American Construction Council, 20 giugno 1922. Fascicoli FDR, Gruppo 14: Consiglio americano delle costruzioni.

un'organizzazione militante e aggressiva e non solo un centro di raccolta di informazioni. Questo concetto fu discusso con Dwight Morrow della J.P. Morgan, con Dick, segretario del giudice Gary della U.S. Steel Corporation, con Gano Dunn, presidente della J.G. White Engineering Corporation e con Stone & Webster. È interessante notare che la maggior parte di queste persone e aziende sono presenti nel mio precedente volume, *Wall Street e la rivoluzione bolscevica*.

Dopo che l'establishment finanziario ha espresso il proprio sostegno all'A.C.C., è stata contattata l'industria delle costruzioni in generale per conoscere la sua reazione. Questo lavoro preliminare culminò in una riunione organizzativa all'indirizzo dell'Hotel Washington, a Washington D.C., martedì 20 giugno 1922. Franklin D. Roosevelt fu eletto presidente del consiglio e John B. Larner, vicepresidente dell'American Bankers Association, fu eletto tesoriere. Il presidente del comitato finanziario fu Willis H. Booth della Guaranty Trust Company. Il comitato stabilì quindi le proprie commissioni e stabilì le priorità per i suoi problemi.

L'interpretazione di Roosevelt sulle cause dei problemi dell'industria edilizia è stata riportata dal *New York Times*: "L'arrangiarsi è stato il metodo caratteristico utilizzato dall'industria delle costruzioni negli ultimi anni. Non c'è stato nessun sistema, nessuna cooperazione, nessuna pianificazione nazionale intensiva".

Dopo aver sottolineato che un ferroviere non viene licenziato a causa del maltempo, Roosevelt ha commentato:

> *Nel settore dell'edilizia, tuttavia, c'è quel grande spauracchio della nostra vita economica che è il lavoro stagionale. Tutto il lavoro si concentra nei mesi estivi e non viene portato avanti durante l'inverno. I risultati di questo accatastamento sono evidenti. In estate abbiamo scarsità di manodopera e prezzi alle stelle, in inverno disoccupazione e riduzione dei redditi. L'unica cosa che dura tutto l'anno è l'amarezza degli uomini impegnati*

nel lavoro.[102]

Come propose FDR di cambiare tutto questo?

Gran parte del lavoro può essere distribuito nell'arco dell'anno. Non c'è ragione al mondo per cui un meccanico esperto che vive a New York, per esempio, debba essere chiamato a giugno per aiutare a costruire un edificio pubblico in Georgia. La Georgia può costruire in stagioni dell'anno in cui New York non può farlo; lo stesso vale per la Louisiana e per tutti gli Stati del Sud.

Il suggerimento di Roosevelt, un non sequitur senza scopo, fu che l'industria edile doveva "unirsi per risolvere la situazione: spostare i materiali da costruzione durante la bassa stagione e distribuire la manodopera". In occasione di una prima riunione del consiglio di amministrazione, tenutasi a casa di FDR a New York il 16 maggio 1923, FDR richiamò l'attenzione sulla strada seguita dal consiglio: "L'American Construction Council è stato organizzato, ma francamente non ha fatto un bel niente da allora a oggi, se non raccogliere le quote di circa 115 organizzazioni diverse, credo".

FDR pose ai governatori riuniti una scelta di fondo: volevano continuare con la vecchia strada, "costruire tutto quello che possiamo, pagando qualsiasi prezzo, purché otteniamo gli ordini?". Perché se così fosse, ha detto FDR, "potremmo anche aggiornarci". D'altra parte, ha proseguito, questa non sembra essere l'opinione della maggioranza, e "vogliamo tornare al vero scopo fondamentale del Consiglio, che era quello di prevenire questo genere di cose". È seguita una serie di proposte di risoluzione, adottate all'unanimità, che avrebbero avuto l'effetto di rallentare la costruzione. Il

---

[102] *New York Times*, 4 giugno 1922. Si cerca invano una proposta praticabile e realizzabile per risolvere i presunti problemi dell'industria edilizia. I suggerimenti più validi avanzati da Roosevelt e dai suoi colleghi pianificatori richiedevano di cambiare il clima per consentire la costruzione tutto l'anno o la movimentazione di uomini e materiali tramite "pianificazione". Naturalmente, un sistema di mercato muove uomini e materiali automaticamente, un punto presumibilmente sconosciuto a FDR.

Consiglio continuò ad avere i suoi problemi, riassunti in una lettera del 29 aprile 1924 del vicepresidente esecutivo D. Knickerbocker Boyd a Franklin D. Roosevelt, "per richiamare l'attenzione sulle gravissime condizioni degli affari esistenti in questo momento". Boyd ricordava a FDR che il segretario esecutivo, Dwight L. Hoopingarner, aveva lavorato "praticamente" senza stipendio e che gli erano dovuti 7000 dollari di stipendio arretrato. Boyd ha aggiunto: "Questo non è giusto o corretto e non si deve permettere che continui. Non solo gli dovrebbero essere pagati tempestivamente tutti gli emolumenti arretrati, ma anche assicurargli una pronta retribuzione in futuro, oppure il lavoro dovrebbe essere interrotto". Poi Boyd ha commentato che anche lui si aspettava un compenso per il tempo speso per il lavoro del Consiglio, notando che il tempo speso fino ad oggi ammontava a 3168,41 dollari, oltre alle spese di viaggio. Boyd ha suggerito al Consiglio di affrontare con decisione le proprie responsabilità, di dotarsi di una base finanziaria adeguata o di sciogliersi. Il paragrafo finale della lettera di Boyd dimostra l'obiettivo fondamentale di coloro che promuovono il American Construction Council:

> *Se il Consiglio dovesse scomparire sarebbe, a mio avviso, una calamità per tutto il Paese, perché dubito che, dopo questo secondo tentativo di nazionalizzare la grande industria edilizia su basi umane, si possano trovare abbastanza persone con l'entusiasmo, la fede e la pazienza per fare un terzo tentativo.*

Franklin D. Roosevelt, presidente dell'American Construction Council, aveva sostenuto la necessità di una "pianificazione economica"; ora il vicepresidente esecutivo riconosce uno "sforzo per nazionalizzare" l'industria delle costruzioni. Questo sforzo di organizzare l'industria delle costruzioni sotto l'occhio sonnolento del governo, dichiaratamente per il bene pubblico, è fallito.

Capitolo 8

Wall Street compra il New Deal

B.M. [Bernard Baruch] svolse un ruolo più efficace. Il quartier generale non aveva soldi. A volte non riuscivano nemmeno a pagare la radio per i discorsi del candidato. Non avevano praticamente nulla per portare avanti la campagna nello Stato critico del Maine. Ogni volta che si presentava una crisi, B.M. forniva il denaro necessario o andava a prenderlo.

Hugh S. Johnson, L'aquila blu dall'uovo alla terra
(New York: Doubleday, Doran, 1935), p. 141.
Sulla campagna elettorale di FDR nel 1932.

La campagna presidenziale del 1928 mise di fronte il governatore Alfred E. Smith, un cattolico appoggiato da Tammany Hall e con un'impostazione politica collettivista, contro Herbert Hoover, un quacchero che si professava incline al tradizionale individualismo americano e all'auto-aiuto. Herbert Hoover vinse con 21.392.000 voti contro i 15.016.000 di Smith.

Dove hanno collocato il loro sostegno e la loro influenza i banchieri-filosofi di Wall Street nelle elezioni Smith-Hoover? In base all'interpretazione accettata della filosofia dei finanzieri, il loro sostegno sarebbe dovuto andare a Herbert Hoover. Hoover promosse le tanto amate associazioni di categoria, tanto amate, cioè, dalla comunità finanziaria e imprenditoriale. Inoltre, in *American Individualism*[103] Herbert Hoover chiarì che il sistema ideale per l'America non era, secondo le sue stesse parole, "un sistema di

---

[103] New York: Doubleday, pag. 1922.

laissez faire" ma, al contrario, un'economia regolamentata. D'altra parte, nel 1928 il membro più politico dell'establishment finanziario di Wall Street era John J. Raskob, vicepresidente della Du Pont e della General Motors e direttore della Bankers Trust Co. e della County Trust Co. Su insistenza personale del governatore Al Smith, Raskob divenne presidente del comitato finanziario del Partito Democratico. Raskob è stato anche il maggior contribuente singolo, con oltre 350.000 dollari per la campagna elettorale. Quali erano gli obiettivi politici perseguiti da Raskob e dai suoi alleati che rendevano Al Smith un candidato così attraente?

Nel 1928 gli elementi chiave di quello che divenne il National Recovery Program furono presentati pubblicamente da John J. Raskob, Bernard Baruch e altri esponenti di Wall Street. La promozione dell'NRA di Roosevelt risale in realtà ai discorsi tenuti da Raskob nel 1928 durante la campagna presidenziale di Al Smith. Sebbene sia Al Smith che Herbert Hoover dipendessero pesantemente dal "circolo d'oro" di Wall Street per i fondi elettorali, come dettaglieremo più avanti in questo capitolo, il denaro di Du Pont-Raskob-Baruch era pesantemente presente su Al Smith.

Smith, ovviamente, perse le elezioni del 1928 per i democratici e Herbert Hoover divenne presidente repubblicano. Nonostante il tiepido trattamento riservato a Wall Street, Hoover nominò molti esponenti di Wall Street nei suoi comitati e consigli di amministrazione. Poi, a metà del 1932, dovendo scegliere tra un programma di ripresa nazionale nella forma del Piano Swope e politiche meno fasciste, Hoover rifiutò di istituire il socialismo aziendale, identificò il Piano Swope per quello che era e si attirò le ire di Wall Street sulla sua testa.

Di conseguenza, possiamo tracciare e tracceremo in questo capitolo le proposte di Baruch per la NRA e il sostegno finanziario ai due candidati presidenziali in ogni elezione da parte di Raskob, Baruch, Du Pont, Rockefeller e altri esponenti dell'élite finanziaria. In ogni caso, il sostegno principale andò al candidato democratico disposto a promuovere il socialismo aziendale. Nel 1928 si trattava di Al Smith, che era anche un direttore della Metropolitan Life Insurance Company controllata da Morgan; nel 1930 andò a Roosevelt con i contributi pre-congresso per la competizione Hoover-Roosevelt del 1932. A metà del 1932 seguì il ritiro di gran parte del sostegno di Wall Street a Herbert Hoover e il trasferimento di influenza e denaro verso l'elezione di Roosevelt.

Successivamente, FDR non abbandonò i suoi sostenitori. Il National Recovery Act, con la sua capacità di costringere le piccole imprese, fu promesso e nel giugno 1933 divenne legge. Analizziamo quindi più da vicino questi eventi e le relative prove.

L'influenza di Bernard Baruch su FDR

Secondo le sue stesse dichiarazioni, Hugh Johnson, amministratore dell'NRA di Roosevelt, negli anni Venti ha seguito un programma di formazione sotto la tutela di Bernard Baruch. Johnson racconta questa esperienza come segue:

> *Dubito che qualcuno abbia avuto un accesso più diretto e completo alle fonti di informazione di B.M. e mi ha sempre lasciato mano libera nel consultare e utilizzare gli scienziati e gli esperti di cui avevo bisogno. Per diversi anni sono stato l'unico staff di ricerca che ha mantenuto in modo permanente. Questo lavoro e quello che lo ha preceduto sono stati una grande formazione per il servizio nell'ANR, perché questi studi coprivano un segmento considerevole dell'intera industria americana e l'esperienza con il governo collegava le due cose.[104]*

Lo stesso Johnson considera i discorsi di Raskob del settembre e ottobre 1928 nella campagna di Al Smith come l'inizio dell'NRA di Roosevelt.

> *"Non c'era nulla di particolarmente nuovo nell'essenza o nei principi sviluppati. Avevamo elaborato ed espresso esattamente la stessa filosofia nella campagna di Al*

---

[104] Hugh S. Johnson, The Blue Eagle from Egg to Earth (New York: Doubleday, Doran, 1935), p. 116.

Smith su nel 1928...".[105]

Al Smith, il candidato democratico alle presidenziali del 1928, era, come abbiamo notato, un direttore della Metropolitan Life Insurance, la più grande compagnia di assicurazioni sulla vita degli Stati Uniti, controllata da J.P. Morgan, e la maggior parte dei fondi della sua campagna proveniva dal circolo d'oro di Wall Street. Bernard Baruch delineò il piano dell'ANR il 1° maggio 1930 - giorno propizio per una misura socialista - in un discorso a Boston. Il contenuto dell'ANR era tutto lì, la regolamentazione, i codici, l'applicazione e la carota del benessere per i lavoratori. Il contenuto dell'NRA era tutto lì, la regolamentazione, i codici, l'applicazione delle leggi e la carota del benessere per i lavoratori. L'ANR è stata riproposta da Baruch in una testimonianza davanti al Senato e in discorsi davanti alla Brookings Institution e alla Johns Hopkins University. In tutto, Hugh Johnson conta dieci documenti e discorsi, tutti presentati prima dell'elezione di Roosevelt nel 1932, in cui

> *"si troverà lo sviluppo della filosofia economica della campagna del 1928 e di quasi tutto ciò che è accaduto da allora. Di una parte di questa filosofia l'ANR è stata un'espressione concreta".*[106]

I seguenti estratti del discorso di Baruch del 1° maggio 1930 contengono il nucleo delle sue proposte:

> *Ciò di cui le imprese hanno bisogno è un forum comune in cui i problemi che richiedono cooperazione possano essere considerati e affrontati con la sanzione costruttiva e non politica del governo. Può essere stata una buona politica pubblica quella di proibire per legge tutto ciò che sembrava regolamentare la produzione quando il mondo temeva la carestia, ma è una follia pubblica quella di decretare il funzionamento illimitato di un sistema che periodicamente sbocca masse indigeste di*

---

[105] Ibidem, p. 141.

[106] Ibidem, p. 157.

prodotti non consumabili. Nessun ufficio repressivo, inquisitorio e mediocre risponderà a questa esigenza: dobbiamo avere un nuovo concetto di per questo scopo, un tribunale investito, come la Corte Suprema, di un prestigio e di una dignità tali che i nostri più grandi dirigenti d'azienda saranno lieti di spogliarsi di ogni interesse personale negli affari e di prestarvi servizio. Come la Corte Suprema, deve essere assolutamente non politico.

Non dovrebbe avere il potere di reprimere o costringere, ma dovrebbe avere il potere di convocare conferenze, suggerire e sanzionare o autorizzare una cooperazione di buon senso tra le unità industriali che impedisca alle nostre benedizioni economiche di diventare oneri insopportabili. Il suo unico potere punitivo dovrebbe essere quello di prescrivere le condizioni delle sue licenze e di revocarle in caso di violazione di tali condizioni.

Le sue deliberazioni dovrebbero essere pubbliche e dovrebbero essere interamente scientifiche, redatte come un rapporto di un ingegnere e pubblicate al mondo intero. Un tale sistema salvaguarderebbe l'interesse pubblico e dovrebbe essere sostituito dalle cieche coperte inibitorie degli Sherman e Clayton Acts...

Non si tratta di un governo nel mondo degli affari nel senso che viene qui condannato. È solo un allentamento della presa che il governo ha già preso sulle imprese con le leggi antitrust. Non c'è alcun errore nel limitare la rovinosa produzione in eccesso, una politica che il governo federale sta ora sollecitando con forza all'agricoltura. Tuttavia, se non c'è nulla nel cambiamento di concetto dal precedente burocratico a quello di un forum aperto in cui le imprese possano praticare l'autogoverno di gruppo, agendo di propria iniziativa sotto la sanzione di un tribunale non politico, costruttivo e utile, allora l'idea non è praticabile. Ma che esista la possibilità di un tale autogoverno industriale sotto la sanzione del governo è stato chiaramente dimostrato nel 1918. Molte difficoltà si presentano. In primo luogo, qualsiasi cosa fatta nell'euforia e nel fervore della guerra deve essere accettata come criterio solo con cautela.

Nella regolazione della produzione si tiene conto del prezzo. È un argomento carico di dinamite.

Ci sono altre ovvie riserve. L'idea viene ripresa in questo momento critico perché sembra degna di considerazione come aiuto in un minaccioso sviluppo economico "di portata inusuale" e come alternativa all'interferenza governativa e alla vasta estensione dei poteri politici in campo economico - un'eventualità che, in assenza di un'azione costruttiva da parte delle imprese stesse, è quasi certa come la morte e le tasse.[107]

Baruch auspica, con le sue stesse parole, la resurrezione delle associazioni di categoria, l'allentamento delle leggi antitrust e il controllo dei dirigenti d'azienda e riporta il lettore al War Industries Board del 1918. Certo, Baruch suggerisce "nessun potere di coercizione" e deliberazioni "aperte", ma tali proteste di buona fede hanno poco peso alla luce della storia economica e dei precedenti e furiosi tentativi di creare cartelli e combinazioni per limitare il commercio da parte di questo stesso gruppo. È a questo scopo che è stato fornito sostegno finanziario sia ai candidati democratici che a quelli repubblicani; la maggior parte dei finanziamenti proveniva da un'area geografica relativamente piccola di New York.

Wall Street finanzia la campagna presidenziale del 1928

La direzione del sostegno politico può essere misurata e identificata dal relativo sostegno finanziario. È possibile identificare le origini dei contributi finanziari alle campagne di Smith e Hoover del 1928 e scoprire, contrariamente alle credenze prevalenti, che furono i democratici a ricevere la maggior parte dei fondi da Wall Street; come abbiamo visto, fu nella campagna democratica che i contorni del National Recovery Act furono promulgati per la prima volta da Baruch e Raskob.

Dopo le elezioni presidenziali del 1928, il Comitato Steiwer della

---

[107] Ibidem, pp. 156-7. Corsivo nell'originale.

Camera dei Rappresentanti degli Stati Uniti indagò sulle fonti dei fondi della campagna confluiti nelle elezioni[108]. Le informazioni dettagliate furono pubblicate, ma la Commissione Steiwer non indagò sulle origini e le affiliazioni societarie dei contribuenti: si limitò a elencare i nomi e gli importi dei contributi. La tabella XIII del rapporto è intitolata "Persone che hanno contribuito con somme pari o superiori a 5.000 dollari per conto del candidato presidenziale repubblicano". Il candidato repubblicano alla presidenza era, ovviamente, Herbert Hoover. Questa tabella elenca i nomi completi e gli importi dei contributi, ma non l'affiliazione dei contribuenti. Analogamente, la Tabella XIV del rapporto è intitolata "Persone che hanno contribuito con somme pari o superiori a 5.000 dollari per conto del candidato democratico alla presidenza". Anche in questo caso vengono forniti i nomi completi e gli importi, ma non vengono indicate le affiliazioni delle persone.

Questi elenchi sono stati presi e confrontati dall'autore con l'*Elenco dei direttori della città di New York 1929-1930*.[109] Quando il contributore elencato dal Comitato Steiwer è stato identificato come avente un indirizzo entro un raggio di un miglio dal numero 120 di Broadway a New York, sono stati annotati il nome e l'importo del contributo. Non sono state annotate le persone che non figuravano nell'elenco e che probabilmente risiedevano al di fuori di New York, ma sono state registrate le somme di denaro versate dai non residenti a New York. In altre parole, dai dati del Comitato Steiwer sono stati ricavati due totali: (1) i contributi delle persone elencate come direttori di società con sede a New York e (2) i contributi di tutte le altre persone. Inoltre, è stato compilato un elenco di nomi dei contribuenti di New York. In pratica, la procedura di ricerca è stata sbilanciata verso l'inclusione degli amministratori con sede a New

---

[108] Congresso degli Stati Uniti, Commissione speciale del Senato che indaga sulle spese della campagna presidenziale, Presidential Campaign Expenditures. Relazione ai sensi della S. Res. 234, 25 febbraio (giorno del calendario, 28 febbraio), 1929. 70° Congresso, 2a sessione. Senate Rept. 2024 (Washington: Government Printing Office, 1929). Di seguito citato come Rapporto della Commissione Steiwer.

[109] New York: Directory of Directors Co., 1929.

York. Ad esempio, nell'elenco del Partito Democratico Van-Lear Black è stato indicato dall'autore come non residente a New York, sebbene Black fosse presidente della Fidelity & Casualty Co; la società aveva uffici al 120 di Broadway e Franklin D. Roosevelt era il loro vicepresidente a New York nei primi anni Venti. Tuttavia, Black aveva sede a Baltimora e quindi non era considerato un amministratore di New York. Anche Rudolph Spreckels, il milionario dello zucchero, figura nel rapporto del Comitato Steiwer per un contributo di 15.000 dollari, ma non è elencato nel totale di New York, poiché non aveva sede a New York. Allo stesso modo, James Byrne contribuì con 6500 dollari alla campagna di Smith for President, ma non è elencato tra i direttori di New York - era direttore della Fulton Savings Bank di Brooklyn, fuori dalla cerchia di un miglio. Jesse Jones, il banchiere texano, ha contribuito con 20.000 dollari, ma non figura tra i direttori di New York perché era un banchiere texano e non newyorkese. In altre parole, la definizione di contribuente di Wall Street era molto rigida e coerente.

I principali contribuenti di Wall Street alla campagna di Al Smith per la presidenza - 1928

Nome	Contributi Campagna per il deficit del 1924	1928	1928 contributo al deficit	Totale
John J. Raskob (Du Pont e General Motors)	-	$110,000	$250,000	$360,000
William F. Kenny (W.A. Harriman)	$25,000	$100,000	$150,000	$275,000
Herbert H. Lehman	$10.000	$100.00	$150,000	$260,000
M.J. Meehan (120 Broadway)	-	$50,000	$100,000	$150,000

Fonte: Adattato da Louise Overacker, *Money in Elections* (New York: Macmillan, 1932), p. 155.

In base a questa definizione ristretta, l'importo totale dei contributi dei dirigenti di Wall Street, per lo più legati alle principali banche, alla campagna presidenziale di Al Smith del 1928 è stato di 1.864.339 dollari. L'importo totale dei contributi di persone non appartenenti a questa cerchia dorata è stato di 500.531 dollari, per un totale complessivo di 2.364.870 dollari. In breve, la percentuale dei fondi della campagna di Al Smith for President provenienti da persone che hanno donato più di 5.000 dollari e che sono state identificate come dirigenti di Wall Street è stata del 78,83%. La percentuale di donatori al di fuori della cerchia dorata è stata solo del 21,17%. Guardando al totale dei contribuenti di Al Smith in un altro modo, i grandi contribuenti (oltre 5.000 dollari) alla campagna di Smith, quelli nella posizione migliore per chiedere e ricevere favori politici, hanno messo quasi quattro dollari su cinque.

L'identità dei maggiori finanziatori della campagna di Al Smith e del fondo del Comitato nazionale democratico è riportata nelle tabelle allegate.

Contributori di 25.000 dollari o più al Comitato Nazionale Democratico da gennaio a dicembre 1928 (compresi i contributi elencati nella tabella precedente)

			NOTA
Herbert H. Lehman e Edith A. Lehman	Lehman Brothers e Studebaker Corp.	$135,000	Il principale consigliere politico di FDR
John J. Raskob	Vicepresidente di Du Pont e General Motors	$110,000	Amministratore dell'ANR
Thomas F. Ryan	Presidente, Bankers Mortgage Co., Houston	$75,000	Presidente della Reconstruction Finance Corp.
Harry Payne Whitney	Guaranty Trust	$50,000	Vedi cap. 10: "L'affare Butler".
Pierre S. Du Pont	Du Pont Company, General Motors	$50,000	Vedi cap. 10: "L'affare Butler".
Bernard M. Baruch	Finanziere, 120 Broadway	$37,590	Pianificatore dell'ANR
Robert Sterling Clark	Singer Sewing Machine Co.	$25,000	Vedi cap. 10: "L'affare Butler".
John D. Ryan	National City Bank, Anaconda Copper	$27,000	-
William H. Woodin	General Motors	$25,000	Segretario al Tesoro, 1932

Fonte: Rapporto della Commissione Steiwer, op. cit.

Contributi alle primarie presidenziali democratiche del 1928 da

parte dei direttori della County Trust Company.

Nome del direttore	Contributo alla campagna e deficit	Altre affiliazioni
Vincent Astor	$10,000	Great Northern Railway, U.S. Trust Co. Amministratore fiduciario, Biblioteca pubblica di New York Metropolitan Opera
Howard S. Cullman	$6,500	Vicepresidente, Cullman Brothers, Inc.
William J. Fitzgerald	$6,000	-
Edward J. Kelly	$6,000	-
William F. Kenny	$275,000 **	Presidente e direttore della William F. Kenny Co. Direttore, The Aviation Corp., Chrysler Corp.
Arthur Lehman	$14,000 ***	Partner di Lehman Brothers. Direttore di American International Corp., RKO Corp., Underwood-Elliott-Fisher Co.
M.J. Meehan	$150,000**	61 Broadway
Daniel J. Mooney	-	120 Broadway
John J. Raskob	$360,000 **	Direttore, American International Corp., Bankers Trust Co., Christiania Securities Co. Vicepresidente di E.I. Du Pont de Nemours & Co. e General Motors Corp.
James J. Riordan	$10,000	-
Alfred E. Smith	-	Direttore del candidato presidenziale: Metropolitan Life Insurance Co.
Totale	$842,000	

Note: *I seguenti amministratori della County Trust Company non hanno contribuito (secondo i registri): John J. Broderick, Peter J. Carey, John J. Cavanagh, William H. English, James P. Geagan, G. Le Boutillier, Ralph W. Long, John J. Pulleyn e Parry D. Saylor.

**Comprende i contributi al deficit della campagna.

***Esclude i contributi di altri membri della famiglia Lehman alla campagna presidenziale democratica, per un totale di 168.000 dollari.

Guardando i nomi in queste tabelle, non sarebbe né scortese né ingiusto dire che il candidato democratico è stato comprato da Wall Street prima delle elezioni. Inoltre, Al Smith era un direttore della County Trust Company, e la County Trust Company è stata la fonte di una percentuale straordinariamente elevata di fondi della campagna elettorale democratica.

I fondi elettorali di Herbert Hoover

Quando passiamo alla campagna di Herbert Hoover del 1928, troviamo anche una dipendenza dai finanziamenti di Wall Street, provenienti dal golden mile, ma non nella stessa misura della campagna di Al Smith. Su un totale di 3.521.141 dollari di donazioni per Herbert Hoover, circa il 51,4% proveniva da questo miglio d'oro di New York e il 48,6% dall'esterno del distretto finanziario.

Contributi di 25.000 dollari o più al Comitato Nazionale Repubblicano, da gennaio a dicembre 1928

Famiglia Mellon	Banca nazionale Mellon	$50,000
Famiglia Rockefeller	Standard Oil	$50,000
Famiglia Guggenheim	Fusione del rame	$75,000
Eugene Meyer	Federal Reserve Bank	$25,000
William Nelson Cromwell	Avvocato di Wall Street	$25,000
Otto Kahn	Società fiduciaria Equitable	$25,000
Mortimer Schiff	Banchiere	$25,000
	Totale	$275,000

Fonte: Rapporto della Commissione Steiwer, op. cit.

Herbert Hoover fu ovviamente eletto Presidente; il suo rapporto con l'ascesa del socialismo aziendale è stato frainteso dalla maggior parte delle fonti accademiche e mediatiche. La maggior parte della letteratura di orientamento liberale sostiene che Herbert Hoover fosse una sorta di neanderthal del laissez faire non ricostruito. Ma questa visione è respinta dalle stesse dichiarazioni di Hoover: ad esempio:

> *Coloro che sostengono che durante il periodo della mia amministrazione il nostro sistema economico fosse un sistema di laissez faire hanno una scarsa conoscenza della portata della regolamentazione governativa. La filosofia economica del laissez faire, o "cane mangia cane", era morta negli Stati Uniti quarant'anni prima, quando il Congresso approvò la Commissione per il Commercio Interstatale e le leggi antitrust Sherman.*[110]

Murray Rothbard sottolinea su[111] che Herbert Hoover fu un importante sostenitore del Partito Progressista di Theodore Roosevelt e, secondo Rothbard, Hoover "sfidò in modo neo-marxista la visione ortodossa del laissez-faire secondo cui il lavoro è una merce e i salari devono essere regolati dalle leggi della domanda e dell'offerta".[112] Come Segretario al Commercio Hoover spinse per la cartellizzazione governativa delle imprese e per le associazioni di categoria, e il suo contributo "eccezionale", secondo Rothbard," fu quello di imporre il socialismo all'industria radiofonica", mentre i tribunali stavano lavorando a un sistema ragionevole di diritti di proprietà privata sulle frequenze radio. Rothbard spiega questi tentativi di socialismo con il fatto che Hoover "era... vittima di una comprensione terribilmente inadeguata dell'economia".[113] In effetti, Rothbard sostiene che Herbert Hoover fu il vero creatore del New Deal roosveltiano.

Sebbene le prove qui presentate suggeriscano che Baruch e Raskob abbiano avuto più a che fare con il New Deal di FDR, l'argomentazione di Rothbard è in parte valida. Le politiche pratiche

---

[110] *Le memorie di Herbert Hoover: The Cabinet and the Presidency 1920-1923* (Londra: Hollis and Carter, 1952), p. 300.

[111] *New Individualist Review*, inverno 1966.

[112] Ibidem, p. 5.

[113] Ibidem, p. 10.

di Hoover non erano coerenti. Ci sono alcune azioni a favore del libero mercato e molte azioni contro il libero mercato. Sembra plausibile che Hoover fosse disposto ad accettare una parte, forse una parte sostanziale, di un programma socialista, ma che avesse un limite preciso oltre il quale non era disposto ad andare.

Nel corso degli anni '20, dopo la formazione dell'American Construction Council, vennero adottati più di 40 codici di pratica compilati dalle associazioni di categoria. Quando divenne presidente, e nonostante la sua prima collaborazione con l'A.C.C., Herbert Hoover mise subito fine a questi codici industriali. Lo fece sostenendo che si trattava di associazioni probabilmente illegali per controllare i prezzi e la produzione e che nessun governo poteva regolamentarli nell'interesse del pubblico. Nel febbraio del 1931, la Camera di Commercio degli Stati Uniti formò un gruppo intitolato Comitato per la continuità degli affari e dell'occupazione sotto la guida di Henry I. Harriman. Questo comitato presentò proposte molto simili a quelle del New Deal: la produzione doveva essere bilanciata in modo da eguagliare il consumo, le leggi antitrust Sherman dovevano essere modificate per consentire accordi di restrizione del commercio, doveva essere istituito un consiglio economico nazionale sotto gli auspici della Camera di Commercio degli Stati Uniti, e dovevano essere previsti orari più brevi nell'industria, pensioni e assicurazione contro la disoccupazione. A questo seguì un altro comitato di Hoover, noto come Comitato sui periodi di lavoro nell'industria, guidato da P.W. Litchfield, presidente della Goodyear Tire and Rubber Company. Un'altra commissione, guidata dal presidente della Standard Oil Company del New Jersey Walter Teagle, raccomandò la condivisione del lavoro, una proposta approvata dalla commissione Litchfield. Poi, nel 1931, arrivò il Piano Swope (vedi Appendice A). I piani erano imminenti, ma Herbert Hoover fece ben poco al riguardo.

Così, sotto Herbert Hoover, mentre le grandi imprese si prodigavano nel pubblicizzare piani volti a modificare la legge antitrust Sherman, a consentire l'autoregolamentazione dell'industria e a stabilire codici di restrizione del commercio. Il presidente Herbert Hoover non fece nulla per incoraggiare queste iniziative.

In effetti, Hoover riconobbe il Piano Swope come una misura fascista e lo annotò nelle sue memorie, insieme alla malinconica informazione che Wall Street gli diede la possibilità di scegliere se acquistare il Piano Swope - fascista o meno - e se far sì che il proprio denaro e la propria influenza sostenessero la candidatura di Roosevelt. Herbert Hoover descrisse così l'ultimatum di Wall Street, sotto il titolo "Il fascismo arriva negli affari, con conseguenze terribili":

> *Tra le prime misure fasciste di Roosevelt c'è il National Industry Recovery Act (NRA) del 16 giugno 1933. Le origini di questo schema meritano di essere ripetute. Le idee furono suggerite per la prima volta da Gerard Swope (della General Electric Company) in una riunione dell'industria elettrica nell'inverno del 1932. In seguito furono adottate dalla Camera di Commercio degli Stati Uniti. Durante la campagna elettorale del 1932, Henry I. Harriman, presidente di quell'ente, mi esortò ad accettare di sostenere queste proposte, informandomi che Roosevelt aveva accettato di farlo. Cercai di dimostrargli che questa roba era puro fascismo, che era solo un rifacimento dello "Stato corporativo" di Mussolini e mi rifiutai di accettare qualsiasi cosa. Mi informò che, visto il mio atteggiamento, il mondo degli affari avrebbe sostenuto Roosevelt con denaro e influenza. Questo, per la maggior parte, si dimostrò vero.[114]*

Wall Street sostiene FDR come governatore di New York

Il principale raccoglitore di fondi nella campagna di rielezione di FDR nel 1930 fu Howard Cullman, Commissario del Porto di New York e direttore della County Trust Company. Freidel[115] elenca i contribuenti della campagna del 1930 senza le loro affiliazioni

---

[114] Herbert Hoover, *Le memorie di Herbert Hoover: The Great Depression 1929-1941* (New York: Macmillan, 1952), p. 420.

[115] Freidel, *Il calvario*, op. cit., p. 159.

societarie. Quando identifichiamo le affiliazioni societarie di questi contribuenti, scopriamo ancora una volta che la County Trust Company di 97 Eighth Avenue, New York, aveva un interesse straordinariamente grande nella rielezione di FDR. Oltre a Howard Cullman, i seguenti principali finanziatori della campagna elettorale di FDR erano anche direttori della County Trust Company: Alfred Lehman, Alfred (Al) Smith, Vincent Astor e John Raskob. Un altro direttore era il vecchio amico di FDR Dan Riordan, un cliente dei tempi della Fidelity & Deposit al 120 di Broadway, e William F. Kenny, un altro sostenitore di FDR e direttore della County Trust. Per mettere a fuoco questo elenco, dobbiamo ricordare che Freidel elenca 16 persone come principali contributori di questa campagna, e di queste 16 noi possiamo identificare non meno di cinque come direttori del County Trust e altri due direttori non elencati come noti sostenitori di FDR. Altri importanti finanziatori di Wall Street per la campagna del 1930 furono la famiglia Morgenthau (con i Lehman, i maggiori contribuenti); Gordon Rentschler, presidente della National City Bank e direttore della International Banking Corporation; Cleveland Dodge, direttore della National City Bank e della Bank of New York; Caspar Whitney; August Heckscher della Empire Trust Company (120 Broadway); Nathan S. Jones della Manufacturers Trust Company; William Woodin della Remington Arms Company; Ralph Pulitzer; e la famiglia Warburg. In breve, nella campagna del 1930 la maggior parte del sostegno finanziario di FDR proveniva dai banchieri di Wall Street.

Contribuenti alle spese pre-congressuali di FDR (3.500 dollari e oltre)

Edward Flynn	$21,500	Direttore della Bronx County Safe Deposit Co.
W.H. Woodin	$20,000	Federal Reserve Bank di New York, Remington Arms Co.
Frank C. Walker	$15,000	Finanziere di Boston
Giuseppe Kennedy	$10,000	-
Lawrence A. Steinhardt	$8,500	Membro dello studio Guggenheim, Untermeyer & Marshall, 120 Broadway
Henry Morgenthau	$8,000	Sottobosco-Elliott-Fisher
F.J. Matchette	$6,000	-

Famiglia Lehman	$6,000	Lehman Brothers, 16 William Street
Dave H. Morris	$5,000	Direttore di diverse società di Wall Street
Sara Roosevelt	$5,000	-
Guy P. Helvering	$4,500	
H.M. Warner	$4,500	Direttore, Produttori e distributori cinematografici d'America
James W. Gerard	$3,500	Finanziere, 57 William Street
Totale	$117,500	

Poco dopo la rielezione di FDR nel 1930, questi finanziatori iniziarono a raccogliere fondi per la campagna presidenziale del 1932. Questi contributi "early bird" prima della convention sono stati descritti da Flynn: "Questi contribuenti, che hanno aiutato per tempo quando il bisogno era grande, hanno conquistato così tanto la devozione di Roosevelt che nella maggior parte dei casi alla fine hanno ricevuto sostanziali ritorni in cariche pubbliche e onorificenze".[116]

Wall Street elegge FDR nel 1932

Nel 1932 Bernard Baruch fu l'operatore chiave che lavorò dietro le quinte - e a volte non tanto dietro le quinte - per eleggere FDR, con il denaro e l'influenza delle grandi imprese (si veda l'epigrafe di questo capitolo). Inoltre, Bernard Baruch e Hugh Johnson raccolsero numerose statistiche e materiali nel corso del decennio 1920 a sostegno del loro concetto di pianificazione economica nazionale attraverso le associazioni di categoria. Johnson racconta come queste informazioni divennero disponibili per gli autori dei discorsi di FDR. Durante la campagna elettorale di Roosevelt del 1932:

Ray Moley e Rex Tugwell sono venuti a casa di B.M. e abbiamo esaminato tutto il materiale che B.M. e io avevamo raccolto e sintetizzato nei nostri anni di lavoro. Insieme ad Adolph Berle, avevano da tempo elaborato gli

---

[116] John T. Flynn, "Di chi è figlio l'ANR?". *Harper's Magazine* settembre 1932, pp. 84-5.

> *argomenti di quello che ritenevano essere uno schema ideale di discorsi economici per un candidato alla presidenza, ma avevano pochi fatti. Da quel momento ci unimmo alle forze di Ray Moley e ci mettemmo tutti al lavoro per trovare per Franklin Roosevelt i dati che egli saldò nella straordinaria serie di discorsi sull'economia domestica, espressi in modo semplice, che convinsero il Paese di avere un leader su cui poter contare.*[117]

Rileggendo i discorsi della campagna elettorale di FDR, appare evidente la mancanza di concretezza e di fatti specifici. Presumibilmente l'équipe Moley-Tugwell ha definito il tema generale e Baruch e Johnson hanno introdotto dichiarazioni di supporto in aree quali l'espansione del credito, le conseguenze della speculazione, il ruolo del sistema della Federal Reserve e così via. È notevole, ma forse non sorprendente, che questi discorsi influenzati da Baruch riportassero il lettore alla Prima Guerra Mondiale, citassero l'emergenza contemporanea come più grande di quella della guerra e poi suggerissero sottilmente soluzioni simili a quelle baruchiane. Ad esempio, nel discorso del Jefferson Day Dinner del 18 aprile 1932 Roosevelt disse, o fu spinto a dire:

Confrontate questa politica di ritardo e di improvvisazione, dettata dal panico, con quella escogitata per far fronte all'emergenza della guerra quindici anni fa. Abbiamo affrontato situazioni specifiche con misure ponderate e pertinenti di valore costruttivo. C'erano il War Industries Board, la Food and Fuel Administration, il War Trade Board, il Shipping Board e molti altri.[118]

Poi, il 22 maggio 1932, Roosevelt si rivolse al tema "Il Paese ha bisogno, il Paese esige, una sperimentazione persistente" e chiese una pianificazione economica nazionale. A questo discorso seguì, il

---

[117] Hugh S. Johnson, *L'aquila blu dall'uovo alla terra*, op. cit., pp. 140-1.

[118] *The Public Papers and Addresses of Franklin D. Roosevelt*; Vol. 1, The Genesis of the New Deal, 1928-1932 (New York: Random House, 1938), p. 632.

2 luglio 1932, il primo accenno al New Deal.

Infine, accettando la candidatura alla presidenza a Chicago, FDR disse: "Mi impegno a fare un New Deal per il popolo americano".

NOTA: elenco di Freidel dei contributori pre-congressuali alla campagna presidenziale di Franklin Delano Roosevelt del 1932.

Contributori della Riconvenzione del 1932[119] (oltre 2.000 dollari)	**Affiliazioni**
James W. Gerard	Gerard, Bowen & Halpin (vedi Julian A. Gerard)
Guy Helvering	-
Col. E.M. House, New York	-
Joseph P. Kennedy, 1560 Broadway	Ambasciatore presso la Corte di San Giacomo New England Fuel & Transportation Co.
Henry Morgenthau, Sr.	Bank of N.Y. & Trust Co. (Assistente del Controllore)
Underwood-Elliott-Fisher 1133 Fifth Avenue	American Savings Bank (fiduciario)
Dave Hennen Morris	-
Signora Sara Delano Roosevelt, Hyde Park, New York.	La madre di FDR
Laurence A. Steinhardt 120 Broadway	Guggenheim, Untermeyer & Marshall
Harry M. Warner 321W. 44th St.	Motion Picture Producers & Distributors of America, Inc.
William H. Woodin Segretario del Tesoro	American Car & Foundry; Remington Arms Co.
Edward J. Flynn 529 Courtlandt Ave.	Bronx County Safe Deposit Co.
James A. Farley si aggiunge a questo elenco:	
William A. Julian	Direttore, Central Trust Co.
Jesse I. Straus 1317 Broadway	Presidente, R.H. Macy & Co. Assicurazione sulla vita di New York
Robert W. Bingham	Editore, Louisville Courier-Journal
Basil O'Connor 120 Broadway	Partner legale di FDR

---

[119] Freidel, *Il calvario*, op. cit., p. 172.

Capitolo 9

FDR e i socialisti aziendali

Il Piano Swope

Penso che sia rivoluzionario come tutto ciò che è accaduto in questo Paese nel 1776, o in Francia nel 1789, o in Italia sotto Mussolini o in Russia sotto Stalin.

Il senatore Thomas P. Gore durante le audizioni sulla National Recovery Administration, Commissione finanziaria del Senato degli Stati Uniti, 22 maggio 1933.

Sebbene il New Deal e la sua componente più significativa, la National Recovery Administration (NRA), siano generalmente presentati come la progenie del gruppo di cervelli di FDR, come abbiamo visto i principi essenziali erano stati elaborati nei dettagli molto prima che FDR e i suoi collaboratori salissero al potere. Il gruppo di FDR non fece altro che apporre il timbro di approvazione accademica a un piano già pronto.

Le radici dell'ANR di Roosevelt sono di particolare importanza. Come abbiamo visto nel Capitolo 6, tenendo conto dei grandi cambiamenti nella struttura industriale, la NRA si avvicinava a uno schema elaborato nel 1841 dall'antenato di FDR, l'Assemblyman Clinton Roosevelt di New York.

Abbiamo poi notato che il dittatore della guerra Bernard Baruch stava preparando un programma simile all'ANR negli anni Venti e che lui e il suo assistente Hugh Johnson erano parte integrante della pianificazione preliminare. Inoltre, l'ANR di Roosevelt era nei suoi dettagli un piano presentato da Gerard Swope (1872-1957), presidente di lunga data della General Electric Company.

Questo Piano Swope[120] era a sua volta paragonabile a un piano tedesco elaborato durante la Prima Guerra Mondiale dal suo omologo Walter Rathenau, capo della General Electric tedesca (Allgemeine Elektizitäts Gesellschaft) in Germania, dove era noto come Piano Rathenau. Diamo quindi un'occhiata più da vicino al Piano Swope.

La famiglia Swope

La famiglia Swope era di origine tedesca. Nel 1857 Isaac Swope, un immigrato tedesco, si stabilì a St. Louis come produttore di casse per orologi. Due dei figli di Swope, Herbert Bayard Swope e Gerard Swope, raggiunsero in seguito i vertici dell'imprenditoria americana. Herbert Bayard Swope fu a lungo editore del New York *World*, appassionato di ippodromi, amico intimo di Bernard Baruch e utilizzato da FDR come inviato non ufficiale durante il periodo del New Deal. Il fratello di Herbert, Gerard, fece carriera alla General Electric Company. Swope iniziò come aiutante in fabbrica nel 1893, divenne rappresentante commerciale nel 1899, direttore dell'ufficio di St. Louis nel 1901 e direttore della Western Electric Company nel 1913. Durante la Prima Guerra Mondiale Swope fu assistente del direttore degli acquisti, del magazzino e del traffico del governo federale sotto il generale George W. Goethals e pianificò il programma di approvvigionamento dell'esercito americano. Nel 1919 Swope divenne il primo presidente della International General Electric Company. Il successo nella promozione delle attività estere della G.E. lo portò alla presidenza della G.E. nel 1922 come successore di Edwin Rice, Jr. Swope rimase presidente di G.E. dal 1922 al 1939.

La General Electric era una società controllata da Morgan e aveva sempre uno o due soci di Morgan nel suo consiglio di amministrazione, mentre Swope era anche direttore di altre imprese di Wall Street, tra cui la International Power Securities Co. e la

---

[120] Per il testo completo si veda l'Appendice A.

National City Bank.

Lo sviluppo politico di Gerard Swope iniziò negli anni Novanta del XIX secolo. Il biografo David Loth riferisce che, subito dopo essere arrivato a Chicago, Swope fu introdotto ai socialisti Jane Addams, Ellen Gates Starr, e al loro Hull House Settlement. Questo interesse per gli affari sociali si sviluppò fino a culminare nel piano Swope del 1931 per la stabilizzazione dell'industria, che consisteva per il 90% in uno schema per il risarcimento dei lavoratori, l'assicurazione sulla vita e sull'invalidità, le pensioni di vecchiaia e la protezione contro la disoccupazione. Il piano Swope è un documento straordinario. Un breve paragrafo elimina tutta l'industria dalle leggi antitrust - un obiettivo industriale di lunga data - mentre numerosi lunghi paragrafi illustrano i piani sociali proposti. In sintesi, il Piano Swope era un dispositivo trasparente per gettare le basi dello Stato corporativo, disinnescando la potenziale opposizione dei lavoratori con una massiccia carota assistenziale.

Il piano Swope e la precedente e simile proposta di Bernard Baruch divennero il Roosevelt National Recovery Act. Le origini di Wall Street dell'NRA non passarono inosservate quando la legge fu discussa dal Congresso. Si veda, ad esempio, lo sfogo indignato, ma non del tutto esatto, del senatore Huey P. Long:

> *Vengo qui ora e mi lamento. Mi lamento in nome del popolo del mio Paese, dello Stato sovrano che rappresento. Mi lamento in nome del popolo, ovunque esso sia conosciuto. Mi lamento se è vero, come mi è stato riferito dai senatori presenti, che con questa legge il signor Johnson, un ex dipendente del signor Baruch, è stato messo a capo dell'amministrazione della legge, e ha già chiamato come suoi collaboratori il capo della Standard Oil Co, il capo della General Motors e il capo della General Electric Co.*

Mi lamento se il signor Peek, che è un dipendente del signor Baruch, o lo è stato, come mi è stato riferito in Senato, è stato incaricato di amministrare il Farm Act, per quanto possa essere una brava persona e qualunque siano le sue idee.

Mi lamento se il signor Brown, che, come mi è stato riferito in Senato, è stato un influente manipolatore dell'ufficio del Direttore del Bilancio, è stato un dipendente del signor Baruch e ora gli viene conferita questa autorità. Mi lamento perché il 12 maggio 1932, prima di recarci a Chicago per nominare un Presidente degli Stati Uniti, mi sono presentato in questo stesso luogo e ho detto ai cittadini di questo Paese che non avremmo avuto l'influenza di Baruch, all'epoca così potente con Hoover, nel manipolare il Partito Democratico prima della nomina, dopo la nomina o dopo l'elezione.[121]

Huey Long ha giustamente sottolineato il predominio di Wall Street nell'NRA, ma le sue identificazioni sono un po' approssimative. Hugh Johnson, collaboratore di lunga data di Bernard Baruch, fu effettivamente nominato capo della NRA. Inoltre, i principali assistenti di Johnson all'interno dell'NRA erano tre dirigenti d'azienda: Walter C. Teagle, presidente della Standard Oil del New Jersey; Gerard Swope, presidente della General Electric e autore del Piano Swope; e Louis Kirstein, vicepresidente della William Filene's Sons di Boston. Come abbiamo visto, Filene era un sostenitore di lunga data del socialismo aziendale. Il "capo della General Motors" citato dal senatore Long era Alfred P. Sloan, non legato alla NRA, ma il vicepresidente della G.M. John Raskob, che fu il grande raccoglitore di fondi nel 1928 e nel 1932 e l'operatore dietro le quinte che promosse l'elezione di Franklin D. Roosevelt nel 1932. In altre parole, le posizioni chiave nell'NRA e nella stessa amministrazione Roosevelt erano occupate da uomini di Wall Street. La spiegazione delle pubbliche relazioni per gli uomini d'affari diventati burocrati è che gli uomini d'affari hanno l'esperienza e dovrebbero essere coinvolti nel servizio pubblico. In pratica, l'intento è stato quello di controllare l'industria. Non dovrebbe comunque sorprenderci se i socialisti aziendali si recano a Washington D.C. dopo l'elezione dei loro figli preferiti per prendere le redini dell'amministrazione del monopolio. Bisognerebbe essere ingenui per pensare il contrario dopo i massicci investimenti

---

[121] Senatore Huey P. Long, *Congressional Record*, 8 giugno 1933, pag. 5250.

elettorali registrati nel Capitolo 8.

Prima dell'insediamento del Presidente Roosevelt nel marzo 1933, un cosiddetto brain trust fu messo al lavoro, in modo più o meno informale, sui piani economici per l'era Roosevelt. Questo gruppo comprendeva il generale Hugh Johnson, Bernard Baruch (vedi pag. 106 per i suoi contributi politici), Alexander Sachs di Lehman Brothers (vedi pag. 117 per i contributi politici), Rexford G. Tugwell e Raymond Moley. Questo piccolo gruppo, composto da tre membri di Wall Street e due accademici, generò la pianificazione economica di Roosevelt.

Questo legame tra Bernard Baruch e la pianificazione dell'ANR è stato registrato da Charles Roos nel suo volume definitivo sull'ANR:

> *All'inizio di marzo del 1933 Johnson e Baruch partirono per una battuta di caccia e durante il tragitto si fermarono a Washington. Moley cenò con loro e propose a Johnson di rimanere a Washington per elaborare un piano di rilancio industriale.... L'idea piacque a Baruch, che concesse subito a Johnson un congedo dalle sue mansioni abituali. Johnson e Moley, dopo aver studiato le varie proposte che quest'ultimo riteneva valide, procedettero alla stesura di un progetto di legge che avrebbe organizzato l'industria in un attacco alla depressione.[122]*

Secondo Roos, la prima bozza dell'NRA di Johnson era su due fogli di carta straccia e prevedeva semplicemente la sospensione delle leggi antitrust, insieme all'autorità quasi illimitata per il Presidente Roosevelt di fare quasi tutto ciò che desiderava con l'economia, comprese le licenze e il controllo dell'industria. Secondo Roos, "fu ovviamente respinto dall'Amministrazione, poiché avrebbe reso il

---

[122] Charles F. Ross, NRA Economic Planning (Indianapolis: The Principia Press 1937), p. 37.

Presidente un dittatore, e tale potere non era desiderato".

Questo rifiuto apparentemente incidentale di un potere dittatoriale indesiderato da parte dell'amministrazione Roosevelt può avere un certo significato. Nel capitolo 10 descriveremo l'affare Butler, un tentativo degli stessi interessi di Wall Street di installare Roosevelt come dittatore o di sostituirlo con una figura più duttile in caso di sua obiezione. I primi tentativi di Johnson di creare la NRA in una forma coerente con Roosevelt come dittatore economico, e il suo rifiuto da parte di Roosevelt è coerente con le gravi accuse mosse a Wall Street (p. 141). A questo punto della pianificazione, secondo Roos, Johnson e Moley furono raggiunti da Tugwell e successivamente da Donald R. Richberg, un avvocato del lavoro di Chicago. I tre procedettero alla stesura di un disegno di legge più "completo", qualunque cosa significasse.

Il generale Hugh Johnson fu nominato capo della National Recovery Administration creata sotto il titolo di N.I.R.A. e per un certo periodo si credette che dovesse dirigere anche la Public Works Administration. I piani e gli schemi elaborati dal generale Johnson e da Alexander Sachs di Lehman Brothers presupponevano che il capo della NRA avrebbe diretto anche il programma di lavori pubblici.

Di conseguenza, possiamo trovare le radici della legge sull'ANR e della Public Works Administration in questo piccolo gruppo di Wall Street. Il loro sforzo riflette sia il piano di Swope che quello di Baruch per il socialismo aziendale, con un tentativo iniziale di prevedere una dittatura aziendale negli Stati Uniti.

Pianificatori socialisti degli anni '30

Naturalmente, all'inizio degli anni Trenta c'erano molti altri piani; in effetti, la pianificazione economica era endemica tra gli accademici, i politici e gli uomini d'affari di quell'epoca. Il peso dell'opinione informata considerava la pianificazione economica essenziale per risollevare l'America dalla depressione. Coloro che dubitavano dell'efficacia e della saggezza della pianificazione economica erano pochi. Purtroppo, nei primi anni Trenta non esisteva alcuna esperienza empirica che dimostrasse che la pianificazione economica è inefficiente, crea più problemi di quanti ne risolva e porta alla perdita della libertà individuale. Certo, Ludwig von Mises aveva scritto Il socialismo e aveva fatto le sue accurate previsioni sul caos della pianificazione, ma von Mises era già allora un teorico economico sconosciuto. La pianificazione economica esercita un fascino mistico. I suoi sostenitori si vedono sempre implicitamente come i pianificatori e la psicologia anti-capitalista, così ben descritta da von Mises, è la pressione psicologica dietro le quinte per realizzare il piano. Ancora oggi, nel 1975, molto tempo dopo che la pianificazione economica è stata totalmente screditata, abbiamo ancora il canto delle sirene della prosperità attraverso la pianificazione. J. Kenneth Galbraith ne è un esempio di spicco, senza dubbio perché la stima personale di Galbraith delle sue capacità e della sua saggezza è superiore a quella dell'America in generale. Galbraith riconosce che la pianificazione offre un mezzo per esercitare appieno le sue presunte capacità. Il resto di noi deve essere costretto a partecipare al piano dal potere di polizia dello Stato: una negazione dei principi liberali, forse, ma la logica non è mai stata un punto di forza degli ingegneri economici.

In ogni caso, negli anni Trenta la pianificazione economica aveva molti più sostenitori entusiasti e molti meno critici di oggi. Quasi tutti erano Galbraith e il contenuto di base dei piani proposti era notevolmente simile al suo. La tabella seguente elenca i piani più importanti e le loro caratteristiche principali. L'industria, sempre ansiosa di trovare riparo dalla concorrenza nel potere di polizia dello Stato, propose essa stessa tre piani. Il più importante di questi piani industriali, il piano Swope, prevedeva caratteristiche obbligatorie per tutte le aziende con più di 50 dipendenti, combinando una regolamentazione continua con, come abbiamo notato, proposte di welfare straordinariamente costose. Il piano Swope è riprodotto integralmente nell'Appendice A; il testo completo riflette la mancanza di proposte amministrative ben ponderate e la preponderanza di irresponsabili proposte di welfare. I primi paragrafi del piano forniscono il nucleo delle proposte di Swope: associazioni di categoria, fatte rispettare dallo Stato e con il potere di applicazione concentrato nelle mani delle grandi imprese attraverso un sistema di voti industriali. Mentre il 90% del testo della proposta è dedicato alle pensioni a fondo perduto per i lavoratori, all'assicurazione contro la disoccupazione, all'assicurazione sulla vita e così via, il nocciolo è nei primi paragrafi. In breve, il Piano Swope era una carota per ottenere ciò che Wall Street desiderava ardentemente: associazioni commerciali monopolistiche con la possibilità di usare il potere statale per imporre il monopolio - la massima di Frederic Howe di "far lavorare la società per voi" in pratica.

Piani di stabilizzazione economica: 1933

Nome del piano	Proposta per l'industria	Regolamenti governativi	Proposte di welfare
	Piani industriali		
Piano Swope (General Electric)	Associazioni di categoria, iscrizione obbligatoria dopo tre anni per le aziende con 50 o più dipendenti. Regolamenti obbligatori	Regolamentazione continua da parte della Commissione federale del commercio	Assicurazione sulla vita e sull'invalidità, pensioni e assicurazione contro la disoccupazione
Piano della Camera di Commercio degli Stati Uniti	Consiglio economico nazionale; potere non obbligatorio	Nessun regolamento	Piani aziendali individuali; pianificazione delle opere pubbliche
Piano Associated General Contractors of America	Concessione da parte del Congresso di maggiori poteri al Federal Reserve Board. Autorizzazione di emissioni obbligazionarie per il fondo di rotazione per le costruzioni; obbligazioni per l'incremento delle costruzioni pubbliche e semipubbliche. La Federal Reserve deve garantire la solvibilità delle banche	Regolamentazione finanziaria. Autorizzazione degli appaltatori. Istituzione di uffici di credito per l'edilizia.	Stimolo dell'occupazione attraverso una maggiore attività edilizia. Obbligazioni statali per edifici pubblici; sviluppo di una banca per i prestiti per la casa.
	Piani di lavoro		

Piano della Federazione Americana del Lavoro	Consiglio economico nazionale; potere non obbligatorio	Nessun regolamento	Diffusione dei posti di lavoro; mantenimento dei salari; garanzia dei posti di lavoro; piani di stabilizzazione a lungo termine. Settimana di cinque giorni e giornata immediatamente più corta. Programma di edilizia pubblica
Piano Stuart Chase	Accademico e generale Rilancio del Consiglio per le industrie belliche con potere coercitivo e obbligatorio, limitato a 20 o 30 industrie di base.	Regolazione continua	Uffici nazionali del lavoro; riduzione dell'orario di lavoro; assicurazione contro la disoccupazione; aumento dei salari; allocazione del lavoro.
Piano della Federazione Civica Nazionale	"Congresso aziendale" delle organizzazioni industriali. Nessuna limitazione o restrizione; pieno e completo potere di fissare i prezzi o di combinare le imprese.	Regolazione continua	Piano di assicurazione contro la disoccupazione. Aumentare i salari
Piano barba	Consiglio economico nazionale", autorizzato dal Congresso, per coordinare le imprese finanziarie, operative, di distribuzione e di servizio pubblico. Ogni settore è governato da sindacati sussidiari.	Regolazione continua	Utilizzo dei disoccupati nei programmi di edilizia abitativa e di progetti pubblici

Il piano della Camera di Commercio degli Stati Uniti era simile al piano Swope, ma richiedeva solo il rispetto volontario del codice e non conteneva le ampie clausole di welfare del piano Swope. Anche il piano della Camera di Commercio si basava sull'adesione volontaria e non sulla regolamentazione coercitiva del governo prevista dalla proposta Swope.

Il terzo piano industriale è stato presentato dall'Associated General Contractors of America. Il piano dell'AGC proponeva di conferire maggiori poteri al Federal Reserve System per garantire le obbligazioni bancarie per l'edilizia pubblica e, non a caso, di istituire speciali uffici di credito edilizio finanziati dallo Stato, insieme alla concessione di licenze agli appaltatori. In breve, l'AGC voleva tenere fuori la concorrenza di e attingere ai fondi federali (dei contribuenti) per promuovere l'industria delle costruzioni.

Il piano dell'American Federation of Labor proponeva un Consiglio economico nazionale per diffondere e garantire i posti di lavoro e avviare una pianificazione economica per la stabilizzazione. I sindacati non hanno spinto per una regolamentazione governativa.

I piani accademici erano notevoli nel senso che sostenevano gli obiettivi dell'industria. Stuart Chase, un noto socialista, propose qualcosa di molto simile ai piani di Wall Street: in effetti, una ripresa del War Industries Board di Bernard Baruch del 1918, con potere coercitivo concesso all'industria, ma limitato a 20 o 30 industrie di base, con una regolamentazione continua. Il piano Chase era un'approssimazione del fascismo italiano. Anche il piano Beard proponeva sindacati sul modello italiano, con una regolamentazione continua e l'impiego dei disoccupati in programmi pubblici alla maniera di Marx e del Manifesto comunista. La National Civic Federation sosteneva il concetto di pianificazione totale: pieno e completo potere di fissare prezzi e combinazioni, con una regolamentazione statale e caratteristiche di welfare per placare il lavoro.

Quasi nessuno, tranne ovviamente Ludwig von Mises, ha evidenziato le radici del problema per trarre la logica conclusione dalla storia economica che la migliore pianificazione economica è l'assenza di pianificazione economica.[123]

I socialisti salutano il Piano Swope

I socialisti ortodossi accolsero il piano di Swope con una curiosa, anche se forse comprensibile, moderazione. Da un lato, dicevano i socialisti, Swope aveva riconosciuto i mali del capitalismo sfrenato. D'altra parte il sistema di Swope, lamentavano i socialisti, avrebbe lasciato il controllo dell'industria nelle mani dell'industria stessa piuttosto che a lo Stato. Come spiegò Norman Thomas:

> *Lo schema di regolamentazione del signor Swope è un piano probabilmente incostituzionale per mettere il potere del governo dietro la formazione di forti sindacati capitalistici che cercheranno di controllare il governo che li regola e, in caso contrario, lo combatteranno.[124]*

La critica socialista allo Swope della General Electric non considerava se il sistema Swope avrebbe funzionato o se avesse avuto un'efficienza operativa o come si proponeva di funzionare; la critica socialista ortodossa si limitava all'osservazione che il controllo sarebbe stato nelle mani sbagliate se l'industria avesse preso il controllo e non nelle mani giuste dei pianificatori governativi, cioè dei socialisti stessi. In sintesi, la disputa era su chi avrebbe controllato l'economia: Gerard Swope o Norman Thomas.

Di conseguenza, la critica di Thomas a Swope presenta una curiosa dualità, a volte elogiativa:

> *È certamente significativo che almeno uno dei nostri autentici capitani d'industria, uno dei veri governanti dell'America, abbia superato la profonda e sconcertante*

---

[123] Se il lettore volesse trovare una spiegazione a questa pervasiva incapacità di vedere l'ovvio, non potrebbe iniziare da un posto migliore di Ludwig von Mises, *The Anti-Capitalistic Mentality* (New York; Van Nostrand, 1956).

[124] "Un socialista guarda il piano Swope", The Nation, 7 ottobre 1931, pag. 358.

> *riluttanza degli alti e potenti ad andare oltre i più miseri luoghi comuni nel dirci come spezzare la depressione che hanno fatto tanto per provocare e così poco per scongiurare. Ovviamente il discorso del signor Swope aveva i suoi punti positivi...[125]*

In altri momenti Thomas è scettico e sottolinea che Swope "... non ha più fiducia nell'iniziativa individuale, nella concorrenza e nel funzionamento automatico dei mercati", ma propone di orientare il sistema a vantaggio della "classe degli azionisti".

Non ci sono prove che Gerard Swope e i suoi associati abbiano mai avuto fiducia nell'iniziativa individuale, nella concorrenza e nel libero mercato più di quanto ne avesse Norman Thomas. Questa è un'osservazione importante perché, una volta abbandonati i miti di tutti i capitalisti come imprenditori e di tutti i pianificatori liberali come salvatori del piccolo uomo, li vediamo entrambi per quello che sono: totalitari e avversari della libertà individuale. L'unica differenza tra loro è chi deve essere il regista.

I moschettieri dell'albero dell'ANR

La National Recovery Administration, il segmento più importante del New Deal, è stata progettata, costruita e promossa da Wall Street. In sostanza, la NRA ebbe origine con Bernard Baruch e il suo assistente di lunga data, il generale Johnson. In dettaglio, l'NRA era il Piano Swope e i suoi principi generali furono promossi negli anni da numerosi esponenti di spicco di Wall Street.

Ci furono, ovviamente, varianti di pianificazione da parte dei socialisti e dei pianificatori di influenza marxista, ma queste varianti non furono quelle che alla fine divennero l'ANR. L'ANR era essenzialmente fascista, in quanto l'autorità di pianificare spettava all'industria, non ai pianificatori dello Stato centrale, e questi pianificatori industriali provenivano dall'establishment finanziario

---

[125] Ibidem, p. 357.

di New York. L'ufficio di Bernard Baruch si trovava al 120 di Broadway; anche gli uffici di Franklin D. Roosevelt (gli uffici di New York della Fidelity & Deposit e lo studio legale Roosevelt & O'Connor) erano al 120 di Broadway. L'ufficio di Gerard Swope e gli uffici esecutivi della General Electric Company si trovavano allo stesso indirizzo. Possiamo quindi dire, in senso limitato, che l'ANR Roosevelt è nata al 120 di Broadway, a New York.

Il generale Hugh Johnson aveva tre assistenti principali all'NRA e "questi tre moschettieri stavano al lavoro più a lungo ed entravano e uscivano dal mio ufficio ogni volta che scoprivano qualcosa che richiedeva attenzione".[126] I tre assistenti erano uomini di Wall Street provenienti da grandi industrie, che a loro volta occupavano posizioni di rilievo nelle principali aziende di questi settori: Gerard Swope, presidente della General Electric, Walter C. Teagle, della Standard Oil of New Jersey, e Louis Kirstein della William Filene's Sons, i commercianti al dettaglio. Attraverso questo trio, un elemento dominante del grande capitale aveva il controllo proprio al culmine dell'NRA. Questa concentrazione di controllo spiega le migliaia di denunce di oppressione dell'ANR provenienti da imprenditori medi e piccoli.

Chi erano questi uomini? Come abbiamo notato, Gerard Swope della General Electric era stato assistente del generale Johnson nel War Industries Board della Prima Guerra Mondiale. Mentre si discuteva di NRA, Johnson "suggerì subito il suo nome al segretario Roper". Nel 1930 la General Electric era la più grande azienda produttrice di apparecchiature elettriche, con la Westinghouse che deteneva molti dei brevetti di base del settore, oltre a detenere un'importante partecipazione nella RCA e molte filiali e affiliate internazionali. Alla fine degli anni Venti G.E. e Westinghouse producevano circa tre quarti delle apparecchiature di base per la distribuzione e la generazione di energia elettrica negli Stati Uniti. General Electric, tuttavia, era l'azienda dominante nel settore delle

---

[126] Hugh S. Johnson, *L'aquila blu dall'uovo alla terra*, op. cit., p. 217.

apparecchiature elettriche.[127] Sotto la NRA, la National Electrical Manufacturers Association (NEMA) fu designata come agenzia per la supervisione e l'amministrazione del codice dell'industria elettrica. La NEMA si mosse prontamente e nel luglio 1933 presentò il secondo codice di "concorrenza leale" per la firma del Presidente.

Il secondo moschettiere di Johnson era Walter Teagle, presidente del consiglio di amministrazione della Standard Oil of New Jersey. La Standard of New Jersey era la più grande compagnia petrolifera integrata degli Stati Uniti e solo la Royal Dutch la sfidava nelle vendite internazionali. La Standard del New Jersey era controllata dalla famiglia Rockefeller, le cui partecipazioni all'inizio degli anni Trenta sono state stimate tra il 20 e il 25%.[128] Si potrebbe quindi dire che Teagle rappresentava gli interessi dei Rockefeller nell'NRA, mentre Swope rappresentava gli interessi dei Morgan. È interessante notare che il maggiore concorrente della Standard era la Gulf Oil, controllata dagli interessi dei Mellon, e che all'inizio dell'amministrazione Roosevelt tentò insistentemente di perseguire Mellon per evasione fiscale.

Il terzo dei tre moschettieri di Johnson alla NRA era Louis Kirstein, vicepresidente della Filene's di Boston. Edward Filene è noto per i suoi libri sui vantaggi delle associazioni commerciali, della concorrenza leale e della cooperazione (vedi pag. 81).

Il vertice della Roosevelt National Recovery Administration era composto dal presidente della più grande società elettrica, dal presidente della più grande compagnia petrolifera e dal rappresentante del più importante speculatore finanziario degli Stati Uniti.

In breve, l'amministrazione dell'ANR era un riflesso dell'establishment finanziario di New York e dei suoi interessi

---

[127] Per maggiori informazioni si veda Harry W. Laidler, Concentration of Control in American Industry (New York: Crowell, 1931), capitolo XV.

[128] Ibidem, p. 20.

pecuniari. Inoltre, come abbiamo visto, poiché il piano stesso è nato a Wall Street, la presenza di uomini d'affari nell'amministrazione dell'NRA non può essere spiegata sulla base della loro esperienza e capacità amministrativa. L'NRA era una creatura di Wall Street attuata da uomini di Wall Street.

L'oppressione delle piccole imprese

I sostenitori del National Industrial Recovery Act fecero un grande sfoggio del fatto che l'ANR avrebbe protetto i piccoli imprenditori che, si sosteneva, avevano sofferto in passato per l'applicazione iniqua delle leggi antitrust; la sospensione delle leggi antitrust avrebbe eliminato le loro caratteristiche più sgradite, mentre l'ANR avrebbe conservato le loro gradite disposizioni antimonopolistiche. Il senatore Wagner ha dichiarato che i codici industriali proposti sarebbero stati formulati da tutta l'industria, non solo dalle grandi imprese. Il senatore Borah, al contrario, ha sostenuto che il "monopolio" stava per ricevere un servizio che aveva agognato per oltre 25 anni, cioè "la morte delle leggi antitrust" e che i codici industriali dell'ANR "saranno combinazioni o contratti di restrizione del commercio, altrimenti non sarebbe necessario sospendere le leggi antitrust". Il senatore Borah ha anche accusato il senatore Wagner di aver tradito l'uomo d'affari legittimo a vantaggio di Wall Street:

> *L'anziano Rockefeller non ha avuto bisogno di alcuna legge penale per aiutarlo quando stava costruendo la sua ricchezza. Ha distrutto gli indipendenti ovunque, li ha dispersi ai quattro venti e ha concentrato il suo grande potere. Ma il senatore non solo darebbe alle associazioni tutto il potere di scrivere il loro codice, ma darebbe loro il potere di incriminare e perseguire l'uomo che ha violato il codice, anche se sta perseguendo un'attività perfettamente legittima.*

Signor Presidente, non mi interessa quanto rafforziamo, quanto costruiamo, quanto sosteniamo la legge antitrust; mi oppongo a qualsiasi sospensione, perché so che quando queste leggi vengono sospese, diamo a queste 200 corporazioni non bancarie, che controllano la ricchezza degli Stati Uniti, un potere stupendo, che non potrà mai essere controllato se non attraverso le leggi penali applicate dai tribunali.[129]

Il senatore Borah ha poi citato Adam Smith (cfr. pag. 99), sottolineando che il disegno di legge non contiene alcuna definizione di concorrenza leale e che i codici di concorrenza leale degenererebbero in dettami delle grandi corporazioni. Allo stesso modo, il senatore Gore ha sottolineato la possibilità che il Presidente possa richiedere a tutti i membri di un'industria di avere una licenza e che questo significhi che il Presidente possa revocare una licenza a suo piacimento, un'ovvia violazione del giusto processo di legge e dei diritti di proprietà fondamentali:

SENATORE GORE. Il Presidente potrebbe revocare la licenza a suo piacimento?

SENATORE WAGNER. Sì, per una violazione del codice imposto dal governo federale.

SENATORE GORE. Su che tipo di udienza?

SENATORE WAGNER. Dopo un'udienza. È previsto che prima di revocare la licenza si possa avere un'udienza.

SENATORE GORE. Se ha il potere di revocare la licenza, si tratta di qualcosa che influisce davvero sulla vita o sulla morte di una particolare industria o impresa.

SENATORE WAGNER. Sì, è una sanzione.

SENATORE GORE. Quello che volevo chiederle. Senatore, è questo: Pensa di poter affidare questo potere a un funzionario esecutivo?

---

[129] Congressional Record, 1933, pag. 5165.

SENATORE WAGNER. Sì, in caso di emergenza.

SENATORE GORE. Per sterminare un'industria?

SENATORE WAGNER. Tutti questi poteri, ovviamente, sono racchiusi in un solo individuo, e dobbiamo fare affidamento su di lui per amministrarli in modo equo e giusto. Avevamo lo stesso tipo di potere durante la guerra.

SENATORE GORE. Lo so, e il signor Hoover, se posso usare queste parole, ha messo fuori gioco i cittadini americani nati liberi senza processo con giuria.

SENATORE WAGNER. La filosofia di questo disegno di legge è quella di incoraggiare l'azione e l'iniziativa volontaria da parte dell'industria, e dubito che questi metodi obbligatori saranno utilizzati, se non in rarissime occasioni; ma se si intende eliminare lo standard, è necessario prevedere alcune sanzioni per far rispettare il codice eventualmente adottato.

SENATORE GORE. Capisco, ma se volete attuare questo sistema dovete avere il potere di attuarlo. Il mio punto è perché in un paese libero un uomo libero dovrebbe essere obbligato a prendere una licenza per impegnarsi in un'industria legittima, e perché qualcuno, secondo il nostro sistema costituzionale, dovrebbe avere il potere di distruggere il valore della sua proprietà, cosa che si fa quando si crea una situazione in cui non può operare. Mi sembra che questo si avvicini al punto di prendere la proprietà senza un giusto processo di legge.[130]

Quando esaminiamo i risultati della N.I.R.A., anche pochi mesi dopo l'approvazione della legge, scopriamo che i timori dei senatori erano pienamente giustificati e che il Presidente Roosevelt aveva

---

[130] Senato degli Stati Uniti, National Industrial Recovery, Hearings before Committee on Finance, 73th Congress, 1st Session, S.17and H.R. 5755 (Washington: Government Printing Office, 1933), pag. 5.

abbandonato il piccolo imprenditore degli Stati Uniti al controllo di Wall Street. Molti settori industriali erano dominati da poche grandi aziende, a loro volta controllate dalle case di investimento di Wall Street. Queste grandi aziende erano dominanti, attraverso i tre moschettieri, nella definizione dei codici dell'ANR. Avevano il maggior numero di voti e potevano fissare, e lo fecero, prezzi e condizioni rovinosi per le imprese più piccole.

L'industria siderurgica è un buon esempio del modo in cui le grandi imprese hanno dominato il codice NRA. Negli anni '30 due aziende leader, la United States Steel, con il 39%, e la Bethlehem Steel, con il 13,6%, controllavano oltre la metà della capacità di produzione di lingotti d'acciaio del Paese. Il consiglio di amministrazione di U.S. Steel comprendeva J.P. Morgan e Thomas W. Lamont, oltre al presidente Myron C. Taylor. Il consiglio di amministrazione di Bethlehem comprendeva Percy A. Rockefeller e Grayson M-P. Murphy della Guaranty Trust, che incontreremo nuovamente nel capitolo 10.

Nel 1930 i maggiori azionisti di U.S. Steel erano George F. Baker e George F. Baker, Jr. con quote combinate di 2000 azioni privilegiate e 107.000 azioni ordinarie; Myron C. Taylor, capo del comitato finanziario di U.S. Steel, possedeva 27.800 azioni ordinarie; J. P. Morgan possedeva 1261 azioni e James A. Farrell aveva diritto a 4850 azioni privilegiate. Questi uomini erano anche importanti finanziatori della campagna presidenziale. Ad esempio, nella campagna elettorale di Hoover del 1928 contribuirono con

J.P. Morg.....................................$5.000

Società J.P. Morgan...................$42.500

George F. Baker............................$27.000

George F. Baker Jr........................$20.000

Myron C. Taylor...........................$25.000

Nell'ANR, scopriamo che U.S. Steel e Bethlehem Steel controllavano di fatto l'intero settore in virtù dei loro voti nei codici industriali; su un totale di 1428 voti, a queste due società era stato concesso da sole un totale di 671 voti, pari al 47,2%, pericolosamente vicino al controllo totale e con l'indubbia capacità di trovare un alleato tra le società più piccole ma comunque significative.

Forza di voto dell'ANR nel codice dell'industria siderurgica

Azienda[131]	Voti in Codice Autorità	Percentuale del totale
Acciaio USA	511	36.0
Acciaio Bethlehem	160	11.2
Acciaio della Repubblica	86	6.0
Acciaio nazionale	81	5.7
Jones e Laughlin	79	5.5
Lastre e tubi Youngstown	74	5.1
Acciaio Wheeling	73	5.1
Laminatoio americano	69	4.8
Acciaio interno	51	3.6
Acciaio da crogiolo	38	2.7
Lamiera di McKeesport	27	1.9
Acciaio Allegheny	21	1.5
Spang-Chalfant	17	1.2
Cerchio in acciaio Sharon	16	1.1
Acciaio Continentale	16	1.1

Fonte: Rapporto dell'ANR sul funzionamento del sistema dei punti

---

[131] Inoltre, hanno votato le seguenti aziende più piccole: Acme Steel (9), Granite City Steel (8), Babcock and Wilcox (8), Alan Wood (7), Washburn Wire (7), Interlake Iron (7), Follansbee Bros. (6), Ludlum Steel (6), Superior Steel (6), Bliss and Laughlin (6), Laclede Steel (5), Apollo Steel (5), Atlantic Steel (4), Central Iron and Steel (4), A.M. Byers Company (4), Sloss-Sheffield (4), Woodward Iron (3), Firth-Sterling (2), Davison Coke and Iron (2), Soullin Steel (1), Harrisburg Pipe (1), Eastern Rolling Mill (1), Michigan Steel Tube (1), Milton Manufacturing Company (1) e Cranberry Furnace (1).

base nell'industria siderurgica: Rapporto dell'ANR Funzionamento del sistema dei punti base nell'industria siderurgica.

Sebbene U.S. Steel e Bethlehem fossero le principali unità dell'industria siderurgica prima dell'approvazione della NRA, non erano in grado di controllare la concorrenza di numerose aziende più piccole. Dopo l'approvazione della NIRA, queste due aziende sono state in grado, grazie al loro dominio sul sistema dei codici, di dominare anche l'industria siderurgica.

John D. Rockefeller organizzò lo Standard Oil trust nel 1882 ma, in seguito a ordinanze del tribunale in base allo Sherman Act, il cartello fu sciolto in 33 società indipendenti. Nel 1933 queste società erano ancora controllate dagli interessi della famiglia Rockefeller; lo Sherman Act era più ombra che sostanza:

Azienda	Utile netto (1930) in milioni di dollari
Standard Oil del New Jersey	57
Standard Oil dell'Indiana	46
Standard Oil of California	46
Standard Oil di New York	16

Gli uffici delle compagnie Standard "indipendenti" continuarono ad essere situati presso il quartier generale di Rockefeller, in questo periodo al 25 e 26 di Broadway. Negli anni Venti entrarono nuovi capitali e si verificò uno spostamento relativo dell'importanza delle varie società Standard Oil.

All'epoca del New Deal la più grande unità era la Standard Oil of New Jersey, di cui i Rockefeller detenevano una quota del 20-25%. Il presidente della Standard del New Jersey, Walter S. Teagle, divenne uno dei tre moschettieri della NRA.

Se consideriamo l'industria automobilistica nel 1930, scopriamo che due società, Ford e General Motors, vendevano circa tre quarti delle auto prodotte negli Stati Uniti. Se includiamo la Chrysler, le tre aziende hanno venduto circa cinque sesti di tutte le automobili prodotte negli Stati Uniti:

Ford Motor Co....................................40 per cento

General Motors.................................35 per cento

Chrysler Corp....................................8 per cento

Sotto il suo fondatore, Henry Ford, la Ford Motor Company aveva poco a che fare con la politica, anche se James Couzens, uno degli azionisti originali della Ford, divenne in seguito senatore del Michigan. Ford mantenne i suoi uffici esecutivi a Dearborn, Michigan, e solo un ufficio vendite a New York. Ford era anche veementemente anti-NRA e anti-Wall Street, e Henry Ford si distingue per la sua assenza dagli elenchi dei finanziatori delle campagne presidenziali.

D'altra parte, la General Motors era una creatura di Wall Street. L'azienda era controllata dalla società J.P. Morgan; il presidente del consiglio di amministrazione era Pierre S. Du Pont, della Du Pont Company, che nel 1933 aveva una partecipazione del 25% circa nella General Motors. Nel 1930 il consiglio di amministrazione della General Motors era composto da Junius S. Morgan, Jr. e George Whitney della Morgan, da amministratori della First National Bank e della Bankers Trust, da sette amministratori della Du Pont e da Owen D. Young della General Electric.

Un altro esempio è la International Harvester Company, che nel 1930, sotto il suo presidente Alexander Legge, era il gigante dell'industria delle attrezzature agricole. Legge faceva parte della NRA. La combinazione di macchine agricole era stata costituita nel 1920 dalla J.P. Morgan Company e controllava circa l'85% della produzione totale di macchine da raccolta negli Stati Uniti. Nel 1930, l'azienda era ancora dominante nel settore:

Azienda	Attività	Percentuale del mercato
International Harvester (11 Broadway)	384 milioni di dollari (1929)	60
Deere & Co.	$107	17
Caso J.I.	$55	8
Altri	$100	15
Totale	646 milioni di dollari	100

Nel 1930 almeno 80 grandi società estraevano carbone bituminoso negli Stati Uniti; di queste, due - Pittsburgh Coal e Consolidation Coal - erano dominanti. La Pittsburgh Coal era controllata dalla famiglia di banchieri di Pittsburgh, i Mellon. La Consolidation Coal era in gran parte di proprietà di J.D. Rockefeller, che possedeva il 72% delle azioni privilegiate e il 28% di quelle ordinarie. Sia i Mellon che i Rockefeller erano grandi finanziatori politici. Analogamente, la produzione di antracite era concentrata nelle mani della Reading Railroad, che estraeva il 44% del carbon fossile statunitense. La Reading era controllata dalla Baltimore and Ohio Railroad, che deteneva il 66% delle sue azioni, e il presidente della B & 0 era E.T. Stotesbury, socio della Morgan.

Se consideriamo le aziende costruttrici di macchine negli Stati Uniti nel 1930, scopriamo che la più grande era di gran lunga la General Electric e il presidente Swope della G.E. era intimamente legato all'NRA.

Principali aziende costruttrici di macchine (1929)

Azienda	Attività in milioni	Profitti (1929) in milioni	Vendite (1929) in milioni
General Electric, 120 Broadway	$500	$71	$415.3
American Radiator & Standard Sanitary, 40 W. 40th St.	$226	$20	
Westinghouse Electric, 150 Broadway	$225	$27	$216.3
Locomotiva Baldwin, 120 Broadway	$100	$3	$40

Locomotiva americana, 30 Church St.	$106	$7
American Car & Foundry, 30 Church St.	$120	$2.7
International Business Machines, 50 Broadway	$40	$6.7
Otis Elevator, 260 11th Avenue	$57	$8
Società di gru	$116	$11.5

Scorrendo l'elenco, notiamo che American Car & Foundry (il cui presidente, Woodin, divenne Segretario del Tesoro sotto Roosevelt), American Radiator & Standard e Crane Company furono tutti importanti collaboratori di FDR.

Data l'influenza dominante delle grandi imprese nella NRA e nell'amministrazione Roosevelt, non sorprende che la NRA sia stata amministrata in modo oppressivo per le piccole imprese. Anche nel breve periodo di vita dell'ANR, fino a quando non è stata dichiarata incostituzionale, troviamo prove dell'oppressione: basti pensare alle lamentele delle piccole imprese nei settori di cui abbiamo parlato rispetto ad altri settori di piccole imprese con molte più unità:

Industria	Numero di denunce di oppressione (gennaio-aprile 1934)
Industria principale	
Ferro e acciaio	66
Banca d'investimento	47
Petrolio	60
Produzione elettrica	9
Piccola impresa	
Pulizia e tintura	31
Ghiaccio	12
Stampa	22
Stivali e scarpe	10
Lavanderia	9

Fonte: Roos, NRA Economic Planning, pag. 411, da dati non pubblicati dell'ANR.

Capitolo 10

FDR, l'uomo sul cavallo bianco

Nelle ultime settimane di vita ufficiale del Comitato, esso ha ricevuto prove che dimostrano che alcune persone hanno tentato di creare un'organizzazione fascista in questo Paese. Non c'è dubbio che questi tentativi sono stati discussi, sono stati pianificati e avrebbero potuto essere messi in atto quando e se i finanziatori lo avessero ritenuto opportuno....

Questa commissione ha ricevuto le testimonianze del Magg. Gen. Smedley D. Butler (in pensione), due volte decorato dal Congresso degli Stati Uniti... la vostra commissione ha potuto verificare tutte le dichiarazioni pertinenti fatte dal Generale Butler....

John W. McCormack, presidente della Commissione speciale sulle attività antiamericane della Camera dei Rappresentanti, 15 febbraio 1935.

Poco prima del Natale 1934, la notizia di un bizzarro complotto per l'insediamento di un dittatore alla Casa Bianca emerse a Washington e a New York, e la storia - di una rilevanza senza precedenti - fu prontamente soffocata dal Congresso e dalla stampa di regime.[132]

---

[132] Si veda Jules Archer, *The Plot to Seize the White House* (New York: Hawthorn Books, 1973). Il libro di Archer è "il primo tentativo di raccontare l'intera storia del complotto in sequenza e nei minimi dettagli". Si veda anche George Wolfskill, *The Revolt of the Conservatives* (Boston: Houghton, Mifflin,

Il 21 novembre 1934 *il New York Times* pubblicò la prima parte della storia di Butler raccontata alla Commissione per le attività antiamericane della Camera, dedicandole la prima pagina e un intrigante paragrafo di apertura:

> *Un complotto di interessi di Wall Street per rovesciare il presidente Roosevelt e instaurare una dittatura fascista, sostenuta da un esercito privato di 500.000 ex soldati e altri, è stato accusato dal maggiore generale Smedley D. Butler, ufficiale in pensione del Corpo dei Marines...*

Il *New York Times* aggiunge che il generale Butler "... aveva detto agli amici... che il generale Hugh S. Johnson, ex amministratore dell'NRA, era previsto per il ruolo di dittatore, e che J.P. Morgan & Co. e Murphy & Co. erano dietro il complotto".

Dopo questo promettente inizio, il servizio *del New York Times* si è gradualmente affievolito e infine è scomparso. Fortunatamente, da allora sono emerse informazioni sufficienti a dimostrare che l'Affare Butler o il Complotto per impadronirsi della Casa Bianca è parte integrante della nostra storia di FDR e Wall Street.

Grayson M-P. Murphy Company, 52 Broadway

La figura centrale del complotto era il Maggiore Generale Smedley

---

1962), che contiene ampio materiale sul complotto. Il lettore interessato dovrebbe anche dare un'occhiata a George Seldes, *One Thousand Americans* (New York: Honi & Gaer, 1947).

Purtroppo, se da un lato questi libri hanno mantenuto vivo l'evento - uno sforzo valoroso che non va assolutamente sottovalutato - dall'altro riflettono una confusione dilettantesca tra fascismo e moderazione. I sostenitori della Costituzione, ovviamente, rifiuterebbero assolutamente gli sforzi dittatoriali descritti. Alcuni gruppi, come ad esempio l'American Conservative Union, da un decennio mirano ai bersagli individuati da Archer e Seldes. Il fraintendimento di questi ultimi autori è accentuato dal fatto che la confusione sul significato di conservatorismo ha impedito loro di esplorare la possibilità che Wall Street avesse in mente nientemeno che Franklin Delano Roosevelt come "uomo sul cavallo bianco".

Darlington Butler, un ufficiale del Corpo dei Marines colorito, popolare e molto conosciuto, due volte decorato con la Medaglia d'Onore del Congresso e veterano di 33 anni di servizio militare. Il generale Butler testimoniò nel 1934 alla commissione McCormack-Dickstein che indagava sulle attività naziste e comuniste negli Stati Uniti, che un piano per una dittatura alla Casa Bianca gli era stato illustrato da due membri dell'American Legion: Gerald C. MacGuire, che lavorava per la Grayson M-P. Murphy & Co., 52 Broadway, New York City, e Bill Doyle, che Butler identificò come un ufficiale della Legione Americana. Il generale Butler ha testimoniato che questi uomini volevano "scalzare la Famiglia Reale dal controllo della Legione Americana alla Convenzione che si sarebbe tenuta a Chicago, e [erano] molto ansiosi di farmi partecipare". Al generale Butler fu illustrato un piano: egli si sarebbe presentato alla convention come delegato della Legione di Honolulu; tra il pubblico ci sarebbero stati due o trecento membri della Legione Americana; "questi tipi piantati avrebbero iniziato ad applaudire e a scatenare un'ondata di proteste e a gridare per un discorso, poi io sarei andato sulla piattaforma e avrei fatto un discorso".

Il discorso preparato doveva essere scritto dal socio di Morgan John W. Davis. Per dimostrare il suo sostegno finanziario a Wall Street, MacGuire mostrò al generale Butler un libretto bancario che elencava depositi di 42.000 e 64.000 dollari e menzionava che la loro fonte era Grayson M-P. Murphy, direttore della Guaranty Trust Company e di altre società controllate da Morgan. Era coinvolto anche un banchiere milionario, Robert S. Clark, con uffici nello Stock Exchange Building all'11 di Wall Street.

Robert Clark era incidentalmente noto al generale Butler dai tempi della campagna in Cina. MacGuire e Doyle offrirono a Butler una somma considerevole per tenere un discorso simile davanti alla convention dei Veterani delle Guerre Straniere a Miami Beach. Secondo MacGuire, il suo gruppo aveva studiato il background di Mussolini e del fascismo italiano, dell'organizzazione di Hitler in Germania e della Croix de Feu in Francia e aveva lasciato intendere che era giunto il momento di creare un'organizzazione simile negli Stati Uniti. Il generale Butler testimoniò alla commissione del

Congresso la dichiarazione di MacGuire con le seguenti parole:

Ha detto: "È arrivato il momento di riunire i soldati".

"Sì", risposi, "lo penso anch'io". E lui: "Sono andato all'estero per studiare il ruolo che i veterani svolgono nei vari assetti di governo che hanno all'estero. Sono andato in Italia per 2 o 3 mesi e ho studiato la posizione che i veterani italiani occupano nell'assetto di governo fascista, e ho scoperto che sono il retroterra di Mussolini. Li mantengono in vari modi sui libri paga e li rendono felici e contenti; e sono la sua vera spina dorsale, la forza da cui può dipendere, in caso di problemi, per sostenerlo. Ma questo assetto non ci piacerebbe affatto. Ai soldati americani non piacerebbe. Sono poi andato in Germania per vedere cosa stava facendo Hitler, e anche la sua forza risiede nelle organizzazioni di soldati. Ma questo non va bene. Mi sono informato sull'attività russa. Ho scoperto che l'uso dei soldati laggiù non sarebbe mai piaciuto ai nostri uomini. Poi sono andato in Francia e ho trovato esattamente l'organizzazione che stiamo per avere. È un'organizzazione di super soldati". Mi ha dato il nome francese, ma non ricordo quale sia. Non sarei mai riuscito a pronunciarlo, in ogni caso. Ma so che è una super organizzazione di membri di tutte le altre organizzazioni di soldati della Francia, composta da sottufficiali e ufficiali. Mi disse che ne avevano circa 500.000 e che ognuno era a capo di altri 10, in modo da ottenere 5.000.000 di voti. E mi disse: "Ecco, questa è la nostra idea qui in America: creare un'organizzazione del genere".[133]

Quale sarebbe l'obiettivo di questa super organizzazione? Secondo

---

[133] House of Representatives, Investigation of Nazi Propaganda Activities and Investigation of Certain Other Propaganda Activities, Hearings No. 73-D.C.-6, op. cit., p. 17.

il già citato *New York Times*[134], il generale Butler avrebbe testimoniato che l'affare era un tentativo di *colpo di stato* per rovesciare il presidente Roosevelt e sostituirlo con un dittatore fascista. Questa interpretazione viene ripetuta da Archer, Seldes e altri scrittori. Tuttavia, non era questa l'accusa rivolta dal generale Butler alla commissione. La dichiarazione precisa di Butler riguardo all'organizzazione progettata, all'uso che ne sarebbe stato fatto una volta costituita e al ruolo del Presidente Roosevelt è la seguente; il generale Butler riferì della sua conversazione con MacGuire:

Gli ho chiesto: "Che cosa vuoi farci quando lo avrai alzato?".

"Beh", ha detto, "vogliamo sostenere il Presidente".

Ho detto: "Il Presidente non ha bisogno del sostegno di questo tipo di organizzazione". Da quando sei diventato un sostenitore del Presidente? L'ultima volta che ho parlato con lei era contro di lui".

Lui disse: "Beh, ora verrà con noi".

"Lo è?"

"Sì".

"Ebbene, cosa farete con questi uomini, supponendo di avere questi 500.000 uomini in America? Cosa ne farete?".

"Beh", ha detto, "saranno il sostegno del Presidente".

Ho detto: "Il Presidente ha l'intero popolo americano. Perché li vuole?".

Ha detto: "Non capite che l'assetto deve essere un po' cambiato? Ora abbiamo lui, abbiamo il Presidente. Deve avere più soldi. Non

---

[134] *New York Times*, 21 novembre 1934.

ci sono più soldi da dargli. L'80% del denaro ora è in titoli di Stato, e lui non può continuare a lungo con questo racket. Deve fare qualcosa. O ci tira fuori più soldi o deve cambiare il metodo di finanziamento del Governo, e noi faremo in modo che non lo cambi. Non lo cambierà".

Dissi: "L'idea di questo grande gruppo di soldati, allora, è quella di spaventarlo, vero?".

"No, no, no; non per spaventarlo. Questo serve a sostenerlo quando gli altri lo assalgono".

Ho risposto: "Beh, non ne sono a conoscenza. Come lo spiegherebbe il Presidente?".

Ha detto: "Non dovrà necessariamente dare spiegazioni, perché noi lo aiuteremo". Non ha mai pensato che il Presidente è oberato di lavoro? Potremmo avere un Assistente del Presidente, qualcuno che si prenda la responsabilità; e se le cose non funzionano, può lasciarlo andare".

Ha poi affermato che non è necessario alcun cambiamento costituzionale per autorizzare un altro funzionario del Gabinetto, qualcuno che si occupi dei dettagli dell'ufficio, togliendoli dalle spalle del Presidente. Ha detto che la posizione sarebbe quella di un segretario agli affari generali, una sorta di super-segretario.

PRESIDENTE [Deputato McCormack]. Un segretario agli affari generali?

BUTLER. Questo è il termine usato da lui o da un segretario al benessere generale, non ricordo quale. Sono uscito dal colloquio con quel nome in testa. L'idea mi è venuta parlando con entrambi. Entrambi avevano parlato dello stesso tipo di aiuto che avrebbe dovuto essere dato al Presidente, e lui disse: "Sa, il popolo americano lo accetterà. Abbiamo i giornali. Inizieremo una campagna per dire che la salute del Presidente sta peggiorando. Tutti possono capirlo guardandolo, e lo stupido popolo americano ci cascherà in un secondo".

E io lo vedevo. Avevano un'idea di simpatia, che avrebbero avuto qualcuno che gli avrebbe tolto il patrocinio e tutte le preoccupazioni e i dettagli dalle spalle, e poi sarebbe stato come il Presidente della Francia.

Ho chiesto: "Quindi è da lì che ti è venuta questa idea?".

Ha detto: "Sono stato in giro a guardarmi intorno. Ora, a proposito di questa super organizzazione, saresti interessato a dirigerla?".

Ho detto: "Mi interessa, ma non so come dirigerlo. Mi interessa moltissimo, perché sai. Jerry, il mio interesse è, il mio unico hobby è mantenere la democrazia. Se questi 500.000 soldati sostengono qualcosa che puzza di fascismo, ne prenderò altri 500.000 e vi darò una bella lezione, e avremo una vera guerra proprio a casa nostra. Lo sapete".

"Oh, no. Non vogliamo questo. Vogliamo alleggerire il Presidente".

"Sì; e poi ci metterete qualcuno che si può candidare; è questa l'idea? Il Presidente andrà in giro a battezzare bambini, a dedicare ponti e a baciare bambini. Il signor Roosevelt non accetterà mai di farlo di persona".

"Oh sì, lo farà. Sarà d'accordo".[135]

In altre parole, il complotto di Wall Street non era affatto quello di sbarazzarsi del Presidente Roosevelt, ma di cacciarlo ai piani alti e di insediare un Vicepresidente con poteri assoluti. Non è chiaro perché fosse necessario insediare un Presidente aggiunto, visto che il Vicepresidente era già in carica. In ogni caso, si pensava di gestire gli Stati Uniti con un Segretario agli Affari Generali, che l'ingenua opinione pubblica americana avrebbe accettato con il pretesto della

---

[135] House of Representatives, Investigation of Nazi Propaganda Activities and Investigation of Certain Other Propaganda Activities, Hearings No. 73-D.C.-6, op. cit., pp. 17-18.

necessaria protezione da una presa di potere comunista.

A questo punto è interessante ricordare il ruolo di molti di questi stessi finanzieri e società finanziarie nella Rivoluzione bolscevica - un ruolo, per inciso, che non poteva essere noto al generale Butler[136] - e l'uso di simili tattiche di paura rossa nell'organizzazione degli United Americans del 1922. Grayson M-P. Murphy fu, all'inizio degli anni '30, direttore di diverse società controllate dagli interessi di J.P. Morgan, tra cui la Guaranty Trust Company, importante per la rivoluzione bolscevica, la New York Trust Company e la Bethlehem Steel, e fece parte del consiglio di amministrazione della Inspiration Copper Company, della National Aviation Corporation, della Intercontinental Rubber Co. e della U.S. & Foreign Securities. John W. Davis, l'autore dei discorsi del generale Butler, era socio dello studio Davis, Polk, Wardwell, Gardner & Reed di 15 Broad Street. Sia Polk che Wardwell di questo prestigioso studio legale, così come Grayson Murphy, ebbero un ruolo nella rivoluzione bolscevica. Inoltre, Davis era anche co-amministratore con Murphy della Guaranty Trust Co. controllata da Morgan e co-amministratore con la speranza presidenziale Al Smith della Metropolitan Life Insurance Co. oltre che amministratore della Mutual Life Insurance Co., della U.S. Rubber Co. e della American Telephone and Telegraph, l'unità di controllo del Bell System.

Fortunatamente per la storia. Il generale Butler discusse l'offerta con una fonte giornalistica imparziale in un momento molto precoce dei suoi colloqui con MacGuire e Doyle. La Commissione McCormack-Dickstein ha ascoltato la testimonianza sotto giuramento di questo confidente, Paul Comley French. French confermò di essere un giornalista del *Philadelphia Record* e del *New York Evening Post* e che il generale Butler gli aveva parlato del complotto nel settembre 1934. Successivamente, il 13 settembre 1934 French si recò a New York e incontrò MacGuire. Quanto segue è parte della dichiarazione di French alla Commissione:

MR. FRANCESCO. [Ho visto Gerald P. MacGuire negli uffici della

---

[136] Si veda Sutton, Rivoluzione bolscevica, op. cit.

Grayson M.-P. Murphy & Co. al dodicesimo piano della Broadway 52, poco dopo l'una del pomeriggio. Ha un piccolo ufficio privato e sono entrato nel suo ufficio. Riporto qui alcune sue citazioni dirette. Appena uscito dal suo ufficio, presi una macchina da scrivere e presi nota di tutto ciò che mi aveva detto. "Abbiamo bisogno di un governo fascista in questo Paese", insisteva, "per salvare la Nazione dai comunisti che vogliono distruggerla e distruggere tutto ciò che abbiamo costruito in America. Gli unici uomini che hanno il patriottismo per farlo sono i soldati e Smedley Butler è il leader ideale. Potrebbe organizzare un milione di uomini in una notte". Durante la conversazione mi disse che era stato in Italia e in Germania durante l'estate del 1934 e la primavera del 1934 e che aveva fatto uno studio intensivo dei retroscena dei movimenti nazisti e fascisti e di come i veterani vi avessero giocato un ruolo. Mi disse che aveva ottenuto informazioni sufficienti sui movimenti fascisti e nazisti e sul ruolo svolto dai veterani, per poterne creare uno in questo Paese.

Durante tutta la conversazione con me ha sottolineato che l'intera faccenda era tremendamente patriottica, che si trattava di salvare la nazione dai comunisti, e che gli uomini con cui hanno a che fare hanno la folle idea che i comunisti la faranno a pezzi. Disse che l'unica salvaguardia sarebbero stati i soldati. All'inizio ha suggerito che il Generale organizzasse lui stesso questa organizzazione e chiedesse a tutti una quota di un dollaro all'anno. Ne abbiamo discusso, poi è arrivato alla questione di reperire fondi finanziari esterni e ha detto che non sarebbe stato difficile raccogliere un milione di dollari.

Nel corso della conversazione discusse continuamente della necessità di un uomo su un cavallo bianco, come lo chiamava lui, un dittatore che arrivasse al galoppo sul suo cavallo bianco. Diceva che quello era l'unico modo per salvare il sistema capitalistico, attraverso la minaccia della forza armata o la delega del potere e l'uso di un gruppo di veterani organizzati.

Dopo la partenza si è riscaldato notevolmente e ha detto: "Potremmo andare d'accordo con Roosevelt, e poi fare con lui quello che Mussolini ha fatto con il Re d'Italia". Ciò si accorda con quanto aveva detto al generale [Butler], cioè che avremmo avuto un Segretario agli Affari Generali e che se Roosevelt avesse accettato, sarebbe stato un bene; se non l'avesse fatto, l'avrebbero cacciato.[137]

Ackson Martindell, 14 Wall Street

La testimonianza giurata del generale Smedley Butler e di Paul French nelle audizioni della commissione ha un filo conduttore. Il generale Butler ha divagato di tanto in tanto e alcune parti della sua dichiarazione sono vaghe, ma è evidente che c'è molto di più nella storia di un innocente raduno di membri della Legione Americana in una super organizzazione. Esistono prove indipendenti che confermino il generale Butler e Paul French? All'insaputa sia di Butler che di French, la Guaranty Trust era stata coinvolta nelle manovre di Wall Street durante la Rivoluzione bolscevica del 1917, indicando così almeno una predisposizione a mescolare affari finanziari e politica dittatoriale; due delle persone coinvolte nel complotto erano direttori della Guaranty Trust. Inoltre, prima che le udienze venissero bruscamente interrotte, la commissione ascoltò le testimonianze di una fonte indipendente, che confermarono molti dettagli raccontati dal generale Butler e da Paul French. Nel dicembre 1934 il capitano Samuel Glazier, ufficiale comandante del campo CCC di Elkridge, nel Maryland[138], fu chiamato davanti alla commissione.

Il 2 ottobre 1934, ha testimoniato il capitano Glazier, aveva ricevuto una lettera da A.P. Sullivan, assistente dell'Adjutant General dell'Esercito degli Stati Uniti, che presentava un certo Jackson Martindell, "al quale sarà mostrata ogni cortesia da parte vostra". Questa lettera fu inviata a Glazier per ordine del Maggiore Generale Malone dell'esercito americano. Chi era Jackson Martindell? Era un consulente finanziario con uffici al 14 di Wall Street,

---

[137] House of Representatives, *Investigation of Nazi Propaganda Activities and Investigation of Certain Other Propaganda Activities*, Hearings No. 73-D.C.-6, op. cit., p. 26.

[138] Ibidem, parti 1-2. Basato sulla testimonianza davanti al Comitato McCormack-Dickstein.

precedentemente associato a Stone & Webster & Blodget, Inc, banchieri d'investimento al 120 di Broadway, e a Carter, Martindell & Co, banchieri d'investimento al 115 di Broadway.[139] Martindell era un uomo di sostanza e viveva, secondo il New York Times, "... al centro di una bella tenuta di sessanta acri" che aveva acquistato da Charles Pfizer[140], ed era sufficientemente influente perché il generale Malone organizzasse una visita guidata al campo del Corpo di Conservazione di Elkridge, nel Maryland.

L'associazione di Martindell con Stone & Webster (120 Broadway) è significativa e di per sé giustifica un approfondimento sui suoi collaboratori nell'area di Wall Street.

Il capitano Glazier fece visitare a Martindell il campo richiesto e testimoniò alla commissione che Martindell pose numerose domande su un campo simile per uomini che lavorassero nell'industria anziché nelle foreste. Una settimana circa dopo la visita. Il capitano Glazier visitò la casa di Martindell nel New Jersey, apprese che era un amico personale del generale Malone e fu informato che Martindell voleva organizzare campi simili al CCC per formare 500.000 giovani. I toni di questo discorso, come riportato da Glazier, erano antisemiti e suggerivano un tentativo di colpo di stato negli Stati Uniti; l'organizzazione che sponsorizzava questo rovesciamento si chiamava American Vigilantes, il cui emblema era una bandiera con un'aquila rossa su sfondo blu al posto della svastica tedesca. Si trattava in parte di una verifica indipendente della testimonianza del generale Butler.

Testimonianza di Gerald C. Macguire

Gerald MacGuire, uno dei complottisti accusati, fu chiamato davanti alla commissione e testimoniò a lungo sotto giuramento. Egli

---

[139] 120 Broadway è l'argomento di un capitolo di questo libro e di un libro precedente, Sutton, *Bolshevik Revolution*, op. cit. Stone & Webster è presente anche nel libro precedente.

[140] *New York Times*, 28 dicembre 1934.

dichiarò di aver incontrato il generale Butler nel 1933 e che le ragioni della sua visita a Butler erano: (1) discutere del Comitato per un dollaro sano e (2) che pensava che Butler sarebbe stato un "brav'uomo per diventare comandante della Legione".

MacGuire ammise di aver detto al generale Butler di essere un membro del comitato degli ospiti illustri dell'American Legion; aveva un "vago ricordo" che il milionario Robert S. Clark avesse parlato con Butler, ma "negò con enfasi" di aver preso accordi per far incontrare Clark con Butler. MacGuire ha ammesso di aver inviato a Butler cartoline dall'Europa, di aver avuto una conversazione con il generale al Bellevue-Stratford Hotel e di aver detto a Butler che sarebbe andato alla convention di Miami. Tuttavia, quando gli è stato chiesto se avesse parlato a Butler del ruolo dei veterani nei governi europei, ha risposto di no, anche se ha dichiarato di aver detto a Butler che secondo lui "Hitler non sarebbe durato un altro anno in Germania e che Mussolini era allo sbando".[141]

La testimonianza di MacGuire sul suo incontro con French differisce sostanzialmente dal racconto di quest'ultimo:

DOMANDA. Per cosa l'ha chiamata il signor French, signor MacGuire?

RISPOSTA. Secondo il racconto del signor French, mi ha chiamato per incontrarmi e fare la mia conoscenza, perché avevo conosciuto il generale Butler, ero un suo amico e lui voleva conoscermi, e questo era l'obiettivo principale della sua visita.

DOMANDA. Non è stato discusso nient'altro?

RISPOSTA. Si è discusso di molte cose. La posizione del mercato

---

[141] House of Representatives, Investigation of Nazi Propaganda Activities and Investigation of Certain Other Propaganda Activities, Hearings No. 73-D.C.-6, op. cit., p. 45.

obbligazionario, il mercato azionario; cosa ritenevo fosse un buon acquisto in questo momento; cosa avrebbe potuto comprare se avesse avuto sette o ottocento dollari; la posizione del Paese; le prospettive di ripresa, e vari argomenti che due uomini avrebbero discusso se si fossero incontrati.

DOMANDA. Non c'è altro?

RISPOSTA. Nient'altro, tranne questo, signor Presidente: come ho detto ieri, credo, quando il signor French è venuto da me, ha detto. Il Generale Butler è, o è stato, nuovamente avvicinato da due o tre organizzazioni - e credo che abbia menzionato una di queste come un comitato di Vigilanti di questo paese - e mi ha chiesto: "Cosa ne pensa?" e credo di avergli risposto: "Perché, non credo che il Generale debba essere coinvolto in nessuno di questi affari in questo paese. Penso che questi signori stiano tutti cercando di usarlo; di usare il suo nome per scopi pubblicitari e per ottenere adesioni, e penso che dovrebbe tenersi lontano da queste organizzazioni".

DOMANDA. Non c'è altro?

RISPOSTA. Nient'altro. Questo è stato il succo dell'intera conversazione.[142]

MacGuire ha inoltre testimoniato di aver lavorato per Grayson Murphy e che Robert S. Clark aveva messo 300.000 dollari per formare il Committee for a Sound Dollar.

Il Comitato McCormack-Dickstein ha potuto confermare che Robert Sterling Clark ha trasmesso denaro a MacGuire per scopi politici:

Egli [MacGuire] ha inoltre testimoniato che questo denaro gli era stato dato dal signor Clark molto tempo dopo la Convention della Legione di Chicago, e che aveva anche ricevuto da Walter E. Frew della Corn Exchange Bank & Trust Co. la somma di 1.000 dollari,

---

[142] Ibidem, p. 45.

anch'essa messa a credito del Sound Money Committee.

MacGuire ha poi testimoniato di aver ricevuto da Robert Sterling Clark circa 7200 dollari, per le sue spese di viaggio per, in e da l'Europa, a cui si era aggiunta la somma di 2.500 dollari in un'altra occasione e di 1.000 dollari in un'altra occasione, e ha dichiarato sotto giuramento di non aver ricevuto nulla da nessun altro e ha inoltre testimoniato di aver depositato la somma sul suo conto personale presso la Manufacturers Trust Co, 55 Broad Street.

MacGuire ha inoltre testimoniato di avere un conto corrente di 432 dollari al mese, a cui erano state aggiunte alcune commissioni. In seguito MacGuire ha testimoniato che i 2.500 e i 1.000 dollari erano legati all'organizzazione del Committee for a Sound Dollar.

Il presidente McCormack ha quindi posto la seguente domanda: "Il signor Clark ha contribuito in qualche altro modo, oltre ai 30.000 dollari e alle altre somme che ha elencato, che le ha dato personalmente?", al che MacGuire ha risposto: "No, signore, gli è stato chiesto più volte di contribuire a diversi fondi, ma ha rifiutato".[143]

Nel comunicato stampa di New York, la commissione ha rilevato diverse discrepanze nella testimonianza di MacGuire sulla ricezione dei fondi. La sezione recita come segue:

MacGuire non ricordava nemmeno quale fosse lo scopo del suo viaggio a Washington, né se avesse consegnato alla Central Hanover Bank tredici banconote da mille dollari o se avesse acquistato una delle lettere di credito con un assegno certificato emesso sul conto del signor Christmas.

Nel corso dell'interrogatorio MacGuire non ricordava se avesse mai maneggiato banconote da mille dollari, e certamente non ricordava di averne esibite tredici in una sola volta in banca. A questo

---

[143] Comunicato stampa. New York City, pag. 12.

proposito va ricordato che l'acquisto di 13.000 dollari con banconote da mille dollari in banca avvenne solo sei giorni dopo che Butler sostenne che MacGuire gli aveva mostrato diciotto banconote da mille dollari a Newark.

Da quanto sopra, si può facilmente notare che oltre ai 30.000 dollari che Clark ha dato a MacGuire per il Sound Money Committee, ha prodotto circa 75.000 dollari in più, che MacGuire ha ammesso con riluttanza quando è stato messo di fronte alle prove.

Questi 75.000 dollari sono indicati nei 26.000 dollari versati sul conto della Manufacturers Trust, nei 10.000 dollari in valuta al pranzo, nell'acquisto di lettere di credito per un totale di 30.300 dollari, di cui l'assegno certificato di Christmas era rappresentato come 15.000 dollari, e nelle spese per l'Europa che si avvicinano agli 8.000 dollari. Tutto ciò non è ancora stato chiarito. Il Comitato non sa ancora se e quanto ci sia stato di più.[144]

La commissione ha quindi posto a MacGuire una domanda ovvia: se conoscesse Jackson Martindell. Purtroppo, un errore altrettanto ovvio nella risposta di MacGuire è stato lasciato passare senza essere contestato. La trascrizione della commissione recita come segue:

A cura del Presidente:

DOMANDA. Conosce il signor Martindell, il signor MacGuire?

RISPOSTA. Signor Martin Dell? No, signore, non lo so.

IL PRESIDENTE. È il suo nome?

---

[144] Ibidem, p. 13.

MR. DICKSTEIN. Credo di sì.[145]

In breve, abbiamo tre testimoni attendibili, il generale Butler, Paul French e il capitano Samuel Glazier, che testimoniano sotto giuramento i piani di un complotto per installare una dittatura negli Stati Uniti. E abbiamo una testimonianza contraddittoria da parte di Gerald MacGuire, che chiaramente giustifica ulteriori indagini. Tale indagine era inizialmente l'intenzione dichiarata del Comitato: "Il Comitato è in attesa del ritorno in questo Paese sia del signor Clark che del signor Christmas. Allo stato attuale, le prove richiedono una spiegazione che il Comitato non è stato in grado di ottenere dal signor MacGuire".[146]

Ma il Comitato non chiamò a testimoniare né il signor Clark né il signor Christmas. Non ha fatto alcuno sforzo ulteriore - almeno, non risulta dai documenti pubblici - per trovare una spiegazione alle incongruenze e alle imprecisioni della testimonianza di MacGuire, testimonianza resa alla commissione sotto giuramento.

Soppressione del coinvolgimento di Wall Street

La storia di un tentativo di assunzione del potere esecutivo negli Stati Uniti è stata soppressa non solo dalle parti direttamente interessate, ma anche da diverse istituzioni solitamente considerate come protettrici della libertà costituzionale e della libertà di indagine. Tra i gruppi che hanno soppresso le informazioni c'erano (1) il Congresso degli Stati Uniti, (2) la stampa, in particolare *il Time* e il *New York Times*, e (3) la stessa Casa Bianca. È inoltre degno di nota il fatto che non sia stata condotta alcuna indagine accademica su quello che è sicuramente uno degli eventi più inquietanti della recente storia americana. La soppressione è ancora più deplorevole alla luce dell'attuale tendenza al collettivismo negli Stati Uniti e

---

[145] House of Representatives, Investigation of Nazi Propaganda Activities and Investigation of Certain Other Propaganda Activities, Hearings No. 73-D.C.-6, op. cit., pag. 85.

[146] Comunicato stampa, New York City, p. 13.

della probabilità di un altro tentativo di presa di potere dittatoriale utilizzando come pretesto presunte minacce da sinistra o da destra.

La soppressione da parte della Commissione per le Attività Antiamericane della Camera si concretizzò nell'eliminazione di ampi stralci relativi a finanzieri di Wall Street, tra cui il direttore di Guaranty Trust Grayson Murphy, J.P. Morgan, gli interessi di Du Pont, Remington Arms e altri presunti coinvolti nel tentativo di complotto. Ancora oggi, nel 1975, non è possibile rintracciare una trascrizione completa delle udienze.

Alcune delle parti cancellate della trascrizione sono state portate alla luce dal giornalista John Spivak di.[147] Un riferimento all'amministratore dell'ANR Hugh Johnson mostrerà il tipo di informazioni soppresse; il Comitato ha eliminato le parole in corsivo dalla testimonianza stampata; Butler parla a MacGuire:

Ho chiesto: "C'è già qualcosa che fa scalpore?".

"Sì", mi disse, "stai a vedere; tra due o tre settimane la vedrai uscire sui giornali. Ci saranno grandi personaggi"... e nel giro di due settimane apparve la Lega della Libertà Americana, che era proprio come l'aveva descritta. Potremmo avere un presidente aggiunto, qualcuno che si prenda la colpa; e se le cose non funzionano, può lasciarlo perdere.

Ha detto: "È per questo che stava costruendo Hugh Johnson. Hugh Johnson ha parlato troppo e lo ha messo in difficoltà, e lo licenzierà nelle prossime tre o quattro settimane".

Ho chiesto: "Come fai a sapere tutto questo?".

---

[147] Si veda Jules Archer, *The Plot to Seize the White House*, op. cit.

"Oh", ha detto, "siamo sempre con lui. Sappiamo cosa succederà".[148]

Anche la testimonianza di Paul French è stata censurata dalla Commissione della Camera. Si veda il seguente estratto della testimonianza di French che si riferisce a John W. Davis, J.P. Morgan, alla Du Pont Company e ad altri esponenti di Wall Street e che avvalora fortemente la testimonianza del generale Butler:

All'inizio egli [MacGuire] suggerì che il Generale [Butler] organizzasse lui stesso questa organizzazione e chiedesse a tutti una quota di un dollaro all'anno. Ne discutemmo, e poi arrivò al punto di ottenere fondi finanziari esterni, e disse che non sarebbe stato difficile raccogliere un milione di dollari. Disse che poteva rivolgersi a John W. Davis [avvocato della J.P. Morgan & Co.] o a Perkins della National City Bank e a qualsiasi altra persona per ottenerlo. Naturalmente, questo può significare o meno. Cioè il suo riferimento a John W. Davis e a Perkins della National City Bank. Durante la mia conversazione con lui, non ho ovviamente assunto alcun impegno nei confronti del Generale. Lo stavo solo tastando.

In seguito, discutemmo della questione delle armi e dell'equipaggiamento, e lui suggerì che si potevano ottenere dalla Remington Arms Co.

Non credo che all'epoca abbia menzionato i legami di Du Pont con l'American Liberty League, ma ci ha girato intorno. Cioè, non credo che abbia menzionato la Liberty League, ma ha aggirato l'idea che quella fosse la porta di servizio; uno dei Du Pont è nel consiglio di amministrazione dell'American Liberty League e possiede una partecipazione di controllo nella Remington Arms Co... Ha detto che il generale non avrebbe avuto problemi ad arruolare 500.000 uomini.[149]

John L. Spivak, il giornalista che ha portato alla luce la soppressione

---

[148] George Seldes, *Mille americani*, op. cit, p. 288.

[149] Ibidem, pp. 289-290.

delle trascrizioni del Congresso, ha sfidato il copresidente del Comitato Samuel Dickstein di New York con le sue prove. Dickstein ha ammesso che: il Comitato aveva cancellato alcune parti della testimonianza perché si trattava di dicerie".

"Ma i vostri rapporti pubblicati sono pieni di testimonianze per sentito dire". "Davvero?", disse.

"Perché non è stato chiamato Grayson Murphy? Il suo Comitato sapeva che gli uomini di Murphy fanno parte dell'organizzazione di spionaggio antisemita Ordine del '76?".

"Non ne abbiamo avuto il tempo. Se avessimo avuto il tempo ci saremmo occupati dei gruppi di Wall Street. Non avrei esitato a cercare i Morgan".

"Avevate messo in lista Belgrano, comandante della Legione Americana, per testimoniare. Perché non è stato esaminato?".

"Non lo so. Forse può chiedere al signor McCormack di spiegarglielo. Io non c'entro niente".[150]

Resta il fatto che la commissione non ha chiamato Grayson Murphy, Jackson Martindell o John W. Davis, tutti direttamente accusati in una testimonianza giurata. Inoltre, la commissione ha cancellato tutte le parti della testimonianza che coinvolgevano altri personaggi di spicco: J.P. Morgan, i Du Pont, i Rockefeller, Hugh Johnson e Franklin D. Roosevelt. Quando il deputato Dickstein si dichiarò innocente con John Spivak, non fu coerente con la sua stessa lettera al Presidente Roosevelt, in cui affermava di aver posto delle restrizioni persino alla distribuzione pubblica delle audizioni della commissione, così come erano state stampate, "per evitare che finissero in mani non responsabili". Il rapporto finale pubblicato dalla commissione il 15 febbraio 1935 insabbiò ulteriormente la

---

[150] John L. Spivak, *A Man in his Time* (New York: Horizon Press, 1967), pp. 311, 322-25.

storia. John L. Spivak riassume succintamente l'insabbiamento: "Ho... studiato il rapporto della commissione. Il rapporto dedicava sei pagine alla minaccia degli agenti nazisti che operavano in questo Paese e undici pagine alla minaccia dei comunisti. Una pagina era dedicata al complotto per impadronirsi del governo e distruggere il nostro sistema democratico".[151]

Il ruolo dei principali giornali e riviste d'opinione nel raccontare l'affare Butler è altrettanto sospetto. In effetti, la loro gestione dell'evento ha l'aspetto di una vera e propria distorsione e censura. La veridicità di alcuni grandi giornali è stata ampiamente messa in discussione negli ultimi 50 anni[152], e in alcuni ambienti i media sono stati addirittura accusati di una cospirazione per sopprimere "tutto ciò che si oppone ai desideri degli interessi serviti". Ad esempio, nel 1917 il deputato Callaway inserì nel Congressional Record la seguente devastante critica al controllo della stampa da parte di Morgan:

MR. CALLAWAY. Signor Presidente, con il consenso unanime, inserisco a questo punto nel verbale una dichiarazione che mostra la combinazione di giornali, che spiega la loro attività in questa questione di guerra, appena discussa dal signore della Pennsylvania (signor Moore):

Nel marzo del 1915, gli interessi di J.P. Morgan, quelli dell'acciaio, della costruzione navale e della polvere da sparo, e le loro organizzazioni affiliate, riunirono 12 uomini di alto livello nel mondo dei giornali e li incaricarono di selezionare i giornali più influenti degli Stati Uniti e un numero sufficiente di essi per controllare in generale la politica della stampa quotidiana degli Stati Uniti.

Questi 12 uomini hanno risolto il problema selezionando 179

---

[151] Ibidem, p. 331.

[152] Si veda Herman Dinsmore, *All the News That Fits*, (New Rochelle: Arlington House, 1969).

giornali, e poi hanno iniziato un processo di eliminazione, per mantenere solo quelli necessari allo scopo di controllare la politica generale della stampa quotidiana in tutto il Paese. Si accorsero che era necessario acquistare il controllo solo di 25 dei giornali più importanti. I 25 giornali vennero concordati; vennero inviati degli emissari per acquistare la politica, nazionale e internazionale, di questi giornali; venne raggiunto un accordo; la politica dei giornali venne acquistata, per essere pagata al mese; venne fornito un redattore per ogni giornale per supervisionare e redigere adeguatamente le informazioni riguardanti le questioni di preparazione, il militarismo, le politiche finanziarie e altre cose di natura nazionale e internazionale considerate vitali per gli interessi degli acquirenti.

Questo contratto è attualmente in vigore e spiega perché le colonne della stampa quotidiana del Paese sono piene di ogni sorta di argomenti di preparazione e di false dichiarazioni sulle attuali condizioni dell'esercito e della marina degli Stati Uniti e sulla possibilità e probabilità che gli Stati Uniti vengano attaccati da nemici stranieri.

Questa politica comprendeva anche la soppressione di tutto ciò che si opponeva ai desideri degli interessi serviti. L'efficacia di questo schema è stata dimostrata in modo inequivocabile dal carattere delle notizie pubblicate dalla stampa quotidiana in tutto il Paese a partire dal marzo 1915. Hanno fatto ricorso a tutto ciò che era necessario per commercializzare il sentimento pubblico e per costringere il Congresso Nazionale a stanziamenti stravaganti e dispendiosi per l'Esercito e la Marina con la falsa pretesa che fossero necessari. Il loro argomento di base è che si tratta di "patriottismo". Stanno facendo leva su ogni pregiudizio e passione del popolo americano.[153]

Nell'affare Butler gli interessi accusati sono anche quelli identificati dal deputato Callaway: la società J.P. Morgan e le industrie

---

[153] Congressional Record, Vol. 55, pp. 2947-8 (1917).

dell'acciaio e della polvere. Il generale Butler accusò Grayson Murphy, un direttore della Guaranty Trust Company controllata da Morgan; Jackson Martindell, associato alla Stone & Webster, alleata dei Morgan; la Du Pont Company (l'industria delle polveri) e la Remington Arms Company, controllata dalla Du Pont e dagli interessi finanziari Morgan-Harriman. Inoltre, le aziende che compaiono nella testimonianza soppressa del Congresso del 1934 sono J.P. Morgan, Du Pont e Remington Arms. In breve, possiamo verificare la soppressione da parte del Congresso del 1934 di informazioni che supportano le precedenti accuse del 1917 del deputato Callaway.

Questa soppressione si estende anche alle principali testate giornalistiche? Possiamo fare due esempi lampanti: *il New York Times* e la rivista *Time*. Se una tale combinazione, come sostiene Callaway, esistesse davvero, allora questi due giornali sarebbero certamente tra i "25 più grandi giornali coinvolti negli anni '30". *Il New York Times* riferisce del "complotto" con un articolo in prima pagina il 21 novembre 1934: "Gen. Butler Bares 'Fascist Plot' to Seize Government by Force", con il paragrafo principale citato sopra (p. 143). L'articolo *del Times* è un resoconto ragionevolmente buono e include una dichiarazione esplicita del deputato Dickstein: "Dalle indicazioni attuali Butler ha le prove. Non ha intenzione di fare accuse serie se non ha qualcosa per sostenerle. Avremo qui uomini con nomi più importanti del suo". L'articolo del Times riporta poi che "il signor Dickstein ha detto che circa sedici persone citate dal generale Butler alla commissione saranno citate in giudizio e che lunedì prossimo potrebbe tenersi un'udienza pubblica". Il Times riporta anche le smentite, a volte furiose, di Hugh Johnson, Thomas W. Lamont e Grayson M-P. Murphy di Guaranty Trust.

La mattina seguente, il 22 novembre, il *Times* cambiò radicalmente la cronaca del complotto. Le rivelazioni furono spostate in una pagina interna, anche se la testimonianza riguardava ora Gerald MacGuire, uno degli accusati del complotto. Inoltre, si può notare un deciso cambiamento nell'atteggiamento della commissione. Il deputato McCormack ha dichiarato che "la commissione non ha deciso se chiamare altri testimoni". Ha detto che il testimone più importante, oltre al signor MacGuire, è Robert Sterling Clark, un ricco newyorkese con uffici nel palazzo della Borsa".

Mentre il resoconto *del Times* fu relegato in un'unica colonna interna, la pagina editoriale, la sezione più influente del giornale, pubblicò un editoriale principale che diede il tono ai resoconti successivi. Sotto il titolo "Credulità illimitata", si sosteneva che l'accusa di Butler era una "narrazione banale e poco convincente".... L'intera storia sembra una gigantesca bufala... non merita una discussione seria", e così via. In breve, *prima che* venissero chiamati i 16 testimoni importanti, prima che le prove fossero messe agli atti, *prima che* l'accusa venisse investigata. Il New York Times decise che non voleva sentir parlare di questa storia perché era una bufala, non adatta alla stampa.

Il giorno successivo, il 23 novembre, il Times cambiò ulteriormente la sua cronaca. I titoli erano ora dedicati ai rossi e alle lotte sindacali rosse e riguardavano le presunte attività dei comunisti nei sindacati americani, mentre la testimonianza di Butler e le prove che si stavano sviluppando erano nascoste all'interno delle notizie sulle attività dei rossi. La storia che ne risultò fu, ovviamente, vaga e confusa, ma di fatto insabbiò le prove di Butler.

Il 26 novembre le udienze continuarono, ma la commissione stessa aveva ormai i nervi a fior di pelle e rilasciò una dichiarazione: "Questa commissione non ha ricevuto alcuna prova che giustifichi minimamente la convocazione di uomini come John W. Davis, il generale Hugh Johnson, il generale James G. Harbord, Thomas W. Lamont, l'ammiraglio William S. Sims o Hanford MacNider".

Va notato che questi nomi erano emersi in una testimonianza giurata, poi cancellata dagli atti ufficiali. Il Times continuò a riferire di questo sviluppo in forma abbreviata in una pagina interna con il titolo "Il Comitato si calma sul 'complotto' di Butler, non ha prove che giustifichino la convocazione di Johnson e altri". Il 27 novembre il *Times* ridusse la notizia a cinque pollici di colonna in una pagina interna con il titolo minaccioso "Butler Plot Inquiry Not To Be Dropped". Le udienze di dicembre furono riportate dal *Times* in prima pagina (28 dicembre 1934), ma il complotto era ora stravolto in "Reds Plot to Kidnap the President, Witness Charges at House Inquiry".

Esaminando la storia dell'Affare Butler sul *Times* 40 anni dopo l'evento e confrontando il suo racconto con la testimonianza ufficiale stampata, a sua volta pesantemente censurata, è ovvio che il giornale, di sua iniziativa o su pressione esterna, decise che la storia non doveva essere resa pubblica. Coerentemente con questa interpretazione, scopriamo che il New York Times, il "giornale dei record", omette la testimonianza di Butler dalle voci del suo indice annuale, da cui dipendono ricercatori e studiosi. L'indice *del Times* per il 1934 ha una voce "BUTLER (Maj Gen), Smedley D", ma elenca solo alcuni dei suoi discorsi e un ritratto biografico. La testimonianza di Butler non è elencata. C'è una voce, "Vedi anche: Fascism-U.S.", ma sotto questo riferimento incrociato è elencato solo: "Maj Gen S.D. Butler charges plot to overthrow present govt; Wall Street interests and G.P. MacGuire implicated at Cong com hearing". L'unico nome significativo di Wall Street menzionato nell'indice è quello di R.S. Clark, che viene definito "perplesso" dalle accuse. Nessuno dei principali soci di Morgan e Du Pont citati dal generale Butler è elencato *nell'indice*. In altre parole, sembra esserci stato un tentativo deliberato da parte di questo giornale di fuorviare gli storici.

Il servizio di *Time* è sceso fino alla finzione nel tentativo di ridurre le prove del generale Butler al rango di assurdità. Se mai uno studente volesse costruire un esempio di cronaca distorta, ne esiste uno di prim'ordine nel confronto tra le prove presentate dal generale Butler alla commissione McCormack-Dickstein di e il successivo reportage *del Time*. Il numero del 3 dicembre 1934 del *Time* pubblicò la storia sotto il titolo "Plot without Plotters", ma la storia non ha alcuna somiglianza con la testimonianza, nemmeno con la testimonianza censurata. La storia ritrae il generale Butler che guida mezzo milione di uomini lungo la U.S. Highway 1 al grido di "Uomini, Washington è a sole 30 miglia di distanza! Volete seguirmi?". Butler fu poi raffigurato mentre prendeva il controllo del governo degli Stati Uniti con la forza dal Presidente Roosevelt. Il resto dell'articolo del *Time* è pieno di ricostruzioni del passato di Butler e di una serie di smentite da parte dell'accusato. Non c'è alcun tentativo di riportare le dichiarazioni del generale Butler, anche se le smentite di J.P. Morgan, Hugh Johnson, Robert Sterling Clark e Grayson Murphy sono citate correttamente. Sono incluse due fotografie: un geniale nonno J.P. Morgan e il generale Butler in una posa che simboleggia universalmente la follia: un dito puntato all'orecchio. Si trattava di un giornalismo scadente, disonesto e vergognoso al suo peggio. Qualunque sia il nostro pensiero sulla propaganda nazista o sulla distorsione della stampa sovietica, né Goebbels né *Goslit* hanno mai raggiunto la competenza ipnotica dei giornalisti e dei redattori *di Time*. Il problema è che le opinioni e i costumi di milioni di americani e di anglofoni in tutto il mondo sono stati plasmati da questa scuola di giornalismo distorto.

Per mantenere la nostra critica nella giusta prospettiva, va notato che *il Time* era apparentemente imparziale nella sua ricerca di un giornalismo lurido. Persino Hugh S. Johnson, amministratore dell'NRA e uno dei presunti complottisti dell'Affare Butler, fu un bersaglio delle malefatte *del Time*. Come riporta Johnson nel suo libro:

> *Ero in piedi nella tribuna d'onore di quella parata e c'erano centinaia di persone che conoscevo che salutavano mentre passavano. In basso c'erano batterie di telecamere e sapevo che se avessi alzato la mano più in alto delle spalle, sarebbe sembrato e sarebbe stato pubblicizzato come un "saluto fascista". Quindi non l'ho mai alzata. Mi limitai a tenere il braccio dritto e a muovere la mano. Ma questo non mi aiutò - il Times disse che avevo costantemente fatto il saluto a Mussolini e aveva anche una fotografia che lo provava, ma non era il mio braccio su quella fotografia. Portava il polsino nastrato di un cappotto tagliato e un polsino rigido e rotondo con un bottone vecchio stile e non ho mai indossato nessuno dei due in tutta la mia vita. Credo che fosse il braccio del sindaco O'Brien, che stava accanto a*

me, che era stato finto sul mio corpo.[154]

Una valutazione del caso Butler

Il punto più importante da valutare è la credibilità del generale Smedley Darlington Butler. Il generale Butler mentiva? Stava dicendo la verità? Stava forse esagerando per ottenere un effetto?

Il generale Butler era un uomo insolito e particolarmente insolito da trovare nelle forze armate: decorato due volte con la Medaglia d'Onore, leader indiscusso degli uomini, con un indubbio coraggio personale, una profonda lealtà verso i suoi simili e un feroce senso della giustizia. Tutte qualità ammirevoli. Certamente, il generale Butler non era il tipo di uomo che dice bugie o esagera per un motivo futile. La sua predisposizione al dramma lascia aperta la possibilità di un'esagerazione, ma una menzogna deliberata è molto improbabile.

Le prove sostengono o respingono Butler? Il reporter Paul French del *Philadelphia Record* sostiene interamente Butler. La testimonianza del capitano Glazier, comandante del campo CCC, sostiene Butler. In questi due casi non ci sono discrepanze nelle prove. Le dichiarazioni di MacGuire rese sotto giuramento al Congresso non sostengono Butler. Abbiamo quindi un conflitto di prove giurate. Inoltre, MacGuire è stato giudicato colpevole su diversi punti dalla commissione; ha usato l'evasione del "non ricordo" in diverse occasioni e, in aree importanti come il finanziamento da parte di Clark, MacGuire sostiene controvoglia Butler. La storia di Butler presenta un nucleo di plausibilità. C'è la possibilità di un'esagerazione, forse non insolita per un uomo con una personalità così ostentata come quella di Butler, ma non è né provata né smentita.

Senza dubbio, il Congresso degli Stati Uniti ha reso un grave disservizio alla causa della libertà sopprimendo la storia di Butler.

---

[154] Hugh S. Johnson, *L'aquila blu dall'uovo alla terra*, op. cit., p. 267.

Speriamo che qualche deputato o qualche commissione del Congresso, anche se in ritardo, riprenda il filo del discorso e renda pubblica l'intera testimonianza non censurata. Possiamo anche sperare che la prossima volta, in una questione di pari importanza, il New York Times sia all'altezza della sua pretesa di essere il giornale dei record, nome che ha giustificato in modo così ammirevole quattro decenni dopo nell'inchiesta sul Watergate.

Capitolo 11

I Socialisti Aziendali al 120 di Broadway, New York City

Aveva già cominciato a riapparire nell'ufficio della Fidelity and Deposit Company al 120 di Broadway. Non si recava ancora nel suo studio legale al 52 di Wall Street, a causa degli alti gradini d'ingresso: non poteva sopportare l'idea di essere portato su in pubblico. Al 120 di Broadway riusciva a salire da solo l'unico gradino dal marciapiede.

Frank Freidel, Franklin D. Roosevelt: The Ordeal
(Boston; Little, Brown, 1954), p. 119.

Come in *Wall Street e nella Rivoluzione bolscevica*, molti dei personaggi di spicco (tra cui FDR) e delle aziende, e persino alcuni degli eventi, descritti in questo libro si trovano a un unico indirizzo, l'Equitable Office Building al 120 di Broadway, a New York.

L'ufficio di Franklin D. Roosevelt all'inizio degli anni Venti, quando era vicepresidente della Fidelity and Deposit Company, era al 120 di Broadway. Il biografo Frank Freidel riporta sopra il suo rientro nell'edificio dopo l'attacco di poliomielite. In quel periodo, anche l'ufficio di Bernard Baruch si trovava al 120 di Broadway e Hugh Johnson, in seguito amministratore della NRA, era l'assistente di ricerca di Bernard Baruch allo stesso indirizzo.

Qui si trovavano anche gli uffici esecutivi della General Electric e gli uffici di Gerard Swope, autore del Piano Swope che divenne l'ANR di Roosevelt. Il Bankers Club si trovava all'ultimo piano di questo stesso Equitable Office Building e fu la sede di una riunione dei complottisti dell'Affare Butler nel 1926. Ovviamente, in questo indirizzo particolare c'era una concentrazione di talenti che meritava una descrizione più approfondita.

La rivoluzione bolscevica e 120 Broadway

In Wall Street e la rivoluzione bolscevica, abbiamo notato che i finanzieri legati alla rivoluzione erano concentrati in un unico indirizzo di New York, lo stesso Equitable Office Building. Nel 1917 la sede del distretto n. 2 del Federal Reserve System, il più importante dei distretti della Federal Reserve, si trovava al 120 di Broadway; dei nove direttori della Federal Reserve Bank di New York, quattro si trovavano fisicamente al 120 di Broadway, e due di questi direttori facevano contemporaneamente parte del consiglio di amministrazione della American International Corporation. L'American International Corporation era stata fondata nel 1915 dagli interessi di Morgan con la partecipazione entusiasta dei gruppi Rockefeller e Stillman. Gli uffici generali dell'A.I.C. si trovavano al 120 di Broadway. I suoi direttori erano fortemente interconnessi con altri importanti interessi finanziari e industriali di Wall Street, e fu stabilito che l'American International Corporation aveva un ruolo significativo nel successo e nel consolidamento della Rivoluzione bolscevica del 1917. Il segretario esecutivo dell'A.I.C. William Franklin Sands, interpellato dal Dipartimento di Stato per conoscere la sua opinione sulla Rivoluzione bolscevica a poche settimane dallo scoppio della stessa, nel novembre 1917 (molto prima che anche solo una frazione della Russia passasse sotto il controllo sovietico), espresse un forte sostegno alla rivoluzione. La lettera di Sands è ristampata in *Wall Street and the Bolshevik Revolution*. Anche Dwight Morrow, socio di Morgan, inviò un memorandum a David Lloyd George, primo ministro inglese, esortando a sostenere i rivoluzionari bolscevichi e ad appoggiare i suoi eserciti. Un direttore della FRB di New York, William Boyce Thompson, donò un milione di dollari alla causa bolscevica e intervenne presso Lloyd George a favore dei sovietici emergenti.

In breve, abbiamo trovato un modello identificabile di attività pro-bolscevica da parte di membri influenti di Wall Street, concentrati nella Federal Reserve Bank di New York e nell'American International Corporation, entrambe al 120 di Broadway. Nel 1933 la banca si era trasferita a Liberty Street.

La Federal Reserve Bank di New York e 120 Broadway

I nomi dei singoli direttori della FRB cambiarono tra il 1917 e gli anni Trenta, ma è stato determinato che, sebbene la FRB si fosse trasferita, quattro direttori della FRB avevano ancora uffici a questo indirizzo nel periodo del New Deal, come mostrato nella tabella seguente:

I direttori della Federal Reserve Bank di New York nel periodo del New Deal

Nome	Incarichi di amministratore in società situate al 120 Broadway
Charles E. Mitchell	Direttore della FRB di New York, 1929-1931, e direttore della Corporation Trust Co. (120 Broadway)
Albert H. Wiggin	Succeduto a Charles E. Mitchell come direttore della FRB di New York nel 1932-34 e direttore di American International Corp e Stone and Webster, Inc. (entrambi 120 Broadway).
Clarence M. Woolley	Direttore della FRB di New York, 1922-1936, e direttore della General Electric Co. (120 Broadway)
Owen D. Young	Direttore della FRB di New York, 1927-1935, e presidente della General Electric Co. (120 Broadway)

Persone e imprese con sede a:

120 BROADWAY	42 BROADWAY
Franklin Delano Roosevelt	Herbert Clark Hoover
Bernard Baruch	
Gerard Swope	
Owen D. Young	

Altri

American International Corp.	Grayson M-P Murphy (52 Broadway)
Corporation Trust Co.	Banca Internazionale di Accettazione, (52

Empire Trust Co. Inc.
Fidelity Trust Co.
American Smelting &
Refining Co.
Armour & Co. (Ufficio
di New York).
Baldwin Locomotive
Works
Federal Mining &
Smelting Co.
General Electric Co.
Kennecott Copper Corp.
Metal & Thermit Corp.
National Dairy Products
Corp.

Yukon Gold Co.

Stone & Webster &
Blodget, Inc.

Cedar St.)
Fiducia di accettazione internazionale

(52 Cedar St.)

International Manhattan Co. Inc.

(52 Cedar St.)

Jackson Martindell (14 Wall St.)

John D. Rockefeller, Jr. (26 Broadway)
Percy A. Rockefeller (25 Broadway)
Robert S. Clark (11 Wall St.)

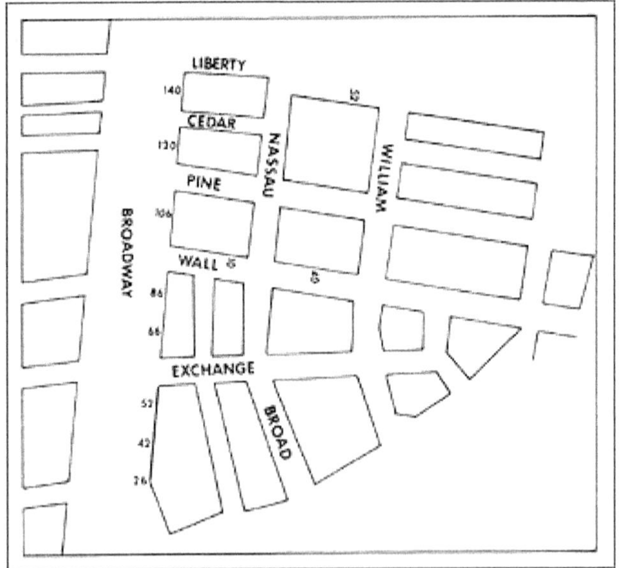

Mappa dell'area di Wall Street con le sedi degli uffici di persone
e aziende citate in questo libro.

American International Corporation e 120 Broadway

L'American International Corporation (AIC) fu costituita nel 1915 da una coalizione di interessi di Morgan, Stillman e Rockefeller; i suoi uffici generali furono al 120 di Broadway dal 1915 agli anni Venti. La grande eccitazione a Wall Street per la formazione dell'AIC portò a una concentrazione degli elementi finanziari più potenti nel suo consiglio di amministrazione: di fatto un'organizzazione monopolistica per lo sviluppo e lo sfruttamento d'oltremare.[155] Dei nove direttori del consiglio di amministrazione nel 1930, cinque facevano parte del consiglio dell'AIC nel 1917, all'epoca della Rivoluzione bolscevica: Matthew C. Brush, presidente e presidente del comitato esecutivo dell'American International Corporation e direttore della Empire Trust Company; Pierre S. Du Pont, membro della famiglia Du Pont e direttore della Bankers Trust Company; Percy A. Rockefeller, della famiglia Rockefeller e direttore della National City Bank; Albert H. Wiggin, direttore della Federal Reserve Bank di New York e della Rockefeller Chase National Bank; e Beekman Winthrop, della International Banking Corporation dei Warburg e della National City Bank. Negli anni Venti entrarono a far parte del consiglio di amministrazione dell'AIC numerosi finanzieri di spicco, tra cui Frank Altschul e Halstead G. Freeman della Chase National Bank, Arthur Lehman della Lehman Brothers e della Manufacturers Trust Company, e John J. Raskob, vicepresidente della Du Pont e direttore della General Motors e della Bankers Trust Company.

Mathew C. Brush, presidente, direttore e presidente del comitato esecutivo della American International Corporation e presidente della Allied Machinery, una società controllata, era anche direttore e membro del comitato esecutivo della International Acceptance Bank (vedi capitolo 6), direttore e membro del comitato esecutivo della Barnsdall Corporation[156], direttore della Empire Trust

---

[155] Si veda Sutton, *Rivoluzione bolscevica*, op. cit.

[156] La Barnsdall Corporation fu la società che nel 1921 entrò in Unione Sovietica per riaprire i giacimenti petroliferi del Caucaso per i sovietici,

Company (120 Broadway) e della Equitable Office Corporation (che possedeva e gestiva l'edificio al 120 Broadway), direttore della Georgian Manganese Company[157], direttore e membro del comitato esecutivo della Remington Arms Co, identificata dal generale Butler nell'ultimo capitolo. Matthew C. Brush era davvero all'avanguardia a Wall Street.

I contributi politici di Brush, a differenza di quelli di altri direttori dell'AIC, furono apparentemente limitati a 5000 dollari per la campagna di Herbert Hoover nel 1928. Brush è stato direttore della International Acceptance Bank, che ha tratto profitto dall'inflazione degli anni Venti, e direttore della Remington Arms (un nome soppresso nell'Affare Butler) mentre era presidente dell'American International, ma sembra essere stato ai margini degli eventi esplorati in questo libro. D'altra parte, quattro direttori di American International sono stati identificati come sostanziali sostenitori finanziari di Franklin D. Roosevelt: Frank Altschul, Pierre S. Du Pont, Arthur Lehman e John J. Raskob tra il 1928 e il 1932. La famiglia Lehman e John J. Raskob erano, come abbiamo visto, al centro del sostegno di Roosevelt. È significativo che l'AIC, il veicolo chiave per la partecipazione americana alla rivoluzione bolscevica, venga portato alla luce, anche se in forma incidentale, in uno studio dell'era Roosevelt.

L'affare Butler e 120 Broadway

La testimonianza alla Commissione per le Attività Antiamericane della Camera sul tentativo di convertire l'amministrazione Roosevelt in una dittatura con il Maggiore Generale Butler in un ruolo chiave come Segretario degli Affari Generali aveva diversi collegamenti con 120 Broadway. C'erano almeno una mezza

---

consentendo così all'Unione Sovietica di generare la valuta estera necessaria allo sviluppo di una Russia sovietizzata; cfr. Sutton, *Western Technology and Soviet Economic Development*, 1917 to 1930 (Stanford: Hoover Institution, 1968), vol. 1.

[157] Ibidem.

dozzina di persone che la commissione avrebbe dovuto citare in giudizio per indagare sulle dichiarazioni rese sotto giuramento dal generale Butler, dal capitano Glazier e da Paul French; di queste, quattro si trovavano al 120 Broadway o avevano un legame significativo con esso.

Secondo l'accusato Gerald MacGuire, la riunione originale dei presunti partecipanti si tenne nel 1926 al Bankers Club, al 120 di Broadway. Il seguente estratto delle audizioni della commissione riporta la dichiarazione di MacGuire; l'interrogante era il presidente McCormack:

DOMANDA. Da quanto tempo conosce Clark?

RISPOSTA. Credo di aver detto che ho fatto affari con lui e che lo conosco dal 1925 o 1926.

DOMANDA. Le ha mai dato quel tipo di denaro prima d'ora per usarlo, come lei dice, nel modo in cui voleva che lei lo rappresentasse in queste transazioni?

RISPOSTA. In quali operazioni?

DOMANDA. In quelle transazioni di denaro, da quel momento?

RISPOSTA. In quali operazioni monetarie?

DOMANDA. Intendo dire che dal 1926, quando lo ha incontrato e dopo, è stata la prima volta che ha ricevuto questo denaro senza alcuna ricevuta o documento o altro?

RISPOSTA. Sì.

DOMANDA. La cena si è svolta al Bankers Club, al 120 di Broadway, vero?

RISPOSTA. Sì.

DOMANDA. A chi è stata data quella cena; è stata data a qualcuno in particolare?

RISPOSTA. Era un pranzo normale.

DOMANDA. Chi era presente al vostro tavolo?

RISPOSTA. Signor Natale.

DOMANDA. E voi?

RISPOSTA. Sì.

DOMANDA. E il signor Clark?

RISPOSTA. Sì.[158]

Così, sebbene l'incontro originale che riunì Robert S. Clark, il suo avvocato Christmas e il venditore di obbligazioni Gerald MacGuire si tenesse al 120 di Broadway e Christmas e Clark fossero legati in molti modi a MacGuire, né Christmas né Clark furono convocati dal comitato. Inoltre, il capitano Samuel Glazier del campo CCC di Elkridge, nel Maryland, riferì alla commissione che Jackson Martindell aveva chiesto informazioni sull'addestramento di 500.000 soldati civili per scopi politici. Martindell non fu chiamato dalla commissione per contestare o confermare la testimonianza che lo coinvolgeva nell'Affare Butler.

La Du Pont Company, citata nella parte soppressa della testimonianza, si trovava al 120 di Broadway. Hugh S. Johnson, citato dal generale Butler come probabile partecipante, si trovava al 120 di Broadway quando lavorava come assistente di ricerca di

---

[158] House of Representatives, Investigation of Nazi Propaganda Activities and Investigation of Certain Other Propaganda Activities, Hearings No. 73-D.C.-6, op. cit., p. 80. "Mr. Clark" era Robert Sterling Clark e "Mr. Christmas" era l'avvocato di Clark.

Baruch; l'ufficio di Baruch si trovava allo stesso indirizzo.[159] Clark, MacGuire e Grayson M-P. Murphy avevano uffici proprio in fondo alla strada al numero 120; Clark all'indirizzo 11 Wall Street e MacGuire e Murphy al 52 Broadway.

È anche significativo che i nomi soppressi dalla commissione fossero situati al 120 di Broadway: l'ufficio esecutivo della Du Pont Company e la filiale della Du Pont, la Remington Arms. Gli altri partecipanti nominati, MacGuire, Clark, Christmas, Martindell, Grayson M-P. Murphy (presso il quartier generale di Rockefeller, 25 Broadway) si trovavano tutti a pochi isolati dal 120 Broadway e all'interno del cerchio d'oro precedentemente descritto.

Franklin D. Roosevelt e 120 Broadway

Abbiamo notato che l'ufficio preferito da FDR - ne aveva due nei primi anni Venti - era quello al 120 di Broadway. La Georgia Warm Springs Foundation, Inc. di FDR fu costituita come società del Delaware nel luglio 1926 con uffici al 120 di Broadway e rimase a quell'indirizzo almeno fino al 1936. Il rapporto annuale del 1934 della Georgia Warm Springs Foundation mostra che il presidente era indicato come Franklin D. Roosevelt, The White House, Washington D.C., con la sede della fondazione al 120 Broadway. Il vicepresidente e segretario aggiunto era Raymond H. Taylor, con il segretario-tesoriere Basil O'Connor, entrambi indicati all'indirizzo 120 Broadway.

Basil O'Connor è stato uno stretto collaboratore e socio in affari di Franklin D. Roosevelt. Nato nel 1892, O'Connor si laureò in legge ad Harvard nel 1915 e successivamente entrò a far parte dello studio legale Cravath and Henderson di New York per un anno, per poi lasciare lo studio Streeter & Holmes di Boston per tre anni. Nel 1919 Basil O'Connor aprì uno studio legale a New York con il proprio nome. Nel 1925 fu creato lo studio Roosevelt and O'Connor, che

---

[159] Senato degli Stati Uniti, Digest of Data From the Files of a Special Committee to Investigate Lobbying Activities, 74th Congress, Second Session, Part I: List of Contributions, (Washington, 1936), pag. 3.

durò fino all'insediamento di FDR nel 1933. Dopo il 1934, O'Connor fu socio anziano dello studio O'Connor & Farber e nel 1944 succedette a Norman H. Davis come presidente della Croce Rossa americana.

O'Connor fu direttore di diverse società: negli anni '20 della New England Fuel Oil Corp. e negli anni '40 della American Reserve Insurance Co. e della West Indies Sugar Corp. Dal 1928 fino alla sua morte è stato responsabile dell'amministrazione della Georgia Warm Springs Foundation.

Il New Deal di Roosevelt fu una miniera d'oro per alcuni collaboratori di FDR, tra cui Basil O'Connor. La Globe & Rutgers era una compagnia assicurativa ricapitalizzata con fondi statali e la riorganizzazione si rivelò una ricca fonte di onorari per gli avvocati che si occupavano della liquidazione e della riorganizzazione. Tra questi avvocati, l'ex studio O'Connor & Farber del Presidente Roosevelt richiese la parcella più alta, fino a quando Jesse Jones della Reconstruction Finance Corporation la ridusse. Ecco una lettera che Jesse Jones scrisse a Earle Bailie della J. & W. Seligman & Company a proposito di questi onorari:

6 ottobre 1933. Caro signor Bailie:

Il nostro consiglio di amministrazione non è disposto a investire o a prestare azioni di una compagnia assicurativa, ammesso che ne abbiamo il diritto, che preveda il pagamento di spese legali, di riorganizzazione o di altro tipo, come quelle proposte nel caso della Globe & Rutgers, che da informazioni ci risulta essere

Basil O'Connor	$200,000
Root, Clark, Buckner & Ballantine	165,000
Sullivan & Cromwell	95,000
Prentice & Townsend	50,000

Cravath, de Gersdorff, Swaine & Wood   37,500

Martin Conboy   35,000

Joseph V. McKee   25,000

Fratelli Coudert   12,000

ovvero un totale di 619.500 dollari. Anche la riduzione suggerita a un totale di 426.000 dollari sarebbe di gran lunga superiore a quelle che, a detta di questa Corporazione, sono le tariffe adeguate da pagare da parte di una compagnia assicurativa che viene ricapitalizzata con fondi governativi.

Distinti saluti, JESSE J. JONES

In base agli ordini del tribunale, lo studio del signor O'Connor ricevette 100.000 dollari nel 1934 e altri 35.000 dollari l'anno successivo.[160]

Conclusioni su 120 Broadway

È praticamente impossibile giungere a una conclusione certa sul significato di 120 Broadway; le spiegazioni possono andare dalla cospirazione alla coincidenza.

Che cosa possiamo dimostrare con prove dirette, piuttosto che con prove indiziarie?

In primo luogo, sappiamo che l'assistenza degli Stati Uniti alla Rivoluzione bolscevica ebbe origine nel circolo d'oro di Wall Street nel 1917 e si concentrò soprattutto a questo indirizzo. In secondo luogo, quando FDR entrò nel mondo degli affari nel 1921, uno dei due uffici di FDR si trovava a questo indirizzo, così come la sua

---

[160] Jesse H. Jones, *Cinquanta miliardi di dollari*, pagg. 209-210.

partnership legale con Basil O'Connor e la Georgia Warm Springs Foundation. In terzo luogo, Bernard Baruch e il suo assistente Hugh Johnson, che in seguito parteciparono alla pianificazione e all'amministrazione del National Industry Recovery Act, si trovavano nello stesso edificio. L'NRA era il logico seguito delle associazioni commerciali degli anni Venti, e FDR ebbe un ruolo di primo piano, insieme a Herbert Hoover, nell'attuazione degli accordi delle associazioni commerciali negli anni Venti. In quarto luogo, c'era un'associazione tra la General Electric e la Rivoluzione bolscevica, almeno nella costruzione della prima Unione Sovietica. Gli uffici esecutivi della G.E. si trovavano a questo indirizzo, così come quelli di Gerard Swope, il presidente della G.E. autore del piano Swope.

Infine, la bizzarra vicenda di Butler aveva alcuni legami con il 120 di Broadway. Ad esempio, questo era l'indirizzo di Du Pont a New York, anche se Remington Arms si trovava nel quartier generale di Rockefeller, al 25 di Broadway. La maggior parte dei complottisti aveva altri indirizzi, ma sempre all'interno del cerchio d'oro.

Nulla è provato da una posizione geografica comune. Sebbene il 120 Broadway fosse un edificio imponente, non era affatto il più grande di New York. Ma come si spiega la concentrazione di così tanti collegamenti a così tanti eventi storici importanti in un unico indirizzo? Si potrebbe sostenere che gli uccelli della stessa specie si uniscono. D'altra parte, è più che plausibile che questi uomini di Wall Street seguissero la massima di Frederick Howe e trovassero più conveniente, o forse più efficiente per i loro scopi, trovarsi a un unico indirizzo. Il punto da tenere a mente è che non esiste nessun'altra concentrazione geografica di questo tipo e, se ignoriamo le persone e le aziende al 120 di Broadway, non c'è alcuna relazione tra questi eventi storici e Wall Street. Il che, per inciso, è anche un'ottima ragione per mantenere la propria prospettiva e accettare il fatto che stiamo discutendo di una piccola frazione della comunità bancaria, una frazione che ha di fatto tradito il centro finanziario di un'economia libera.

Capitolo 12

FDR e i socialisti aziendali

Alla prima riunione del Gabinetto dopo l'insediamento del Presidente nel 1933, il finanziere e consigliere di Roosevelt, Bernard Baruch, e l'amico di Baruch, il generale Hugh Johnson, che sarebbe diventato il capo della National Recovery Administration, si presentarono con una copia di un libro di Gentile, il teorico del fascismo italiano, per ogni membro del Gabinetto, e tutti lo leggemmo con grande attenzione.

La signora Frances Perkins, Segretario del Lavoro sotto
FDR.

Vale la pena ricordare a questo punto l'epigrafe del capitolo 1, secondo cui Franklin D. Roosevelt credeva privatamente che il governo degli Stati Uniti fosse di proprietà di un'élite finanziaria. Naturalmente non c'è nulla di particolarmente originale in questa osservazione: era un luogo comune nel XIX secolo. In tempi moderni, scrittori diversi come Robert Welch e William Domhoff hanno affermato che l'America è controllata da un'élite finanziaria con sede a New York.

I sovietici, che non sono sempre del tutto imprecisi, hanno usato questo tema nella loro propaganda per decenni, ed era un tema marxista prima che arrivasse Lenin.[161]

---

[161] Potrebbe essere superfluo riportare questa letteratura, ma per completezza e a beneficio del lettore innocente, si possono includere alcuni titoli: William Domhoff, Who Rules America? (Englewood Cliffs, N.J.: Prentice-Hall, 1967);

Fu sotto Roosevelt che vennero introdotte a Washington le pittoresche nozioni keynesiane, la versione moderna del gioco truffaldino di John Laws con la carta moneta, e così i semi del nostro attuale caos economico furono gettati all'inizio degli anni Trenta sotto Roosevelt. L'inflazione contemporanea a due cifre, il sistema di previdenza sociale in bancarotta, la burocrazia statale in affanno, l'aumento della disoccupazione: tutto questo e altro ancora può essere ricondotto a Franklin Delano Roosevelt e al suo vortice legislativo.

Ma mentre ora paghiamo il prezzo di queste politiche insensate e irresponsabili, la disinformazione prevalente è così pervasiva che persino l'identità degli ideatori del New Deal di Roosevelt e le loro ragioni sono state dimenticate. Mentre i nostri economisti coprono le loro lavagne con equazioni statiche prive di significato, è in corso un'operazione di saccheggio dinamico dell'economia da parte degli autentici formulatori del New Deal liberale.

Mentre gli ingegneri sociali dal cuore tenero hanno gridato al capitalismo come causa della miseria del mondo, sono stati beatamente ignari del fatto che le loro stesse formule sociali in parte provenivano - e certamente sono state tranquillamente sovvenzionate - da questi stessi cosiddetti capitalisti. La visione a tunnel del nostro mondo accademico è difficile da battere ed è eguagliata solo dalla loro avarizia per una parte dell'azione.

Quello che scopriamo è che l'intervento del governo nell'economia è la radice dei nostri problemi attuali; che una cricca di Wall Street

---

Ferdinand Lundberg, The Rich and the Super Rich (New York: Lyle Stuart, 1968), e Gary Allen, None Dare Call It Conspiracy (Seal Beach, Calif.: Concord Press, 1972) Certamente, se il peso della carta stampata ha una qualche influenza, il potere di qualsiasi élite finanziaria sarebbe dovuto crollare da tempo. L'establishment sembra avere una notevole capacità di resistenza, ma non così tanta influenza come molti credono. La gamba più importante che sostiene la credibilità e quindi il potere dell'élite è la comunità accademica. Questo gruppo ha, in gran parte, scambiato la verità e l'integrità per una parte del potere politico e dell'azione finanziaria. A quanto pare gli accademici possono essere comprati - e non è necessario pagare troppo!

ha un potere sostanziale, anche se sottile, all'interno di questa struttura governativa per ottenere una legislazione vantaggiosa per se stessa; e che un primo esempio di questa legislazione che cerca di stabilire un monopolio legale sotto il controllo delle grandi imprese è stato il New Deal di FDR e, in particolare, la National Recovery Administration.

Il nome di Franklin Delano Roosevelt dovrebbe suggerire, ma raramente lo fa, un legame con Wall Street. Sia Delano che Roosevelt sono nomi di spicco nella storia delle istituzioni finanziarie americane.

Chi era Franklin Delano Roosevelt?

La carriera pre-politica di Roosevelt può essere descritta solo come quella di un finanziere. Sia la sua famiglia che la sua carriera prima del 1928 e della sua elezione a governatore di New York erano nel mondo degli affari, più precisamente nel mondo finanziario. Tra il 1921 e il 1928 Roosevelt fu direttore di 11 società con sede nel circolo d'oro di Wall Street e presidente di un'importante associazione commerciale. L'American Construction Council.

Inoltre, Roosevelt non solo fu presidente della United European Investors, Ltd., costituita per trarre vantaggio finanziario dalla miseria dell'iperinflazione tedesca, ma fu anche uno degli organizzatori dell'American Investigation Corporation, un potente consorzio finanziario. I Roosevelt formarono la società finanziaria Roosevelt & Son alla fine del XVIII secolo, e Delanos operò nell'arena finanziaria almeno dalla metà del XIX secolo.

I Roosevelt e i Delano non avranno raccolto le grandi ricchezze dei Morgan e dei Rockefeller, ma erano nomi noti e rispettati nelle sale della finanza internazionale. Anche negli anni Venti troviamo lo zio Frederic Delano nel Consiglio della Federal Reserve e George Emlen Roosevelt come direttore della Guaranty Trust, la bête noire della strada se mai ce n'è stata una.

Si sa anche che il Partito Progressista di Theodore Roosevelt, il primo passo verso il moderno Stato assistenziale, fu finanziato dagli interessi di J.P. Morgan; di conseguenza, non dovrebbe sorprenderci che Wall Street abbia appoggiato Roosevelt nel 1928, 1930 e 1932.

In breve, abbiamo dimostrato che Roosevelt era un Wall Streeter, discendente di famiglie di spicco di Wall Street e sostenuto finanziariamente da Wall Street. Le politiche attuate dal regime di Roosevelt erano esattamente quelle richieste dal mondo della finanza internazionale. Non dovrebbe essere una novità che i banchieri internazionali influenzino la politica. Ciò che sembra essere stato trascurato nella storia dell'era Roosevelt è che FDR non solo rifletteva i loro obiettivi, ma era più incline a farlo del cosiddetto reazionario Herbert Hoover. Infatti, Hoover perse nel 1932 perché, secondo le sue stesse parole, non era disposto ad accettare il Piano Swope, alias NRA, che definì, non a torto, "una misura fascista".

Non si può dire che Wall Streeter Roosevelt sia sempre stato un promotore altamente etico nelle sue flotte finanziarie. Gli acquirenti delle sue promozioni hanno perso denaro, e molto denaro, come suggerisce la seguente breve tabella basata sui dati presentati:

Come si sono comportati gli investitori con FDR al timone

Azienda associata a FDR	Prezzo di emissione delle azioni	Storico dei prezzi successivi
Investitori Europei Uniti, Ltd	10.000 marchi (circa 13 dollari)	La società è stata liquidata e ai possessori di azioni sono stati offerti 7,50 dollari.
Società fiduciaria internazionale germanica, Inc.	$170	Nel 1928 raggiunge i 257 dollari, nel 1930 viene liquidata a 19 dollari per azione.

La perdita dei fondi degli azionisti, invece, può essere dovuta a un incidente o a una cattiva gestione. Molti finanzieri onesti sono inciampati. Tuttavia, l'associazione con persone di chiara fama come Roberts e Gould nella United European Investors, Ltd. non è stata casuale.

L'associazione di FDR con l'American Construction Council riporta alla mente l'*obita dicta* di Adam Smith, secondo cui la legge "... non può impedire alle persone dello stesso mestiere di riunirsi a volte, ma non dovrebbe fare nulla per facilitare tali assemblee, tanto meno per renderle necessarie".[162] Perché no? Perché l'American Construction Council faceva gli interessi dell'industria edilizia, non quelli dei consumatori di servizi edili.

Il settore delle cauzioni di New York era fatto su misura per FDR. Come vicepresidente della Fidelity & Deposit Company del Maryland, FDR sapeva esattamente come operare nel mondo degli affari politicizzati, dove il prezzo e la qualità del prodotto sul mercato sono sostituiti da "Chi conosci?" e "Qual è la tua politica?".

L'affare United European Investors fu un tentativo di approfittare della miseria dell'iperinflazione tedesca del 1921-23. L'azienda operava con uno statuto canadese, senza dubbio perché all'epoca i requisiti di registrazione canadesi erano più permissivi. L'osservazione più evidente riguarda i collaboratori di FDR all'U.E.I., tra cui John von Berenberg Gossler, un co-direttore dell'HAPAG del cancelliere tedesco Cuno, responsabile dell'inflazione! Poi c'era William Schall, collaboratore di FDR a New York, che solo pochi anni prima era stato coinvolto nello spionaggio tedesco negli Stati Uniti, al 120 di Broadway. L'elemento Roberts-Gould della United European Investors era sotto inchiesta penale; FDR sapeva che era sotto inchiesta, ma continuò a fare affari.

Poi abbiamo scoperto che il background del New Deal era costellato di importanti finanzieri. La parte del New Deal dedicata alla ripresa economica fu una creazione di Wall Street, in particolare di Bernard Baruch e Gerard Swope della General Electric, sotto forma di Piano Swope. Nel Capitolo 5 abbiamo quindi ampliato l'idea della politicizzazione delle imprese e formulato la tesi del socialismo aziendale: il modo politico di gestire un'economia è più attraente per

---

[162] *Adam Smith, An Inquiry Into the Nature and Causes of the Wealth of Nations* (Londra: George Routledge n.d.), pag. 102.

le grandi imprese perché evita i rigori e l'efficienza imposta di un sistema di mercato. Inoltre, attraverso il controllo o l'influenza delle imprese sulle agenzie di regolamentazione e sul potere di polizia dello Stato, il sistema politico è un modo efficace per ottenere un monopolio, e un monopolio legale porta sempre alla ricchezza. Di conseguenza, Wall Street è intensamente interessata all'arena politica e sostiene quei candidati politici in grado di massimizzare la quantità di decisioni politiche, sotto qualsiasi etichetta, e di minimizzare il grado in cui le decisioni economiche della società sono prese sul mercato. In breve.

Wall Street ha un interesse personale nella politica, perché attraverso la politica può far sì che la società lavori per Wall Street. In questo modo può anche evitare le sanzioni e i rischi del mercato.

Abbiamo esaminato una prima versione di questa idea: La società pianificata di Clinton Roosevelt, pubblicata nel 1841. Abbiamo poi discusso brevemente la dittatura economica di Bernard Baruch del 1917 e la sua intenzione dichiarata di seguire il corso di un'economia pianificata in tempo di pace, facendo risalire Baruch e il suo assistente economico Hugh Johnson al nucleo stesso della National Recovery Administration. È stata poi prestata attenzione al Federal Reserve System come esempio più evidente di monopolio legale privato e al ruolo dei Warburg attraverso la International Acceptance Bank e al modo in cui la banca è riuscita a convincere la società a lavorare per Wall Street. In un ultimo sguardo agli anni precedenti al New Deal di FDR, abbiamo esaminato il funzionamento dell'American Construction Council, un'associazione di categoria, il cui concetto è nato con Herbert Hoover, ma il cui presidente è stato FDR. Il Consiglio aveva come obiettivi dichiarati la limitazione della produzione e la regolamentazione dell'industria, un eufemismo per indicare il controllo dell'industria per la massimizzazione dei propri profitti.

Abbiamo poi esaminato i contributi finanziari delle elezioni del 1928, 1930 e 1932, ritenendo che tali contributi siano una misura molto accurata delle inclinazioni politiche. Nel 1928, una percentuale straordinaria dei contributi più consistenti, quelli superiori a 25.000 dollari, proveniva dalla cerchia d'oro di Wall

Street. Queste grandi somme sono importanti perché è più che probabile che i loro contribuenti siano identificabili dopo le elezioni, quando chiederanno favori in cambio delle loro precedenti sovvenzioni. Abbiamo scoperto che ben il 78,83% dei contributi superiori a 1.000 dollari alla campagna di Al Smith per la presidenza proveniva da un cerchio di un miglio centrato al 120 di Broadway. Analogamente, il 51,4% dei contributi di Hoover, una cifra minore ma comunque significativa, proveniva da questa stessa area. Abbiamo poi dimostrato che, dopo la sua elezione, Herbert Hoover ricevette un ultimatum da Wall Street: o accettava il Piano Swope (l'NRA) o il denaro e l'influenza di Wall Street sarebbero andati a FDR, che era disposto a sponsorizzare quel piano. A suo eterno merito, Herbert Hoover si rifiutò di introdurre tale pianificazione sostenendo che fosse equivalente allo Stato fascista di Mussolini. FDR non fu così pignolo.

Nella campagna elettorale di FDR per la carica di governatore di New York nel 1930, abbiamo individuato un'importante influenza di Wall Street. Ci fu un flusso straordinario di fondi attraverso la County Trust Company, e John J. Raskob della Du Pont e della General Motors emerse come presidente del Comitato per la campagna democratica e come potenza dietro le quinte dell'elezione di FDR. Il 78% dei contributi "early-bird" prima del congresso per la candidatura presidenziale di FDR nel 1932 proveniva da Wall Street.

Il Piano Swope era un piano per costringere l'industria americana a riunirsi in associazioni di categoria obbligatorie e per ottenere l'esenzione dalle leggi antitrust. Il piano fu abbindolato con un'enorme carota di welfare per placare i dubbi dei lavoratori e di altri gruppi. L'amministratore della National Recovery Administration, nata dal Piano Swope, era l'assistente di Baruch. Il generale Hugh Johnson. I tre moschettieri, la cerchia di assistenti di Johnson, comprendevano Gerard Swope della General Electric, Walter Teagle della Standard Oil del New Jersey e Louis Kirstein della Filene's di Boston. L'adesione ai codici dell'ANR era obbligatoria per tutte le aziende con più di 50 dipendenti. Il piano Swope dell'ANR fu accolto favorevolmente da socialisti come Norman Thomas, la cui principale obiezione era solo che loro, i socialisti ortodossi, non dovevano gestire il piano.

Fortunatamente, l'NRA ha fallito. Le grandi imprese hanno tentato di opprimere il piccolo uomo. I codici erano pieni di abusi e incoerenze. La Corte Suprema pose fine alle sue sofferenze con la decisione Schechter Poultry del 1935, anche se il suo fallimento era evidente da molto prima della decisione della Corte Suprema. A causa del fallimento dell'ANR, il cosiddetto Affare Butler del 1934 diventa di particolare interesse. Secondo la testimonianza del generale Smedley Butler al Congresso, supportata da testimoni indipendenti, esisteva un piano per installare un dittatore alla Casa Bianca. Il Presidente Roosevelt sarebbe stato cacciato ai piani alti e un nuovo Segretario Generale - al quale fu offerto il posto - avrebbe dovuto assumere il controllo dell'economia per conto di Wall Street. Per quanto inverosimili possano sembrare queste accuse, possiamo isolare tre importanti affermazioni di fatto:

1.C'è stata una conferma indipendente delle dichiarazioni del generale Butler e, in qualche misura, una conferma involontaria da parte di uno dei complottisti.
2.Esisteva un motivo per cui Wall Street ha avviato una scommessa così disperata: la proposta NRA-Swope stava naufragando.
3.La presunta identità degli uomini dietro le quinte è la stessa identificata nella rivoluzione bolscevica e nella promozione politica di FDR.

Sfortunatamente, e con grande vergogna. Il Congresso ha soppresso il nucleo della testimonianza di Butler. Inoltre, *il New York Times* ha dapprima riportato la storia in modo corretto, ma poi ha insabbiato e distorto la copertura, fino ad arrivare a un'indicizzazione incompleta. Rimane la possibilità concreta che il fallimento del piano Baruch-Swope-Johnson per l'NRA sia stato seguito da un'acquisizione più occulta e coercitiva dell'industria americana. Questo evento merita la massima attenzione da parte di studiosi imparziali. Ovviamente, la storia completa deve ancora emergere.

Ancora una volta, come nel volume precedente, troviamo una

notevole concentrazione di persone, aziende ed eventi a un unico indirizzo: 120 Broadway, New York City. Era l'indirizzo dell'ufficio di FDR come presidente della Fidelity & Deposit Company. Era l'indirizzo di Bernard Baruch e di Gerard Swope. I tre principali promotori della National Recovery Administration - FDR, Baruch e Swope - si trovavano allo stesso indirizzo per tutti gli anni Venti. L'aspetto più inquietante è che la riunione originale dell'Affare Butler si tenne nel 1926 al Bankers Club, anch'esso situato al 120 di Broadway.

Non è ancora stata fornita una spiegazione per questa notevole concentrazione di talenti e idee in un unico indirizzo. Ovviamente, si tratta di un'osservazione di cui prima o poi si dovrà rendere conto. Abbiamo anche trovato una concentrazione di direttori dell'American International Corporation, il veicolo per il coinvolgimento di Wall Street nella rivoluzione bolscevica, e forti contribuenti della campagna di Roosevelt.

Possiamo guardare a questa storia in una prospettiva più ampia? Le idee alla base del New Deal di Roosevelt non erano in realtà quelle di Wall Street, ma risalgono all'epoca romana. Dal 49 al 44 a.C. Giulio Cesare aveva i suoi progetti di lavori pubblici "new deal"; nel 91 d.C. Domiziano aveva il suo equivalente del Consiglio edilizio americano per fermare la sovrapproduzione. La caduta definitiva di Roma riflette tutti gli elementi che riconosciamo oggi: spese governative stravaganti, inflazione rapida e tassazione schiacciante, il tutto unito a una regolamentazione statale totalitaria.[163]

Sotto Woodrow Wilson Wall Street ottenne un monopolio bancario centrale, il Federal Reserve System. Il significato della International Acceptance Bank, controllata dall'establishment finanziario di Wall Street, era che le banche della Federal Reserve usavano il potere di polizia dello Stato per creare una macchina perenne per fare soldi: la capacità di creare denaro con un tratto di penna o con la pressione

---

[163] H. J. Haskell, *The New Deal in Old Rome: How Government in the Ancient World Tried to Deal with Modern Problems* (New York: Knopf, 1947), pp. 239-40.

di un tasto del computer. I Warburg, figure chiave della International Acceptance Bank - una macchina per fare soldi oltreoceano - erano consulenti dell'amministrazione Roosevelt e delle sue politiche monetarie. L'oro fu dichiarato una "reliquia barbarica", aprendo la strada alla cartamoneta senza valore negli Stati Uniti. Nel 1975, mentre andiamo in stampa, il dollaro fiat inconvertibile è ovviamente sulla via del definitivo deprezzamento.

Wall Street ha riconosciuto il risultato dell'eliminazione dell'oro come garanzia della moneta? Certo che sì! Lo testimonia Paul Warburg a una commissione del Congresso: L'abbandono del gold standard significa fluttuazioni selvagge delle valute estere e, quindi, la distruzione del libero afflusso di capitali e affari stranieri. I Paesi deboli ripudieranno - o, per usare un'espressione più educata, "finanzieranno i loro debiti" - ma non ci sarà una demonetizzazione generale dell'oro. Alla fine della guerra l'oro non varrà di meno, ma di più.[164]

L'inevitabile conclusione cui ci costringe l'evidenza è che può effettivamente esistere un'élite finanziaria, come sottolineato da Franklin D. Roosevelt, e che l'obiettivo di questa élite è l'acquisizione monopolistica della ricchezza. Abbiamo definito questa élite sostenitori del socialismo aziendale. Essa prospera nel processo politico e svanirebbe se fosse esposta all'attività del libero mercato. Il grande paradosso è che l'influente movimento socialista mondiale, che si considera nemico di questa élite, è in realtà il generatore proprio di quella politicizzazione dell'attività economica che mantiene il monopolio al potere e di cui il suo grande eroe, Franklin D. Roosevelt, è stato lo strumento.

---

[164] Senato degli Stati Uniti, Hearings, Munitions Industry, Part 25, op. cit., p. 8105.

Appendice A

Il Piano Swope

1.Tutte le aziende industriali e commerciali (comprese le filiali) con 50 o più dipendenti e che svolgono un'attività interstatale possono costituire un'associazione di categoria che sarà sottoposta alla supervisione di un organismo federale di cui si dirà in seguito.

2.Queste associazioni di categoria possono delineare le pratiche commerciali, l'etica degli affari, i metodi di contabilità standard e la pratica dei costi, le forme standard di bilancio e di dichiarazione dei guadagni, ecc. e possono raccogliere e distribuire informazioni sul volume d'affari transato, sulle scorte di merci in magazzino, sulla semplificazione e sulla standardizzazione dei prodotti, sulla stabilizzazione dei prezzi e su tutte le questioni che possono sorgere di volta in volta in relazione alla crescita e allo sviluppo dell'industria e del commercio, al fine di promuovere la stabilizzazione dell'occupazione e di fornire il miglior servizio al pubblico. Gran parte di questo tipo di scambio di informazioni e dati viene già portato avanti dalle associazioni di categoria attualmente esistenti. È possibile svolgere un lavoro molto più prezioso di questo tipo.

3.L'interesse pubblico sarà tutelato dalla supervisione delle società e delle associazioni commerciali da parte della Federal Trade Commission o di un ufficio del Dipartimento del Commercio o di un organo di controllo federale appositamente costituito.

4.Tutte le aziende che rientrano nell'ambito di applicazione di questo piano dovranno adottare sistemi standard di contabilità e costi e forme standardizzate di bilancio e conto economico. Questi sistemi e moduli possono essere diversi per i vari settori, ma seguiranno un piano uniforme per ogni settore, adottato dall'associazione di categoria e approvato dall'organo di vigilanza federale.

5.Tutte le società con un numero di partecipanti o azionisti pari o superiore a 25 e residenti in più di uno Stato devono inviare ai propri partecipanti o azionisti e all'organo di vigilanza, almeno una volta al trimestre, un resoconto degli affari e degli utili nella forma prescritta. Almeno una volta all'anno dovranno inviare a i partecipanti o gli azionisti e all'organo di vigilanza un bilancio completo e un rendiconto degli utili nella forma prescritta. In questo modo i proprietari saranno informati sulle condizioni dell'azienda in modo così dettagliato da non poter essere criticati per l'irregolarità o la scarsa frequenza dei rendiconti o dei metodi di presentazione.

6.L'organo di vigilanza federale collaborerà con l'Internal Revenue Department e con le associazioni di categoria per sviluppare per ogni settore forme standardizzate di stato patrimoniale e di conto economico, a seconda della natura dell'attività, allo scopo di riconciliare i metodi di rendicontazione delle attività e dei redditi con la base dei valori e dei redditi calcolati ai fini dell'imposta federale.

7.Tutte le società con le caratteristiche qui descritte possono adottare immediatamente le disposizioni del presente piano, ma sono tenute a farlo entro 3 anni, a meno che il termine non venga prorogato dall'organo di vigilanza federale. Le società analoghe costituite dopo l'entrata in vigore del piano possono aderire subito, ma dovranno farlo prima della scadenza di 3 anni dalla data di costituzione, a meno che il termine non venga prorogato dall'organo federale di vigilanza.

8.Per la tutela dei dipendenti, tutte le aziende adotteranno i seguenti piani:

A. **Una legge sul compenso dei lavoratori**, che fa parte della legislazione necessaria nell'ambito di questo piano, sarà modellata, dopo un attento studio, sulle migliori caratteristiche delle leggi emanate dai vari Stati.

B. **ASSICURAZIONE SULLA VITA E SULL'INVALIDITÀ**. Tutti i dipendenti delle aziende incluse in questo piano possono, dopo due anni di servizio presso tali aziende e prima della scadenza dei cinque anni di servizio, essere coperti da un'assicurazione sulla vita e sull'invalidità.

1)   La forma della polizza sarà stabilita dall'associazione di cui la Società fa parte e approvata dall'organo di vigilanza federale. La polizza apparterrà al dipendente e potrà essere conservata da quest'ultimo e mantenuta in vigore anche in caso di cambiamento di impiego o di cessazione di un particolare servizio, come indicato in seguito su.

2)   Il valore nominale di una polizza deve essere approssimativamente pari a un anno di stipendio, ma non superiore a 5.000 dollari, con l'eccezione che il dipendente può, se lo desidera, aumentare a proprie spese l'importo dell'assicurazione, previa approvazione del Consiglio di amministrazione, definito in seguito.

3)   Il costo di questa assicurazione sulla vita e sull'invalidità sarà pagato per metà dal dipendente e per metà dall'azienda per cui lavora, con la seguente eccezione: il costo dell'azienda sarà determinato sulla base dei premi all'età effettiva dei dipendenti di età inferiore ai 35 anni e sulla base dei 35 anni di età per tutti i dipendenti di età pari o superiore ai 35 anni e sarà pari a un valore nominale di circa metà di un anno di stipendio, ma limitato a un premio massimo per 2.500 dollari di assicurazione. Un dipendente che sottoscrive un'assicurazione all'età di 35 anni o più pagherà il premio in eccesso rispetto all'importo basato sull'età di 35 anni. In questo modo si elimina la necessità di limitare l'assunzione di dipendenti o il loro trasferimento da un'azienda all'altra a causa dell'età avanzata, in quanto non grava l'azienda di un onere eccessivo di premi elevati.

4)   L'assicurazione sulla vita e sull'invalidità può essere stipulata da una compagnia di assicurazione sulla vita scelta dall'associazione di categoria e approvata dall'organo di vigilanza federale, oppure può essere stipulata da una compagnia organizzata dall'associazione di categoria e approvata dall'organo di vigilanza federale, o ancora può essere costituita un'unica compagnia per servire tutte le associazioni.

5)   L'amministrazione del piano assicurativo di ciascuna società sarà affidata a un Consiglio di amministrazione composto da rappresentanti, eletti per metà dai dipendenti. I poteri e i doveri del Consiglio di amministrazione per ogni azienda saranno quelli di formulare regole generali relative all'idoneità

dei dipendenti, ecc. ma tali regole dovranno essere in linea con il piano generale stabilito dal Consiglio generale di amministrazione dell'associazione di categoria a cui l'azienda è iscritta e approvato dall'organo di vigilanza federale.

6)   Le disposizioni per la continuazione della polizza dopo che il dipendente lascia un'azienda e passa a un'altra della stessa associazione, o passa a un'azienda di un'altra associazione di categoria; la continuazione della polizza dopo il pensionamento in pensione; le disposizioni relative ai beneficiari; l'invalidità totale o parziale; il metodo di pagamento dei premi mediante detrazione dal libro paga o in altro modo, settimanalmente, mensilmente o annualmente, devono essere incluse nel piano formulato dall'associazione di categoria, con l'approvazione dell'organo di vigilanza federale.

7)   Se un dipendente lascia un'azienda per passare a un'altra che non è membro dell'associazione di categoria, se intraprende un'attività in proprio o se si ritira dall'attività industriale o commerciale, può scegliere di conservare la parte di polizza per la quale ha pagato, in tutto o in parte, continuando a pagare l'intero premio proporzionale, oppure può ricevere una polizza liquidata o il valore di riscatto per la parte per la quale ha pagato i premi. Il valore di riscatto della parte di polizza pagata dalla compagnia sarà versato alla compagnia che ha pagato i premi.

C. **PENSIONI**. Tutti i dipendenti delle aziende incluse in questo piano saranno coperti da piani pensionistici di vecchiaia che saranno adottati dalle associazioni di categoria e approvati dall'organo di vigilanza federale. Le principali disposizioni saranno le seguenti:

1)   Tutti i dipendenti, dopo due anni di servizio presso un'azienda che rientra nel campo di applicazione di questo piano e prima della scadenza dei cinque anni di servizio, possono essere coperti dal piano pensionistico di vecchiaia.

2)   Tutti i dipendenti dopo due anni di servizio possono, e dopo cinque anni di servizio dovranno, accantonare un minimo dell'1% dei guadagni, ma non più di 50 dollari all'anno, per il fondo pensione. Il dipendente può, se lo desidera, accantonare una somma maggiore, previa approvazione del Consiglio di

amministrazione.

3)   La Società è tenuta ad accantonare un importo pari al minimo sopra indicato, ovvero l'uno per cento dei guadagni dei dipendenti, ma non più di 50 dollari all'anno per dipendente.

4)   La percentuale minima di cui sopra deve essere la stessa per tutti i dipendenti che hanno meno di 35 anni al momento dell'inizio dei pagamenti e la percentuale minima per questi dipendenti deve rimanere invariata in seguito. La percentuale da accantonare per i dipendenti che entrano nel piano pensionistico a partire da 35 anni di età sarà determinata in modo tale da fornire un'indennità di pensionamento all'età di 70 anni come se avessero iniziato i pagamenti dell'1% all'età di 35 anni. Queste disposizioni consentono ai dipendenti di passare da un'azienda all'altra della stessa associazione o di associazioni diverse a qualsiasi età, con un'indennità di pensionamento che non sarà inferiore al tasso minimo di un dipendente entrato nel piano pensionistico all'età di 35 anni.

5)   Gli importi accantonati dal dipendente e dall'azienda, con interessi composti semestralmente al 5% fino al pensionamento all'età di 70 anni, per un dipendente medio tipico, fornirebbero una rendita pari a circa la metà dello stipendio.

6)   L'amministrazione del piano pensionistico per ogni azienda sarà sotto la direzione di un Consiglio di amministrazione, composto da rappresentanti, per metà nominati dalla direzione e per metà eletti dai membri del personale. I poteri e i doveri del Consiglio di amministrazione per ogni azienda saranno quelli di formulare regole generali relative all'idoneità dei dipendenti, alle condizioni di pensionamento, ecc. ma tali regole dovranno essere in linea con il piano generale stabilito dal Consiglio generale di amministrazione dell'associazione di categoria a cui l'azienda è iscritta e approvato dall'organo di vigilanza federale.

7)   Gli importi raccolti dai dipendenti e dalle aziende saranno depositati presso il fondo pensione organizzato dall'associazione, la cui gestione sarà sotto la direzione del Consiglio generale di amministrazione di cui si dirà in seguito. In nessun caso tali fondi saranno lasciati sotto il controllo di una singola azienda.

8)   Il fondo pensione investirà tutti i fondi e li metterà a disposizione dei singoli dipendenti, compresi i redditi percepiti dal fondo. Se un dipendente passa da un'azienda a un'altra della

stessa associazione, i fondi accumulati a suo credito saranno mantenuti a suo credito con un'adeguata registrazione del trasferimento. Se un dipendente passa a un'azienda di un'altra associazione, i fondi accumulati a suo credito saranno trasferiti a suo credito nel fondo pensione dell'associazione in cui si reca. Se un dipendente passa a un'azienda che non rientra in queste disposizioni o che non è membro di un'associazione di categoria, si mette in proprio o si ritira da un'occupazione industriale o commerciale, gli verrà consegnato l'importo dei suoi versamenti più l'interesse al tasso medio maturato dai fondi. Se un dipendente muore prima di raggiungere l'età pensionabile, il suo beneficiario riceverà l'importo dei suoi versamenti più gli interessi al tasso medio maturato dai fondi. Quando un dipendente raggiunge l'età pensionabile, l'intero importo accumulato a suo favore, compresi i suoi pagamenti e quelli dell'azienda, più gli interessi accumulati, gli sarà consegnato sotto forma di rendita. Se un dipendente passa a un'azienda che non rientra in queste disposizioni o che non è membro di un'associazione di categoria, si mette in proprio o si ritira dall'attività industriale o commerciale, può scegliere di lasciare che l'importo a suo credito (cioè i propri versamenti più quelli dell'azienda e gli interessi accumulati) rimanga presso il fondo pensione per essere trasferito, se dovesse tornare alle dipendenze di un'azienda che rientra nelle disposizioni di questo piano. Se non torna alle dipendenze di un'azienda che rientra nelle disposizioni del presente piano, può ritirare in qualsiasi momento successivo l'importo dei propri versamenti più gli interessi al tasso medio maturato dai fondi fino a quel momento. I contributi aziendali e gli interessi accumulati accreditati ai dipendenti che muoiono o che, per le ragioni sopra indicate, ricevono o ritirano i propri contributi e interessi, saranno restituiti al datore di lavoro o ai datori di lavoro che li hanno versati.

9)   Le norme che regolano il pagamento delle pensioni al momento del pensionamento e tutte le altre norme che ne regolano il mantenimento sono stabilite dall'associazione di categoria, approvate dall'organo di vigilanza federale e osservate dal Consiglio generale di amministrazione e dai Consigli di amministrazione delle aziende associate.

D. **ASSICURAZIONE CONTRO LA DISOCCUPAZIONE**. Tutti i dipendenti che lavorano a cottimo, a ore, giornalmente, settimanalmente o mensilmente, con una retribuzione normale di 5.000 dollari all'anno o meno (circa 96,15 dollari a settimana) saranno coperti dall'assicurazione contro la disoccupazione.

1)Tutti i dipendenti possono, dopo due anni di servizio presso un'azienda che rientra nelle disposizioni del presente piano e, dopo cinque anni di servizio, sono tenuti ad accantonare un minimo dell'1% dei guadagni, ma non più di 50 dollari all'anno, per un fondo di assicurazione contro la disoccupazione.
2)La società sarà tenuta ad accantonare un importo pari a quello accantonato dai dipendenti, come sopra indicato, ovvero l'uno per cento dei guadagni di ciascun dipendente, ma non più di 50 dollari all'anno per ciascuno di essi.
3)Se un'azienda regolarizza e garantisce l'impiego per almeno il 50% del salario normale pagato ogni anno a tali dipendenti, non è necessario effettuare la valutazione aziendale per i dipendenti coperti da tale garanzia, ma i dipendenti verseranno un minimo dell'1% dei guadagni, ma non più di 50 dollari all'anno, in un fondo speciale per il proprio beneficio.

Se il dipendente lascia l'azienda, muore o va in pensione, l'importo a suo credito nel fondo speciale, più gli interessi al tasso medio maturato dal fondo speciale, sarà dato a lui o ai suoi beneficiari o aggiunto alla sua pensione.

4)Se un'azienda pianifica il proprio lavoro in modo tale da essere in grado di ridurre la disoccupazione, quando l'importo del credito di tale azienda nel fondo di disoccupazione normale è pari, ma non inferiore, al 5% dei normali guadagni annuali dei dipendenti coperti, l'azienda può cessare il pagamento al fondo. I pagamenti dei dipendenti continueranno.

L'azienda riprenderà i pagamenti quando il suo credito nel fondo di disoccupazione normale scenderà al di sotto del 5% della normale retribuzione annuale dei dipendenti coperti.

5)Quando i pagamenti settimanali effettuati dal fondo per i sussidi di disoccupazione ammontano al 2% o più della retribuzione media settimanale dei dipendenti partecipanti, l'azienda dichiarerà l'emergenza disoccupazione e i normali pagamenti da parte dei dipendenti e dell'azienda cesseranno. In seguito, tutti i dipendenti dell'azienda (compresi i funzionari di grado più elevato) che percepiscono il 50% o più della loro retribuzione media a tempo pieno dovranno versare l'1% della loro retribuzione corrente al fondo di disoccupazione. Un importo analogo sarà versato al fondo dall'azienda. L'emergenza disoccupazione si protrarrà fino al ripristino delle condizioni normali, che sarà stabilito dal Consiglio di amministrazione di ciascuna azienda. A quel punto riprenderanno i normali pagamenti.

6)Le principali disposizioni per la distribuzione dei fondi seguiranno queste linee, a meno che non vengano modificate dal Consiglio di amministrazione come stabilito nella sezione D, paragrafo 7, del presente documento. Una piccola percentuale dei normali pagamenti dei dipendenti e dell'azienda può essere considerata disponibile per aiutare i dipendenti partecipanti in difficoltà. Una percentuale maggiore di tali pagamenti normali può essere considerata disponibile per prestiti ai dipendenti partecipanti per importi non superiori a 200 dollari ciascuno, con o senza interessi, come stabilito dal Consiglio. Il saldo dei fondi sarà disponibile per i pagamenti di disoccupazione. I pagamenti per la disoccupazione inizieranno dopo le prime due settimane di disoccupazione e ammonteranno a circa il 50% del guadagno medio settimanale o mensile del dipendente partecipante a tempo pieno, ma in nessun caso a più di 20 dollari a settimana. Tali pagamenti ai singoli dipendenti non potranno protrarsi per più di dieci settimane in dodici mesi consecutivi, a meno che non vengano prorogati dal Consiglio. Quando un dipendente partecipante lavora a tempo parziale per mancanza di lavoro e riceve meno del 50% della sua retribuzione media settimanale o mensile per il tempo pieno, avrà diritto a pagamenti dal fondo, pari alla differenza tra l'importo che riceve come salario dall'azienda e il massimo a cui può avere diritto come indicato sopra.

7)La custodia e l'investimento dei fondi e l'amministrazione del piano di assicurazione contro la disoccupazione per ogni azienda saranno sotto la direzione di un Consiglio di amministrazione composto da rappresentanti, nominati per metà dalla direzione e per metà eletti dai soci lavoratori. I poteri e i doveri del Consiglio di Amministrazione saranno quelli di formulare regole generali relative all'idoneità dei dipendenti, al periodo di attesa prima del pagamento delle prestazioni, all'ammontare delle prestazioni e alla loro durata annuale, all'eventuale concessione di prestiti in caso di disoccupazione o di necessità, alla possibilità di mettere una parte dei fondi a disposizione del Consiglio di Amministrazione per il soccorso in caso di necessità derivanti da cause diverse dalla disoccupazione, ecc.

8)Se un dipendente lascia la società e va a lavorare per un'altra società che rientra nelle disposizioni del presente piano, l'importo proporzionale rimanente dei suoi contributi normali, più gli interessi al tasso medio maturato dai fondi, sarà trasferito a tale società e a suo credito. Se il dipendente lascia l'azienda per altri motivi, muore o va in pensione, l'importo proporzionale rimanente dei suoi versamenti normali, più gli interessi al tasso medio maturato dai fondi, sarà consegnato a lui o al suo beneficiario, o aggiunto alla sua pensione. Quando il credito del dipendente viene trasferito a un'altra società, o pagato al dipendente o al suo beneficiario in base a questa disposizione, un importo uguale viene pagato alla società che ha collaborato.

AMMINISTRAZIONE GENERALE. Ogni associazione di categoria costituirà un Consiglio generale di amministrazione composto da nove membri, di cui tre eletti o nominati dall'associazione, tre eletti dai dipendenti delle aziende associate e tre, in rappresentanza del pubblico, nominati dall'organo di vigilanza federale. I membri del Consiglio generale, ad eccezione dei rappresentanti dei dipendenti, sono in carica senza compenso. Ai rappresentanti dei dipendenti verrà corrisposta la normale retribuzione per il tempo dedicato ai lavori del Consiglio e a tutti i membri verranno pagate le spese di viaggio, tutte a carico dell'associazione di categoria. I poteri e i doveri di questo Consiglio generale saranno quelli di interpretare i piani di assicurazione sulla vita e sull'invalidità, di pensione e di assicurazione contro la disoccupazione adottati dall'associazione di categoria e approvati dall'organo di vigilanza federale, di supervisionare i Consigli di amministrazione delle singole compagnie, di formare e dirigere un fondo pensionistico per la custodia, l'investimento e l'erogazione dei fondi pensionistici e, in generale, di supervisionare e dirigere tutte le attività connesse ai piani di assicurazione sulla vita e sull'invalidità, di pensione e di assicurazione contro la disoccupazione.

Appendice B

Sponsor dei piani presentati per la pianificazione economica negli Stati Uniti nell'aprile 1932.[165]

Consiglio americano di ingegneria, New York.

Federazione americana del lavoro, Washington.

Associated General Contractors, Washington.

Charles A. Beard, New Milford, Conn.

Ralph Borsodi, scrittore ed economista. New York.

Camera di Commercio degli Stati Uniti, Washington.

Stuart Chase, scrittore ed economista. Ufficio del lavoro, New York.

Wallace B. Donham, preside della Harvard School of Business.

Ordine Fraterno delle Aquile (fattura Ludlow).

Jay Franklin, autore di The Forum.

Guy Greer, economista, The Outlook.

Otto Kahn, banchiere. New York.

Senatore Robert M. La Follette, Senato degli Stati Uniti.

Lewis L. Lorwin, economista, Brookings Institute, Washington.

---

[165] Elenco compilato dal Dipartimento del Commercio degli Stati Uniti.

Paul M. Mazur, banchiere d'investimento. New York.

McGraw-Hill Publishing Co., New York.

Consiglio del New England, Boston.

Conferenza progressista (disegno di legge La Follette).

P. Redmond, economista, Schenectady, N.Y.

Sumner Slichter, economista e scrittore, Madison Wis.

George Soule, direttore di The New Republic.

C. R. Stevenson, dello studio Stevenson, Jordan e Harrison, New York.

Gerard Swope, presidente della General Electric Co.

Piano regionale del Wisconsin, legislatura statale, Madison, Wisconsin.

Federazione civica nazionale, New York.

Bibliografia selezionata

Fonti inedite

Gli archivi di Franklin D. Roosevelt a Hyde Park, New York

Fonti pubblicate

Archer, Jules. *Il complotto per impadronirsi della Casa Bianca*, (New York: Hawthorn Books, 1973).

Baruch, Bernard M., Baruch, *The Public Years* (New York: Holt, Rinehart and Winston, 1960).

Bennett, Edward W., *Germany and the Diplomacy of the Financial Crisis*, 1931 (Cambridge: Harvard University Press, 1962).

Bremer, Howard, *Franklin Delano Roosevelt*, 1882-1945, (New York; Oceana Publications, Inc., 1971),

Burton, David H., *Theodore Roosevelt*, (New York: Twayne Publishers, Inc., 1972)

Davis, Kenneth S., *FDR, The Beckoning of Destiny 1882-1928, A History* (New York: G. P. Putnam's Sons, 1971).

Dilling, Elizabeth, *Il disco rosso di Roosevelt e il suo contesto*, (Illinois: dall'autore, 1936)

Farley, James A., *Behind the Ballots, The Personal History of a Politician* (New York, Harcourt, Brace and Company, 1938).

Filene, Edward A., *Successful Living in this Machine Age*, (New York: Simon and Schuster, 1932)

Filene, Edward A., The Way Out, A Forecast of Coming Changes in American Business and Industry (New York: Doubleday, Page & Company, 1924).

Flynn, John T., *Il mito di Roosevelt* (New York: The Devin-Adair Company, 1948).

Freedman, Max, *Roosevelt e Frankfurter*, la loro corrispondenza - 1928-1945, (Boston, Toronto: Little, Brown and Company, 1967)

Freidel, Frank, *Franklin D. Roosevelt, The Ordeal* (Boston: Little, Brown and Company, 1952).

Hanfstaengl, Ernst, *Unheard Witness* (New York: J.B. Lippincott Company, 1957).

Haskell, H.J., The New Deal in Old Rome, How Government in the Ancient World Tried to Deal with Modern Problems (New York: Alfred A. Knopf, 1947).

Hoover, Herbert C., *Memorie. The Great Depression, 1929-1941*, (New York: Macmillan Company, 1952), vol. 3.

Howe, Frederic C., *Le confessioni di un monopolista* (Chicago, Public Publishing Company, 1906).

Hughes, T.W., *Quarant'anni di Roosevelt*, (1944...T.W. Hughes)

Ickes, Harold L., Administrator, *National Planning Board Federal Emergency Administration of Public Works*, (Washington, D.C. Government Printing Office, 1934). Relazione finale 1933-34.

Johnson, Hugh S., *L'aquila blu dall'uovo alla terra* (New York: Doubleday, Doran & Company, Inc., 1935).

Josephson, Emanuel M., *Il manifesto comunista di Roosevelt.* Incorporando una ristampa di *Science of Government Founded on Natural Law*, di Clinton Roosevelt, (New York: Chedney Press, 1955).

Kahn, Otto H., *Di molte cose,* (New York: Boni & Liveright, 1926)

Kolko, Gabriel, Il trionfo del conservatorismo, una reinterpretazione della storia americana (Londra: Collier-Macmillan Limited, 1963).

Kuczynski, Robert P., *Profitti dei banchieri dai prestiti tedeschi* (Washington, D.C.: Brookings Institution, 1932).

Laidler, Harry W., *Concentrazione del controllo nell'industria americana* (New York: Thomas Y. Crowell Company, 1931).

Lane, Rose Wilder, *The Making of Herbert Hoover* (New York: The Century Co., 1920).

Leuchtenburg, William E., *Franklin D. Roosevelt e il New Deal 1932-1940*, (New York, Evanston e Londra: Harper & Row, 1963).

Moley, Raymond, *Il primo New Deal* (New York: Harcourt Brace & World, Inc., n.d.)

Nixon, Edgar B., Editor, *Franklin D. Roosevelt and Foreign Affairs*, (Cambridge: The Belknap Press of Harvard University Press, 1969), Volume I: Gennaio 1933-Febbraio 1934. Biblioteca Franklin D. Roosevelt. Hyde Park, New York.

Overacker, Louise, *Money in Elections* (New York: The Macmillan Company, 1932).

Pecora, Ferdinand, *Wall Street Under Oath, The Story of our Modern Money Changers,* (New York: Augustus M. Kelley Publishers, 1968).

Peel, Roy V. e Donnelly, Thomas C., *The 1928 Campaign An Analysis,* (New York: Richard R. Smith, Inc., 1931).

Roos, Charles Frederick, *Pianificazione economica dell'ANR* (Bloomington, Indiana: The Principia Press, Inc., 1937).

Roosevelt, Elliott e Brough, James, *Una storia non raccontata, I Roosevelt di Hyde Park* (New York: G.P. Putnam's Sons, 1973).

Roosevelt, Franklin D., *The Public Papers and Addresses of Franklin D. Roosevelt*, (New York: Random House, 1938), primo volume.

Roosevelt, Franklin D., *The Public Papers and Addresses of Franklin D. Roosevelt*, (New York: Random House, 1938), vol. 4.

Schlesinger, Arthur M., Jr., *L'età di Roosevelt, la crisi del vecchio ordine 1919-1933*, (Boston: Houghton Mifflin Company, 1957).

Seldes, George, *Mille americani* (New York: Boni & Gaer, 1947).

Spivak, John L. *Un uomo nel suo tempo* (New York: Horizon Press, 1967).

Stiles, Leia, *L'uomo dietro Roosevelt, la storia di Louis McHenry Howe* (New York: The World Publishing Company, 1954).

Congresso degli Stati Uniti, Camera dei Rappresentanti. Commissione speciale sulle attività antiamericane. *Indagine sulle attività di propaganda nazista e su alcune altre attività di propaganda*. 29 dicembre 1934. (73° Congresso, 2a sessione. Audizioni n. 73-D.C.-6). (Washington, Government Printing Office; 1935).

Congresso degli Stati Uniti, Senato. Commissione speciale per indagare sulle attività di lobbying di. *Elenco dei contributi*. Relazione ai sensi delle risoluzioni S. 165 e S. 184. (74° Congresso, 2a sessione). Washington, Government Printing Office, 1936)

Congresso degli Stati Uniti. Senato. Audizioni davanti a una sottocommissione della commissione per gli affari militari. *Mobilitazione scientifica e tecnica*. 30 marzo 1943. (78° Congresso, 1° sessione. S. 702). Parte 1. (Washington, Government Printing Office, 1943)

Congresso degli Stati Uniti. Camera dei Rappresentanti. Commissione speciale sulle attività antiamericane (1934) *Indagine sulla propaganda nazista e di altro tipo*, (74° Congresso, 1° sessione. Rapporto n. 153) (Washington, Government Printing Office)

Congresso degli Stati Uniti. Senato, audizioni davanti alla Commissione per le Finanze. *Ripresa industriale nazionale.* S. 1712 e H.R. 5755, 22, 26, 29, 31 maggio e 1 giugno 1933. (73° Congresso, 1° sessione) (Washington, Government Printing Office, 1933)

Congresso degli Stati Uniti. Senato. Commissione speciale che indaga sulle spese della campagna presidenziale. *Spese per la campagna presidenziale.* Relazione ai sensi della S. Res. 234, 25 febbraio (giorno di calendario, 28 febbraio), 1929. (70° Congresso, 2a sessione. Senate Rept. 2024). (Washington, Government Printing Office, 1929)

Warren, Harris, Gaylord, *Herbert Hoover e la Grande Depressione* (New York: Oxford University Press, 1959).

Wolfskill, George, The Revolt of the Conservatives, A History of The American Liberty League 1934-1940 (Boston: Houghton Mifflin Company, 1962).

Altri titoli

OMNIAVERITAS
Omnia Veritas Ltd presenta:
FREDERICK SODDY
IL RUOLO DEL DENARO
CIÒ CHE DOVREBBE ESSERE,
IN CONTRASTO CON
CIÒ CHE È DIVENTATO
Questo libro cerca di chiarire il mistero del denaro nel suo aspetto sociale
FREDERICK SODDY
IL RUOLO DEL DENARO
CIÒ CHE DOVREBBE ESSERE IN CONTRASTO CON CIÒ CHE È DIVENTATO
Questo è sicuramente ciò che il pubblico vuole sapere sul denaro

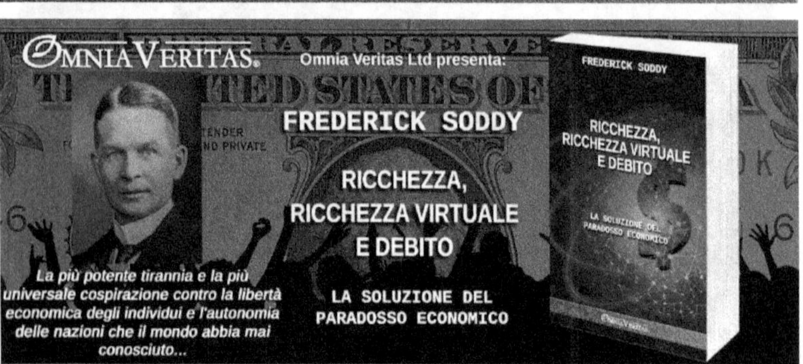
OMNIAVERITAS
Omnia Veritas Ltd presenta:
FREDERICK SODDY
RICCHEZZA, RICCHEZZA VIRTUALE E DEBITO
La più potente tirannia e la più universale cospirazione contro la libertà economica degli individui e l'autonomia delle nazioni che il mondo abbia mai conosciuto...
LA SOLUZIONE DEL PARADOSSO ECONOMICO
FREDERICK SODDY
RICCHEZZA, RICCHEZZA VIRTUALE E DEBITO
LA SOLUZIONE DEL PARADOSSO ECONOMICO
Il pubblico è accuratamente tenuto al riparo da qualsiasi conoscenza reale...

OMNIAVERITAS
Omnia Veritas Ltd presente:
WILLIAM LUTHER PIERCE
Questo romanzo anticipatore descrive un colpo di Stato guidato dai bianchi negli Stati Uniti che prende di mira neri ed ebrei, i quali vengono raffigurati come controllori dello Stato americano.
I DIARI DI TURNER
I Diari di Turner offrono spunti di riflessione di valore unico...

OMNIA VERITAS.
Omnia Veritas Ltd presenta:
William Guy Carr
Qui viene svelata un'audace e diabolica cospirazione volta a privare l'uomo della sua libertà donata da Dio attraverso l'inganno, l'orrore e la forza.
LA COSPIRAZIONE PER DISTRUGGERE TUTTI I GOVERNI E LE RELIGIONI ESISTENTI
LA COSPIRAZIONE PER DISTRUGGERE TUTTI I GOVERNI E LE RELIGIONI ESISTENTI
L'uomo medio non conosce bene la storia

OMNIA VERITAS.
Omnia Veritas Ltd presenta:
William Guy Carr
PEDINE NEL GIOCO
Ecco una storia VERA di intrighi internazionali, romanzi, corruzione, imbrogli e omicidi politici, come non è mai stata scritta prima.
PEDINE NEL GIOCO
La storia è sensazionalistica e scioccante, ma è educativa

OMNIA VERITAS.
Omnia Veritas Ltd presenta:
William Guy Carr
SATANA, PRINCIPE DI QUESTO MONDO
La ribellione di Lucifero contro il diritto di Dio di esercitare l'autorità suprema su tutto l'universo si trasferì su questa terra nel Giardino dell'Eden.
SATANA, PRINCIPE DI QUESTO MONDO
Ora dipende da noi. Possiamo accettare o rifiutare la verità...

OMNIAVERITAS
Omnia Veritas Ltd presente:
LE CRONACHE DI SVALI
LIBERARSI DAL CONTROLLO MENTALE
TESTIMONIANZA DI UN EX ILLUMINATO
Gli Illuminati sono un gruppo di persone
che seguono una filosofia nota come
"Illuminismo" o "Illuminismo".
Comprendere la programmazione della setta degli Illuminati

OMNIAVERITAS
Omnia Veritas Ltd presente:
L'ORDINE DELLE SS
ETICA E IDEOLOGIA
da EDWIGE THIBAUT
EDWIGE THIBAUT
L'ORDINE DELLE SS
ETICA E IDEOLOGIA
La più straordinaria formazione politico-militare mai conosciuta dall'umanità

OMNIAVERITAS®
www.omnia-veritas.com